岩波現代文庫／学術 380

ラディカル・オーラル・ヒストリー

オーストラリア先住民アボリジニの歴史実践

保苅 実

岩波書店

目　次

第一章　ケネディ大統領はアボリジニに出会ったか(1)

――幻のブック・ラウンチ会場より――

司会：

みなさま、本日は保苅実さんの処女作、『ラディカル・オーラル・ヒストリー』(御茶の水書房、二〇〇四年)の出版記念パーティーにお集まりいただいて、誠にありがとうございます。本日は、本書が世に問うオーラル・ヒストリーの方法について、氏みずから熱く語っていただきたいと思います。それではさっそく保苅さん、よろしくお願いします。

1　フィールドワークのオーラル・ヒストリー

ども、はじめまして、ほかりみのると申します。この本を手にとってくださって、ありがとうございます。買ってくれた人には、さらに、ありがとうです。本書は、(翻訳書を除けば)僕が執筆するはじめての本です。というわけで、けっこう緊張もしているわけですが、ともかく本書がみなさんの目にとまったこと、まずはとてもうれしく感じています。どうぞ、よろしくおつきあいください。

僕は、オーストラリアの大学で歴史学の博士号を取ってきたんですけれども、研究課題は、オーストラリアの先住民族アボリジニの歴史にオーラル・ヒストリーの手法で接近する、というものでした。ポール・トンプソンの『記憶から歴史へ』(2)が邦訳されたりして、イギリスや米国のオーラル・ヒストリーの研究状況が日本に紹介されるようになりましたけど、オーストラリアの場合、特にアボリジニの人々は文書を残してきませんでしたので、必然的に、オーラル・ヒストリー研究は全然違和感なく定着しています。とはいえ、その方法について言えば、僕はオーストラリアの(たぶん、それ以外の地域でも)研究状況に決して満足していないところがあって、まずはその辺の話をしたいと思います。ただその前に、これ後で重要になってくるんで、一言言っておきたいんですけれども、僕は歴史学者です。「お前は人類学者だ」とよく言われるし、僕の研究方法はたしかに人類学から多大な影響を受けてきました。とはいえ、僕自身は歴史学にこだわりをもって研究をしています。ときどき半ば冗談半ば本気で、自分のことを「戦略的歴史学者(a strategic historian)」と呼んでいます。その意図するところは追々あきらかになっていくと思いますが。

アボリジニのオーラル・ヒストリーに耳を傾けることをきっかけにして、「歴史」を生産・維持しているのは、なにも歴史学者だけではないということ、むしろ僕たち誰もが、ふだんから行っているはずの歴史実践(historical practice)に注目し、それを大事にしていこう、というのが本書の大雑把な目標です。ここでは、僕自身が、博士課程での研究をつうじてオーラル・ヒストリーの方法について考えてきたことを簡単にまとめることで、本書全体の見通しを示したいと思います。

僕は、オーラル・ヒストリー研究には大きく三つの方法があると思っています。ひとつは今オーラル・アーカイブを作ろうという話が日本でも出てるようで、素晴らしいことだと思うんですが、そういったすでに保存されているテープや文書、つまり口述記録に研究者がアクセスして、それを史資料として歴史研究を行う方法です。フィールドワークを行わない人類学者は「アームチェアー・アンソロポロジスト(肘掛椅子人類学者)」と呼ばれて揶揄されますが、これにならって自分では聞き取り調査を行わないオーラル・ヒストリー研究者をアームチェアー・オーラル・ヒストリアンと呼んでもいいかもしれません。とはいえ、現在では手に入らない昔の口述記録にアクセスすることは、オーラル・ヒストリーの重要な研究手法のひとつであることは間違いなさそうです。次に、二番目の方法は、これがオーストラリアで一番盛んだし、世界的にも多いと思うんですけれども、インタビュー形式のオーラル・ヒストリー研究です。歴史家が、自分で人に会って、そこでノートを書き取るなり、テープを録るなり、ビデオを撮るなりして、オーラル・ヒストリーを記録し、さらにその資料を自分で分析してゆく方法ですね。このもっともオーソドックスな方法については、『記憶から歴史へ』でも詳しく論じられていますし、今後もインタビュー形式のオーラル・ヒストリーの方法論めいた本がたくさん出版されそうな気がするので、本書ではとくに扱いません(3)。

さて、僕自身がこだわってやってきたのは、この二つのどちらとも違う、三番目の方法です。どういう方法かというと、僕はほとんどインタビューしないんですよ。インタビューをしないというと、ちょっと語弊があるんですけれども、もちろんテープをまわす時もあるんですが、ある時間を決めて、その時間のあいだに、準備した質問に答えてもらうということをなるべくしないで、むしろアボリジニの人々が暮らす村(コミュニティ)に滞在させていただいて、一緒に生活していく中でかれらが具体的に行っている歴史実践を一緒に経験していく。つまり、コミュニティに暮らす人々と一緒になって「歴史する(doing history)」ことを心がけました。そんななかで、もちろん、「もうちょっとその話、くわしく聞かせてよ」といってテープをまわすことはあります。ただ、アポイントをとって、インタビュー室みたいな場所で、つまり人工的に作り出した時空間のなかで過去を語ってもらうことはせず、むしろかれらの生活のなかで生きている歴史実践にそくして歴史を一緒に体験してゆくという方法を重視しました。それを僕は、フィールドワーク形式と呼んでいます。

　具体的には、僕はたぶん人類学者の方々のフィールドワークとほとんど同じことをやったんですね。つまり許可をもらってコミュニティに入って、言葉を学んで、人々と生活をともにする。あんまり好きな言葉ではないですが、要するに参与観察です（僕には、どうやったら参与と観察を同時に行えるのかわかりません。コミュニティに暮らしている間、僕は観察しているときには参与できず、参与しているときには観察できませんでした。だまし絵の二つの図像を同時に見ることができないように、参与と観察も同時には不可能です、たぶん。さらにもうひとつ、参与観察という言葉には、自分もまた観察され試されているんだという現地の人々の立場からの状況把握が完全に欠如しているのも気になります）。僕のばあい、一九九七年から二〇〇二年にかけて、ダグラグ（とカルカリンギ）というアボリジニ・コミュニティに延べ約一年、オーストラリア北部・中央部でうろうろしていた期間全部あわせると、たぶん二年間弱くらいになると思いますけれども、人類学者のフィールドワークとほぼ同じことをやりつつも、しかし歴史（学）にこだわったオーラル・ヒストリー調査をしました。

2　グリンジ・カントリー

　グリンジの人々、そしてダグラグ村について、若干説明しないといけませんね。ダグラグ村は、ノーザン・テリトリーと呼ばれる準州の北西部に位置しています。オーストラリアの

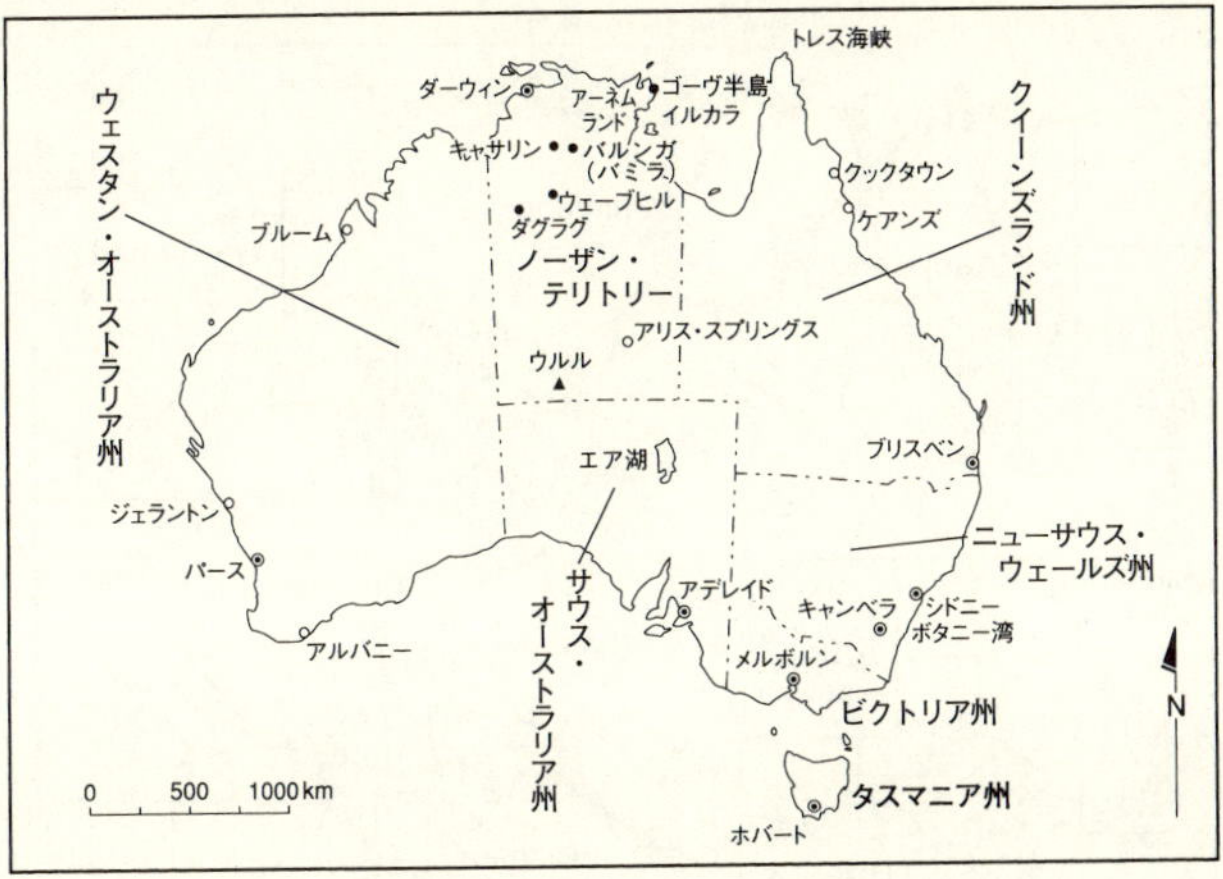

地図 1-1　オーストラリア全図

アボリジニ諸社会は、細かく分けると約六〇〇の異なる言語グループによって区別されます。「グリンジ」は、こうした言語グループのひとつです。グリンジの人々をはじめとするそれぞれの言語グループには、経済的、社会的、霊的に自分たちと結びついた土地があります。これは一般に「カントリー」と呼ばれています。ダグラグ村は、グリンジのカントリーに位置しています。グリンジ・カントリーには、カルカリンギとダグラグの二つの村があり、両者は一〇キロメートルほどしか離れていませんので、住人はしょっちゅう両方の村を行ったり来たりしています。現在この二つの村はダグラグ・コミュニティ・ガバメント・カウンシルによる自治が行われています。住民のほとんどはグリンジの人々です。もちろん、グリンジと姻戚関係にある周辺地域の人々

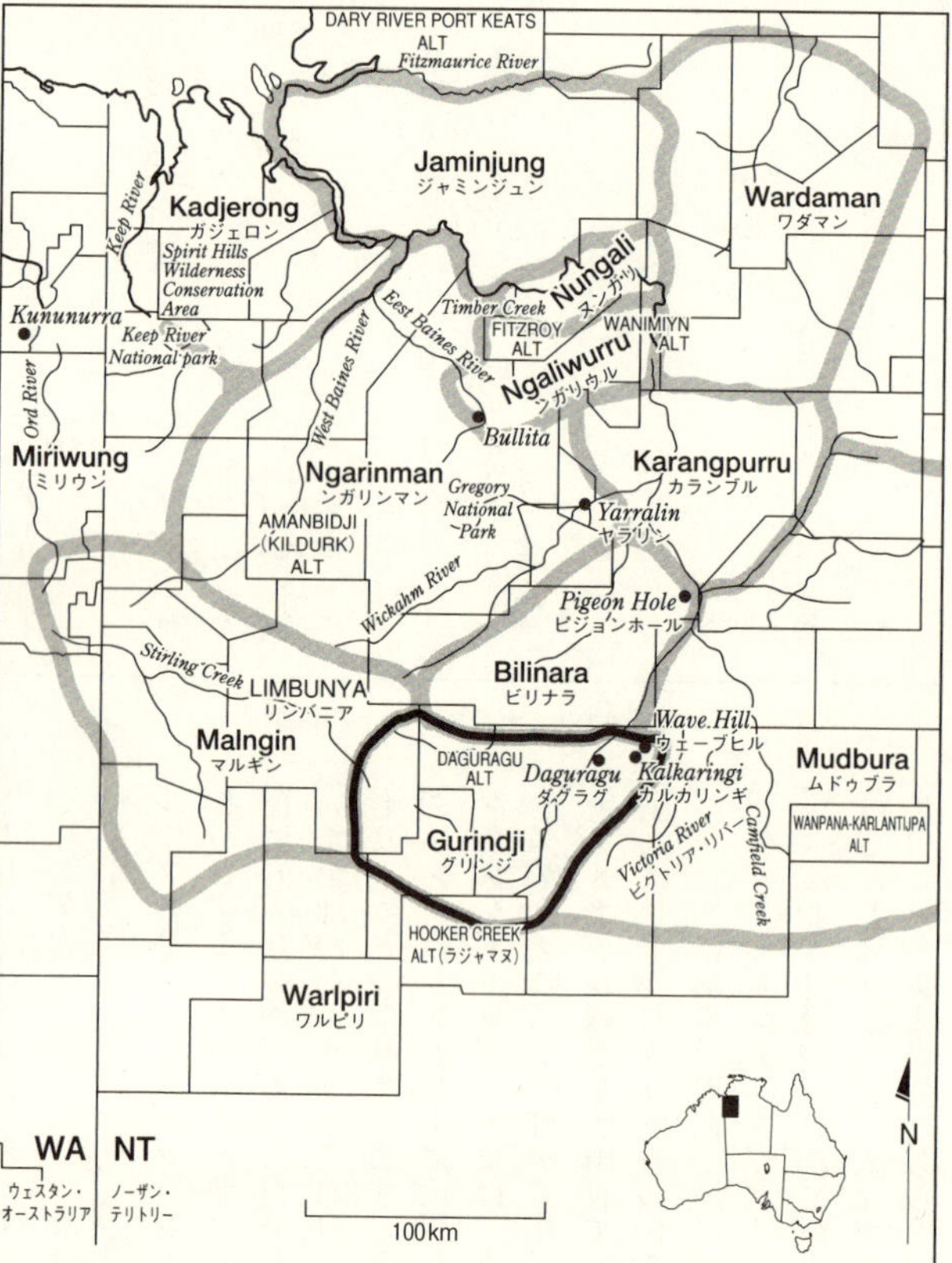

＊1 Gurindji, Malngin などは言語グループ名で，網目の線でその領域を示した．
＊2 直線で区切られているのは牧場(Pastral lease)や国立公園などの区画を示している．それぞれの名の表記のほとんどをここでは省いた．
＊3 Aboriginal Land Trust は，先住民の自治領域として現在設定されている区域．図中，ALT と略している．
＊4 イタリック表記のものは，村や川，国立公園の名などの地名である．

地図 1-2 グリンジ・カントリーの位置および周辺

もたくさん暮らしています。ただ、ダグラグ(とカルカリンギ)に暮らす人々はみな、自分たちがグリンジ・カントリーに暮らしていることを知っていますので、厳密にグリンジではない人も、日常的にはグリンジの人々と呼ばれています。

グリンジ・カントリーは、ビクトリア・リバーという河川の最上流域に位置しています。グリンジより南にはワルピリと呼ばれる砂漠の民が暮らしています。ビクトリア・リバーの最下流である河口には海の民が暮らしています。グリンジは河川の民です。グリンジのカントリーは、北方のビクトリア・リバー中・下流域ほど土地の起伏が激しくなく、しかし南方の砂漠地帯ほど平板でもありません。そこかしこに小高い丘があり、あとは河川の周囲に常緑の樹木が生い茂り、それ以外の地勢はほとんどがだだっ広い平原、といったイメージでしょうか。気候は大きく雨季と乾季に分かれています。カレンダーにそくして説明すれば、雨季はだいたい一〇月から三月くらい、乾季は四月から九月くらいです。とはいえ、年によってずいぶん変化があるし、ダグラグ村ではそもそもカレンダーなどあまり使われていないので、むしろ「雨が降り始めたら雨季、大地が乾き始めたら乾季」と考えた方が、住民の季節感に近いように思います。雨季には大量の雨が降り、河川が氾濫し、道路があちこちで寸断されます。二〇〇一年にはダグラグ村が水没しかけ、四五〇キロメートルほど離れた町キャサリンまで全住民が避難しました。一方、乾季にはビクトリア・リバーの支流の多くが干上がって寸断され、湖沼になります。雨季にはどこを見渡しても緑色をしていたカントリーも、乾季がすすむと草木が枯れてすっかり茶色になり、わずかに河川の周辺に木々が緑色に生い茂るだけになります。

「文献」によって確認できるグリンジ社会の背景を簡単に整理しておきましょう。他のすべてのアボリジニ社会と同様、グリンジも狩猟採集活動をおこなう移動生活民でした。オーストラリア大陸に人間が住みはじめたのは、四〜五万年以上前からのようですが、ビクトリア・リバー流域にいつごろ人が住みはじめ、その人々が現在のグリンジの人々とどのような関係にあるのか、などは知るよしもありません。いずれにせよ、いわゆるグリンジ・カントリーの近代史＝植民地化がはじまるのは、一九世紀後半以降です。ご存知のとおり、オーストラリア大陸は、一八世紀後半以降イギリスの植民地となるのですが、グリンジ・カントリーをはじめとする北部オーストラリアは、牧場開発の対象となることが多かったようです。北東のクイーンズランドや南部のサウス・オーストラリアから牧牛のための土地開発はどんどん拡大していきました。グリンジ・カントリーに最初の牧場が設立されるのは、一八八〇年代です。ウェーブヒル牧場と名づけられたその牧場は、二〇世紀初頭にイギリスの大畜産資本家であるベスティーズによって買収されると急速に発展し、一九三〇年代には二万五〇〇〇平方キロメートルを超える牧場面積と五万頭の牛数を誇りました。白人の牧場経営者たちは、牧場設立時には先住民アボリジニを殺害したり追放したりしましたが、その後は、むしろ牛肉や小麦や紅茶を誘い水にして牧場に呼び寄せ、低コストな労働者として搾取の対象にします。グリンジをはじめとする北部オーストラリアにカントリーをもつ多くのアボリジニ社会は、こうして劣悪な労働条件下で、牧場の労働力として生活するようになりました。(4)

写真 1-1 ダグラグでの土地返還式．中央の左側が当時の連邦首相ゴウ・ウィットラム．1975 年(写真提供：ダレル・ルイス)．

じつは、グリンジはオーストラリアではちょっと有名な人たちです。というのも、一九六六年、ウェーブヒル牧場で暮らしていたグリンジの人々は、劣悪な労働条件に抗議して牧場を退去し、そこから約二〇キロメートルほど離れたダグラグに自営のコミュニティを設立、白人に対して自分たちの土地を返還するよう一大キャンペーンをくりひろげたのです。アボリジニの劣悪な労働条件に同情的だったジャーナリストや労働組合の助けもあって、グリンジの運動は全国的な注目を集めます。ついに一九七五年、ダグラグを含む三三〇〇平方キロメートルの土地がウェーブヒル牧場からグリンジの長老たちに移譲され、当時のウィットラム連邦首相も出席して盛大な土地返還記念式典が催されました。このグリンジによる「土地権獲得」は、今日まで続くアボリジニの人権運動、土地権運動の成果として広く知られています。(5) というわけで、ダグラグ村には、現在あるたくさんのアボリジニ・コミュニティとは多少異なった設立の経緯がある点、さらに言うと、そのことに、グリンジの人々が現在でも強いプライドを持っている点は、本書を読み進む際に、頭の片隅に置いておくのもいいように思います。

3　誰が歴史家なのか？

さて、グリンジ・カントリーに滞在しているあいだ、僕がずっと考えていたこと、注意していたことがあります。それは、「歴史家は誰か」という問題でした。つまり、僕たち歴史学者がインフォーマント（情報提供者）の話を聞くのではなくて、むしろ、インフォーマント自身を歴史家とみなしたら、かれらはどんな歴史実践をしているのだろう、というふうに考えたわけです。僕は僕で歴史学者ですけれども、かれらはかれらで歴史家であると。そういうふうに発想をかえてみると、歴史はどんなふうにみえてくるでしょうか。このあたりが、さしあたりの出発点です。

そうすると、何が歴史なのかっていうことがあらためて問題になっちゃうんですよ。というのは、歴史家としてのアボリジニの人々の物語りっていうのは、荒唐無稽な話が次から次へと出てきて、研究者としてはどうにもならない状態に陥っちゃうんですね。ちょっとだけ、具体例をあげましょうか。最初に、歴史を語るとかいう前に、まずは大地の声を聴けないといけない。大地があなたにいろんなことを教えてくれるわけです。そんなことを言われたって、僕には聞こえないわけですよ。でもかれらは大地の声を聴くわけですよね。その大地の声に従って、たとえば、「あそこで白人が死んだのは、法を犯したあの白人に大地が懲罰を与えたからだ」と語りますよね。そのときに、僕らはどのようにしてこのアボリジニの人が語ってくれた歴史物語を聞くのでしょうか？　ここで、「あぁ、アボリジニの世界観では、牧場で白人が死んだあの事件をそんなふうに理解するんだー」というような聞き方ではなくて、かれらの話を歴史家の言葉として、つまりたとえば、大塚久雄やE・H・カーの歴史研究と同様に、歴史家による歴史分析として受けとることはできるでしょうか。そういうふうに聴くように心がけてみるんです。

すると、どうなるか？　必然的に「大地(の声)」を、歴史のエージェントとして受け入れないといけなくなりますね。人類学、あるいは歴史人類学の世界では、こうした超自然的な語りや記述をなんらかのメタファーとして分析してきたように思いますが、どうでしょう。比喩表現をめぐる諸理論はここ数十年のあいだにずいぶん発展して、最近では「すべてはメタファーである」みたいな主張もとりたてて突飛ではなくなりました。とはいえ、僕が本書で展開したいのは、ある意味でこうした比喩論の裏側(正反対ではなく!)です。つまり、誤解を恐れずに言えば、「メタファーなどない(とすればどうか?)」というのが、僕の主張、兼、問題提起です。アボリジニの人々が、大地が白人に懲罰を与えたのだという歴史分析をおこなったとき、ここでいう「大地」が牧場で白人が死んだという歴史的事件を説明するための何かのメタファーなのではなく、史的事実としての歴史のエージェントだったらどうか。もっとはっきり言ってしまえば、本当に大地が白人に懲罰を与えたんだとすればどうか。歴史学者である僕が、そんな歴史叙述をすることは可能なのか。――人間以外の存在者たちは、歴史のエージェントになれるのでしょうか？

　この問題を発話位置(speaking position)の問題として考えてみましょうか。たとえば、グリンジの長老が歴史学会や人類学会に招待されて、「大地が白人に懲罰を与えた」といった話をしますよね。すると、おそらくみんな拍手喝采してこの主張を「受け入れる」んじゃないでしょうか。アボリジニの人が、アボリジニの文化圏(発話位置)から大地の声の話をしても、誰もちっとも困らないんですよ。なぜなら、いまどきの学者さんたちは、みんな文化相対主義とか異文化尊重とかをちゃんと実践できるからです。じゃあ、日本学術振興会特別研究員という資格で研究報告する発話位置を与えられているこの僕が、学会発表の場で、「牧場でこの白人が死んだのは、大地が彼に懲罰を与えたからです」と主張したらどうでしょう。みなさん、かなり困るんじゃないでしょうか。僕の頭がおかしいんじゃないかと疑われても仕方ないですかね。「それは、アボリジニの信念・信仰であって、まさかあなたも信じているわけじゃないでしょうね？」と言われるかもしれません。せいぜいで「それはかれらの真実であっても、われわれの真実にはなりえない」でしょうか。僕としては、どうせなら「君はアボリジニの信念体系まで領有しようとしているのか！」くらい言ってほしいと思いますが。

発話位置によって、歴史が、真実性が多元化される、異化される、そこまでは問題ありません。問題なのは、なぜ、学術研究者(歴史学者)という発話位置に立つと、人間以外の歴史のエージェントを立ち上げることが突然許されなくなるのか、という点です。

もしかしたら「大地の声を聴く」だと、神話的でどことなく魅惑的なイメージがあるので、まだみなさんの共感を得られるかもしれませんが、もっと困っちゃうのは、僕がつきあったダグラグ村のアボリジニの長老たちは、アメリカのケネディ大統領が、グリンジ・カントリーに来たっていうんですよ。来ているわけがないんですよ、僕は当然知っているわけです。しかしかれらには、かれらの歴史の文脈がある。一九六六年のグリンジの牧場退去運動についてはさっき簡単に紹介しましたね。で、この牧場退去運動をはじめる前に、ケネディ大統領が来るんですよ。ケネディ大統領がやってきて、「お前たち、なんで白人にこんなひどい目にあっているんだ?」とアボリジニの人たちに尋ねるんですね。するとアボリジニの長老は、「じつはこういうことがあって、イギリスからやってきたあいつらにひどい目にあっているんだ」と応えます。ケネディ大統領は、自分はアメリカ人のボスで、アメリカはアボリジニに協力すると約束をします。「イギリスに対して戦争を起こして、お前たちに協力するよ」と言われて、それがきっかけになって、この牧場退去運動がはじまるんです。アメリカという強力なバックアップを受けて。

さて、大地の声の場合もそうですが、アカデミックな研究者が、このアボリジニの長老たちが熱心に語ってくれたオーラル・ヒストリーを歴史学の文脈でそのまま引き受けることができるんだろうか、という問題がでてきますね。人文社会の分野で活動している研究者であれば、歴史の多元性、声の複数性、真理の不安定性、主体の解体、二項対立の克服などは、もう耳にたこができるほど聞かされている。じゃあ、それを前提にしたとき、「ケネディ大統領はグリンジ・カントリーを訪問し、アボリジニに出会った」とするグリンジの長老たちの歴史語りと、日本学術振興会特別研究員はどのようにつきあってゆけばいいのでしょうか。くり返しますが「〝ケネディ大統領〟は、○○のメタファーで……」という分析は却下します。なぜなら、グリンジの長老たちは、ケネディ大統領をメタファーだなんて思っちゃいないからです。メタファーに還元してしまっては、グリンジの歴史家たちの歴史分析をちゃんと聴いたことにはならない。というか、そもそもそれでは、歴史が相変わらず一元化されてしまう。これこそが、アボリジニの信念体系の一方的で暴力的な領有です。でもその一方で、僕たち歴史学者は、ケネディ大統領がグリンジ・カントリーを訪問したこともなければ、二〇世紀も後半になって米国がイギリス相手に戦争したことなんかないと「知っている」……。

それでは、グリンジの歴史家たちは「間違った歴史」を語っているのでしょうか？　グリンジの歴史について、日本から来た新米の歴史学者の方が「知っていて、正しく」、その土地に生まれ育って、歴史経験を語り継いできた当のアボリジニの人々は「知らなくて、間違っている」ということが、ありえるのでしょうか？　アカデミックな知識体系っていうのは、そんなにかたくなに優位なんでしょうか？　ここで結論を急がずに、「歴史の多元性！　声の複数性！　真理の不安定性！」と念仏のように唱えてから、あえて、こう問い直してみるのはいかがでしょう――もしかしたら、ケネディ大統領はグリンジの長老に出会ったのではないか、と。どうもうまくいかなければ、さらに加えて「ハイブリディティ！　アンビバレンツ！　サバルタン！」と数回くり返してみてください。それでもだめなら、お次は「越境する知！　内破する知！　知の植民地主義！」の連呼です……どうですか？　アボリジニの知識・経験・信念が、頑固一徹のアカデミックな近代知を領有することなど、現状ではとても不可能だとしても、せめて、引っかき傷くらいつけることはできないんでしょうか？――ケネディ大統領は、本当にアボリジニに出会っていないんでしょうかね。

　もう十分かもしれませんが、念のためもうひとつ具体例をあげましょう。まだグリンジの人々が白人の経営するウェーブヒル牧場で働いていた頃のできごとです。大雨が降って、牧場と牛たちが洪水で流されます。この洪水は一九二四年に起こっていて、僕は当時の新聞でこの洪水による牧場の具体的な被害状況を読むことができました。問題なのは、なぜウェーブヒル牧場は流されたのかについてです。もちろん、洪水があったからですが、なぜこの特定の年に、特定の場所で洪水が起こったのでしょうか？　じつは、この洪水は、あるアボリジニ男性の仕《し》業《わざ》だったんです。レインボウ・スネーク（レインボウ・サーペント）と呼ばれている、水を司る大蛇がいるんですけど、グリンジの長老のひとりが、この大蛇に大雨でウェーブヒル牧場を流すように依頼したらしいんですよ。この事件については、第七章でもくわしく検討していますが、やっぱりここで、この歴史をいったい僕たち歴史学者はどういうふうに扱えばいいのかっていう問題をたてるわけです。つまりかれらが歴史家だとしたら、たんなるインフォーマントじゃなくて、オーラル・ヒストリーを語っているかれら自身が歴史家として、そういう歴史分析をしているとしたら、それはアカデミックな歴史学者にとってどういう意味があるのか、という問題です。

僕たち歴史学者は、グリンジの人々のオーラル・ヒストリー調査をするまで、ウェーブヒル牧場で起こった大洪水の原因が、大蛇の仕業だったとは知らなかった。それを「知ってしまった」今、アカデミックな研究者は、ある態度決定を強いられます。応答責任(responsibility)と言ってもいいかもしれません。つまり問われているのは、こうしたグリンジの歴史分析を受け入れるかどうかです。受け入れるとして、どのように受け入れるのかを明確にすることです。受け入れないとして、それはなぜかを明確にすることです。あるいは、かれらの歴史経験とわれわれの知識体系とを同等にあつかう用意があるかどうかが問われています。用意があるとして、具体的にどのように同等にあつかっているのかを示せないといけません。さらに言えば、ハイブリッド化を「かれらの実践」の問題ではなく、「われわれ研究者の実践」の課題として受け入れるかどうかです。歴史の多元化を本気で推進するつもりがあるかどうかです。

僕が博士論文でやりたかったのは、「われわれ」歴史学者が「かれら」インフォーマントの話を聞くという態度、あるいは僕たちが知っている歴史(学)のなかに、かれらの歴史語りをあてはめる、ふりわけるという態度、そういった歴史構築のエージェントとしての「われわれ歴史学者」を強固に保持する努力をあえて放棄してみるという作業でした。いったん、僕らのエージェンシーを括弧でくくって、かれらのほうにエージェンシーを預けたときに、いったい何がおこるのか。そのときに、既存の歴史学の方法にはどんな限界がみえてくるのかっていうことを考えたいんです。

そうすると、これアボリジニ社会に特に顕著なのかどうかはわかりませんが、学術的歴史学の立場からしてみれば、もう無茶苦茶なことになってしまうんですよ。動物は話しかけてくるは、植物は話しかけてくるは、場合によっては、石だって歴史を語りだすわけです。そうすると、もはやこれはオーラル・ヒストリーじゃないんじゃないか。別に口頭(オーラル)だけじゃないんです。いろんなモノや場所から歴史物語りが聞こえてくるわけですから。そこで僕は、オーラル・ヒストリーという言い方をやめようかなと思ったときがありました。メキシコ・インディオの歴史研究をされている清水透氏は、ご自身の方法を「フィールド派歴史学」と呼んでいるようですが、僕もフィールドワーク・ヒストリーとか、フィールド・ヒストリーとか言おうかなと思ったんです。でも『記憶から歴史へ』の翻訳者でもあるオーラル・ヒストリー研究者の酒井順子氏にお会いしたとき、オーラル・ヒストリーということを、ゆるやかに広く考えていいんじゃないかっていうふうにおっしゃってくださって、それだったら、オーラル・ヒストリーという文脈だったら、僕がやろうとしていることは、過激で極端なオーラル・ヒストリーなんじゃないかっていうふうに考えて、自分の方法を「ラディカル・オーラル・ヒストリー」なんて呼んで、本のタイトルにしちゃったわけです。もちろんこの「ラディカル」という用語に、多義的で両義的な含意をもたせているつもりですが。

4　僕たちの歴史実践

僕たちは、日々の生活のさまざまな場面で「歴史している」でしょう？　そのことに気づくために、そのことの意味を考え直すために、アボリジニの人々が行っている歴史実践とはなにかという話を、もうちょっと続けます。第二章でくわしく論じるつもりですが、歴史学者たちは、通常歴史を探索しますよね。searching for history ですよね。それに対して、僕がアボリジニの人たちから学んだことっていうのは、paying attention to history 歴史に注意を向けていく。つまり、僕たちが主体になって歴史を捜し求めていくのではない。というか、もう歴史というのはそこらじゅうにあるんですよ。歴史が僕らに語りかけてくる言葉に耳を傾ける。そういう歴史実践が行われていた。あるいはこう言ってもいいですね、僕たち歴史学者は、歴史を本にするわけですけれども、ということは歴史を構築し、生産するわけですよね。歴史を紡ぎ出すとか、いろんな言い方がありますけれども、歴史を書いていく、僕らが主体的に……なんていうか、歴史を制作していくということが、避けがたくあるわけです。ですけれども、僕が訪問滞在したダグラグ村で行われていたことは、むしろ歴史をメンテナンスするっていう、これちょっと日本語にしづらいので困っているんですけれども、歴史はそこに常にあって、それを一緒に大切にしている。みんなで歴史をメンテナンスしていく。そういう歴史実践のあり方だったんですね。さらに別の言い方をすると、歴史にディップするでもいいかもしれません。ディッピング、つまり歴史に浸る生き方、歴史に取り囲まれて暮らす生き方、そういう生き方がある。

思うんですけど、これはべつにアボリジニだけの実践では必ずしもないはずなんです。僕らだって、日常生活の中で、やっぱり歴史のメンテナンスをやっているはずなんですよね。「今の若いもんは、なっとらん」とか言いながら、じいさんが番茶をすすって愚痴りはじめるとき、みかんをほおばりながら、じいさんの「昔は良かった」話を聞いているあなたは、じいさんと一緒に歴史実践をしている。恋人と温泉旅行に行きがてら、近くの名所旧跡を訪問するとき、あなたは恋人と一緒に歴史実践をしている。お盆にお墓参りをしながら歴史実践してるし、同窓会に出席しながら歴史実践してるし、ジャズの名盤を聴きながら歴史実践してるし、身体の古傷を眺めながら歴史実践してる。あるいは、NHK大河ドラマを見たり、プレステの『信長の野望』で遊んだり、『陰陽師』や『ジパング』を読んだり、『機動戦士ガンダム』の〝宇宙世紀〟の整合性を議論したり、ユーロビートやロカビリーのかかるレトロ・クラブで踊ったりしているとき、僕たちはやっぱり歴史実践をしている。歴史なんて、僕らの日常生活のあちこちに溢れかえっているんですよ。ただ僕らは普段こうした活動を歴史実践とは思っていないんですね。そして、それは部分的には正しい。だって、恋人を温泉旅行に誘うのは、別に「さぁ、いっしょに歴史実践しよう！」と思ってのことでじゃなくて、

「あそこなら宿泊旅行になるわ、うふふ」という別の目的があるからかもしれないし、『信長の野望』で遊ぶのは、TVゲームで遊びたいからで、歴史実践をしたいからじゃない。それは、たしかにそうです。ただですね、失礼ですけど、それを言ったら、いったい何人の歴史学者たちが、給料や名誉や地位や昇進といった目標をなんにも与えられないで、それでも純粋に歴史実践だけをできるでしょうか？　職業的歴史家は存在しますけど、「純粋歴史家」なんて存在しないでしょ？　歴史実践は、他のさまざまな日常的実践と並存し同時進行しているのが常態なんです。僕は、本来の目的や、もののついでや、方便や、偶然や、義務なんかが複雑に絡みあって行われている日常的実践のなかで、身体的、精神的、霊的、場所的、物的、道具的に過去とかかわる＝結びつく行為、つまり歴史実践という側面にとくに注目しているにすぎないんです。

僕たちは、歴史というものを、歴史学者によって発見されたり生産されたりするものだと思い込みすぎていないでしょうか。人たるもの（もしかしたら人間以外の存在者たちも）すべからく、歴史のメンテナンスに参与しているということに、もっと注意を向けてもいいんじゃないか。僕たちは、歴史実践というものを、歴史学者が古文書館や研究室でおこなっている辛気臭い作業だっていうふうに思い込みすぎているんじゃないか。学者以外がおこなう歴史実践は、せいぜいで歴史の授業に出席することくらいだと、思い込んでいないでしょうか。もしこの思い込みが、現代の歴史（学）観のひとつの足枷だとしたら、それを少しずつ解いていかなきゃいけないと思うんです。時代状況がそれを要請しているんじゃないかと。

ひとまずここでまとめます。「むずかしいですよ、でも試してみる価値はあるはずだから、一緒にやってみませんか？」という気持ちで言いますが、歴史学者である僕たちが、自分たちだけが歴史家なんだという思い込みを留保すると、たぶんいろんな歴史家が僕らに話しかけてくるはずです。もっと正確に言うと、歴史学者以外の多様な存在者たちが行っている歴史のメンテナンスに歴史学者が気づくようになるかもしれない。とはいえ、いきなり石から歴史を聴くとか、大地の声を聴くっていうと、なかなかしんどいですよね。だからまずは、歴史学者以外のいろんな人たちが、歴史家として僕らに話しかけてくる言葉に真摯に耳を傾けてみる、というのはどうでしょうか。多様な「歴史家たち」とつきあってみてはどうか。さらに言うと、歴史学者が、歴史を探索する主体としての歴史家であることを本当に上手に括弧で括っちゃえれば、今度は「歴史」が僕たちに語りかけてきてくれるかもしれない。事実をして、文書をして、「歴史を語らしめる」っていう言い方は昔からあるようですね。それとはちょっと違う文脈なんですが、改めて歴史を探索する主体としての歴史学者の特権的な地位を揺さぶってみる。歴史表象における歴史学者中心主義っていいますかね、そういうものを一回括弧で括ってみる。そういう作業ができないだろうか、ということを考えて、あれやこれや模索しています。これがつまり、僕が思うところの(ラディカルな)オーラル・ヒストリー研究です。

こういう話をすると、「今までだって、そんなこと言われていたじゃん」と言われそうなので、そして、それはある意味で正しいので、もうちょっと詳しくお話ししないといけません。先にご紹介したとおり、ケネディ大統領がアボリジニの村に来たっていう歴史がありますよね。あるいは大蛇が洪水で牧場を流したっていう歴史がありますよね。通常の、と言うべきかどうかわかりませんが、素朴実証史学のなかでは、こんな歴史は、まあ排除されるわけです。なんで排除されるかっていうと、これは事実じゃないからですね。本当はここで、「事実とは何か」っていう問いをちゃんと考えなきゃいけないんでしょうが、それだけで話が先に進めなくなると嫌なので、とりあえず、こう言っておきます――史実性という呪縛から完全に解放された歴史学の方法をまじめに模索する必要があるのかもしれない……。

質問者1（実証主義歴史学者A）
私のような第二次大戦における日本の戦争責任に取り組むものにとって、歴史の史実性は非常に切実な問題です。とくに日中間のような、和解と協同への模索・追求という事態の前においては、記憶の実証性は、やはり厳密な検証が必要となる場合があきらかに存在します。そういった、切実で現実的な要請について保苅さんはどのようにお考えなのでしょうか。

保苅
あの、歴史が実証性に照らしていかざるをえない場面があるという点は、その通りだと思いますよ。だから、実証研究をすればいいと思うんですよ。僕は、実証研究など古臭いからやめちまえ！　なんて、全然思っていないですから。アボリジニ史の例でいいますと、白人入植者によるアボリジニのマス・キリング、大量虐殺が大論争になっています。たとえば、文書史料が何も残っていないところで、アボリジニの人がここで数百人殺されたって話をしたときに、いったいそこで何があったのかが問われるわけです。いわゆる「修正主義」の立場にたつ人たちは、虐殺なんていうのは、左翼系歴史学者によるでっちあげで、アボリジニなんかほとんど虐殺されていない、多くは身体が弱かったから勝手に死んでいっただけだし、白人が殺した場合だって、先に襲ったのはアボリジニだから正当防衛だって言うわけですよ。僕も含めて、アボリジニのオーラル・ヒストリーを集めてきた歴史学者は、ここで殺された、あそこで殺されたっていう具体的な話を、たくさんたくさん記録しているわけですね。その実証性が問われるわけです。典型的には、南京虐殺の問題なんかもそうだと思うんですけれども、「数」が問題になるわけですよ。僕としては、数なんかで論争しても不毛じゃない？　っていう思いもあるのですが、まぁ、それはそれで大切なのかもしれない。だったら是非やってください。いったい何人が虐殺されたのかについて、ちゃんと実証研究をしましょうよ。でも、歴史学のミッションはそれだけじゃないですよね。僕の主張は、その点に尽きると思います。それだけじゃないですよね、歴史学のミッションは。それはそれで必要なら是非やりましょうよ。でも、僕たちの仕事はそれだけじゃないですよね……。

質問者2（実証主義歴史学者B）

保苅さんのおっしゃっていることは問題含みですな。「裁判の証拠提出に使えないような歴史は、近代歴史学の研究対象にはなりえない」と言ってもいい。つまり、大蛇が洪水を引き起こしたという話は、裁判所では事実・証拠として扱われない。であるなら、それは歴史学の対象にはなりえないのです。

だいたいそもそも、歴史学が史実性を無視してしまったら、なんでもありになってしまうのではないですかね。誰もが好き勝手に自分の都合のよい歴史を捏造する。私は歴史学者として、そんなことを到底認めるわけにはいきませんな。

保苅

先ほどのご質問への返答と重なってきますが、僕は、裁判の証拠提出で使えるような歴史学などやめるべきだ、なんてぜんぜん思っていないんですよ。もちろんそういう歴史学はあっていいし、そういう歴史はおそらくこれからも必要とされていくでしょう。近代的・合理的・科学的な権威ある真理をなめちゃいけません。人文系知識人が「ポストモダン！」なんていくら叫んだって、そんな訴えがぜんぜん通用しない制度なんていくらでもある。法哲学ならいざ知らず、現実の裁判所は、その最たる場所かもしれません。ただ僕が言いたいのは、このグローバル化の時代、西洋中心主義が執拗に批判され、近代主義の疲弊と限界が叫ばれ、多文化主義が謳われ、「原理主義」が現代的現象として可視化され、民族文化がどんどん越境している、今この時代に要請されている歴史学は、本当に裁判に役立つような歴史学だけなんだろうか、ということなんです。

そしてもう一点、僕が史実性から解放された歴史学を主張したからといって、そのことと「なんでもあり」とは、まったく別の話です。そうした理解は、アボリジニの人々が行っている歴史実践についての完全な誤解です。確信をもって主張しますが、僕がつきあったアボリジニの歴史家たちは、「好き勝手に自分の都合のよい歴史を捏造」したりなんて、決してしていませんでした。グリンジ・カントリーにおいて、歴史は語り継がれ、共有されているのです。ある人物が、突然歴史物語《ストーリー》を捏造したって、そんなでっちあげを誰もまじめに相手になんかしません。誰一人として、「さーて、今日はどんな歴史があったことにしようかなー」なんて考えて、新しい歴史物語《ナラティブ》りを話し始めたりなんかしないのです。グリンジ・カントリーで行われている歴史実践は、たしかにアカデミックな歴史学とは異なるルールで展開されています。異なる過去への接近法、異なる歴史哲学といってもいいかもしれません。だからといって、過去におこったできごとが、好き勝手に捏造されているわけじゃない。グリンジの人々は、過去のできごとや経験を現在に語りなおし、再現しなおし、それを倫理的、政治的、霊的、思想的にさまざまな分析をくわえ、歴史から何かを学び、何かを伝えようとしている、という意味で歴史家なんです。こうしたかれらの歴史実践が、近代の学術的歴史学の実証性・史実性の要請に応えていないからといって、それを「なんでもあり」と即断してしまうのは、あまりに乱暴だと思います。

ともかく、歴史学者たちが史実性の呪縛から解放されない限り、ケネディ大統領がグリンジの村に来たっていう歴史は、歴史学者によって排除され続けるでしょう。これに対して、「僕たちは排除しないよ」っていうグループがいくつかあります。典型的には、記憶論をやっている人たちです。あるいは、人類学が中心ですけれども、神話論というのも昔からあります。記憶論や神話論をやっている研究者たちは、たしかに排除しないんですけれど、そのかわり包摂しちゃうんですね。別の言い方をすると、記憶論や神話論は、アボリジニの人たちが実際に経験したという、その経験を無毒化してしまう。経験の無毒化とはどういうことかというと、要するに、「それは事実じゃないけれども、でも、それはそれとして重要ですよね」って言って、とにかく掬《すく》いあげるわけですよ。事実じゃないんだけれども、何かそこには大切なものがあるはずだと言って掬いあげる、あるいは、尊重する。でも僕はこの、「掬いあげて尊重する」という行為の政治学を問題にすべきだと思います。

尊重するとはどういうことか？　たとえば、「アボリジニの人々は、ケネディ大統領がグリンジの長老に出会ったと信じている」と記述する歴史学や人類学は容易に可能なわけですよ。実際、呪術や信仰を論じている人類学の研究報告のほとんどが、霊的、呪術的、神的な経験を「……と見なされている」とか「……とされている」とか「……と信じられている」といったふうに記述しています。このエスノグラフィーの伝統は、おそらく、フレイザーやレヴィ＝ブリュルの時代からポストコロニアル批判をへたはずの現在にいたるまで、脈々と受け継がれているのではないでしょうか。でも、この記述法は、知識関係の不平等を無自覚に隠蔽していないでしょうかね。たしかにかれらの信念を尊重はしているけど、「尊重」という名の包摂は、結局のところ巧妙な排除なんじゃないでしょうか。だってケネディ大統領が実際にアボリジニの長老に会ったなんて、研究者は誰も思っていないんだもん。思っていないんだけれども、「それはそれとして大切にしてますよ」というジェスチャーだけはしている。言語行為論を援用して批判させてもらえれば、「かれらは……と、信じている」という陳述文は、事実確認的(constative)には、「かれらは異なる・独自の信念(体系)をもつ」ということを伝えていますけど、行為遂行的(performative)には、「研究者である私は、もちろんそんなこと信じていませんよ」という発語内行為、身振りをしているわけです。これでは、僕が提起している問題の解決にはぜんぜんなっていない。僕はこの尊重の政治学というものの、巧妙な権力作用に敏感でありたいと思いますね。

じゃあケネディ大統領がアボリジニの村に来たということを、歴史学者として——もちろん、人類学の文脈でもかまいませんが——本当に書けるのかどうか。僕は、書けると言いきるつもりはないんです。ただ、そこの問題を粘り強く考えていくことが、もしかしたら歴史学や人類学の新しい課題なのかもしれないと思っています。つまり、排除でも包摂でもない歴史叙述やエスノグラフィーの方法はあるんだろうかっていう問いですね。そこで、異なる歴史時空どうしが「接続する」あるいは「共奏する」方法を模索してみる、というのはどうでしょう。人が過去を経験する歴史時空というものは、根源的に多元的なので、それはもう僕らが決して追体験できないような、理解できないような、決して埋まらないギャップが厳然としてある。それはそれでいいじゃないですか。だからこそ多元主義が謳われる昨今なんです。ただ、ギャップはあるんだけれども、ギャップごしのコミュニケーションは可能なはずだって思うんですよ。つまり、「あなたは本当にあったできごとだと思っているかもしれないが、それはじつは神話なんですよ。でもまぁ、僕としては神話としてそれを尊重しますよ」ということではなくて、「あなたの経験を深く共有することはできないかもしれないけれども、それがあなたの真摯な経験であるということはわかります。だから、あなたの歴史経験と私の歴史理解とのあいだの接続可能性や共奏可能性について一緒に考えていきましょう」ということはできるんじゃないか。

そのためのヒントになるような人たちがいるので簡単にご紹介します。まず、モリス・バーマンという人が、『デカルトからベイトソンへ』[6]という著作の中で、「世界の再魔術化」ということを言っています。マックス・ウェーバーを借用しますけれども、近代化は、世界を脱魔術化していくプロジェクトとしてずっとあったと思うんですね。この脱魔術化の過程で、歴史学は多大な貢献を果たしてきた。しかし僕たちは、このように世界を世俗化していくことの暴力性とか、植民地主義とか、そういう問題が深刻に問われる時代に生きているのではないか。だから僕はむしろ、「歴史の再魔術化」の可能性を考えてみたい(これを本のタイトルに使いたかったくらいです)。僕は世俗主義が、近代主義の最後の牙城だというふうに思っています。近代の国民国家論や家族制度を批判するっていうのは、わりとみんなできちゃうんですよね。ベネディクト・アンダーソンや上野千鶴子をあげるまでもなく、構築物としての国民国家や家父長制なんてのは近年たくさんたくさん批判されている。それはそれで大切な作業なので、僕もそういう人たちと一緒に仕事をしているつもりです。ただ世俗主義の問題となると、みんな腰が引けますよね。世俗主義を超える、つまり精霊とか神様とかの世界を、僕たちがもう一回リアルに引き受けることが、アカデミズム、あるいはもうちょっと広く、公共性という枠組みの中で果たして可能なのかどうかという問題。これ、もしかしたら、僕らに突き付けられている、とっても大きな課題であるというふうに思います。モリス・バーマンという人は、その辺のことをどうも真剣に考えているんですよ。彼の主張は大雑把だし、ユングの錬金術研究に注目したりしていて、一九六〇年代に流行った議論の延長という印象をもたれるかもしれませんが、とはいえ整理としてはよかったのでちょっとお勧めの本です。

次に、ウィリアム・コノリーという人、政治哲学者ですけれども、ポスト・セキュラリズム（ポスト世俗主義）ということを提唱しています。この人はまあまあ有名なんですが、この『なぜ私は世俗主義者ではないか』(7)という本はあんまり有名じゃないですね。そこで彼は、深い多元主義（deep pluralism）ということを問題にしています。多文化主義や文化多元主義っていうと、ふつうは「いろんな文化があるのでお互い尊重し合いましょう」みたいな主張ですよね。でもこうした立場を擁護する人も、世俗主義っていう枠組み自体は決して壊さないじゃないですか。コノリーは、そうではなくて、スピリチュアルな経験とか、宗教的な世界観なんかも排除しないで、多元主義をより深く押し進める可能性を模索する必要を訴えています。

最後に『ヨーロッパを地方化する』[8]という本を出版したディペッシュ・チャクラバルティという歴史理論家がいます。彼は、ポストコロニアル批評で知られた人ですけれども、この人の意見は、宗教学者のミルチャ・エリアーデの仕事とも関係してきますが、つまりこういうものです。アカデミズムの世界でわれわれは世俗主義をやっている、つまり世俗的な歴史学の方法でしか研究をしていないけれども、具体的な僕らの日常世界のなかでは、精霊や神様は、やっぱりどこかで相変わらず有意味に存在している。だから、世俗主義的な歴史学の方法だけではなく、この日常世界のあり方にも意識の照準をあわせていけば、たとえば「かれらアボリジニは迷信的で、われわれは近代的だ」っていうような、単純な二項対立論にならないはずじゃないかっていうことを、二重の意識(doubled consciousness)という言い方で定式化しています。これもちょっと注目していいと思います。他にもご紹介したい研究がいくつかあるのですが、理論的な整備は、へたくそながらも本書の最後の方でやりたいので、第七章にまわします。

質問者3(市民運動派社会学者)

保苅さんがおっしゃっていることは非常にわかりますし、保苅さんの問題意識っていうのは重要だと思います。なんですが、あえて質問させて頂きたいのは、マイノリティの権利運動にとって、オーラル・ヒストリーがもつ意味についてです。オーラル・ヒストリー、あるいは聞き取りっていうものを行うことは、今まで誰もその声を聞かなかった人たちの声を聞き取って、その声を権力に聞かせていくっていう、一種の抵抗の道具、政治的異議申し立ての道具としての側面をもってきたと思うんですね。そういうところに、オーラル・ヒストリーの有効性を見出しているマイノリティの人たちや、それを支援する研究者がたくさんいるってことも事実だと思うんですよ。それでは、今おっしゃったポスト・セキュラーっていうものが、そういう抵抗の道具としてのオーラル・ヒストリーの基盤を崩すことになってしまわないかっていうのが、私の危惧なんですね。

近代主義の最後の砦としてのセキュラリズムっていう問題ですけど、アボリジニの政治闘争そのものは極度に、近代的な行動ですよね。主張する権利も、よりどころになるような価値観も、人権とか市民権とか土地権とか、それ自体はすごく近代的な価値観に基づいています。そういうところで、ポスト・セキュラリズムを主張する危うさってあると思うんです。それを主張してしまうことで、せっかく手にした道具としてのオーラル・ヒストリーの有効性、正統性が、御本人たちの意図とはまったく違うところで失われてしまうんじゃないか。だって、オーラル・ヒストリーが史実性や実証性において信用できないなら、行政はそれを理由に、オーラル・ヒストリーに基づく異議申し立てを却下するかもしれないですよね。抵抗の手段としてのオーラル・ヒストリーといったものの有効性を維持しておく、そういう責務っていうものは、社会学者や歴史学者にはないのでしょうか。

ついでに言うと、歴史学を史実性から解放するっていう、保苅さんの議論は、ホロコーストはなかったとか、「従軍慰安婦」の歴史はでっちあげだとかいった、いわゆる歴史修正主義者たちの主張を容認することにならないでしょうか。やっぱりここでも、本来の意図とは無関係のところで、保苅さんの議論が利用される可能性ってあると思うんです。

保苅　まずはきわめてユートピア的な話ですけれども、僕は二重の手口が可能だと思っています。二重の手口というのは、つまり世俗主義のなかで、たとえば裁判で通用するような闘争を展開しつつも、そこをはみ出してしまうものに対しても同時に真摯(truthful)であるような姿勢を示すことができるはずだと。つまり、歴史経験への真摯さ(experiential historical truthfulness)ということをキーにしていけば、近代的な異議申し立てと、近代主義をはみ出すような異議申し立ての両方に対して、同時に対応していけると思うんです。これは、さっきお話ししたチャクラバルティの二重の意識とも関係してきます。人間の経験は、近代合理主義的に定義できるものも、それをはみ出してしまうものもあるわけです。その両者は歴史経験という意味では地続きなんですが、具体的な政治闘争とか、裁判の場面では、そのうちの、「近代合理主義的」に「実証・検証可能」な「史実」をよりわける必要がどうしても出てきますね。必要なら、そういったよりわけをやりましょう。ただし、それをはみ出してしまう経験も、やはり重要な歴史経験として引き受けることが必要なのだと思います。まずは、ユートピア的にそう思います。

とはいえ現実はというと、そうじゃないですからね。現実問題として、歴史修正主義みたいなものが出てきて、南京虐殺はなかったとか、アボリジニは虐殺されなかったとかいうことが論争になっているわけです。オーラル・ヒストリー(証言)は、全部でっち上げのウソだ、とかね。

修正主義との(無)関係について多少お話ししておいたほうがいいかもしれませんね。僕の理解では、ホロコーストや南京虐殺を否定する修正主義の人たちは、「史実性に基づいて」自分たちの主張を展開しているのではないでしょうか？　かれらが歴史を否認・捏造するのは、まさにこの「史実性」をめぐってであり、僕が主張している史実性からの解放とは、およそベクトルが違いますよね。まずは、この違いを確認しておきたいと思います。さらに、アボリジニの長老が、ケネディ大統領がグリンジ・カントリーを訪問したと主張するとき、それは、すでに語られてきた歴史を否認するために主張しているのではない、という点も重要です。かれらはすでに定説になっている歴史理解を否定しようとして、ケネディ大統領のグリンジ訪問を主張しているんじゃないんです。かれらは、僕たちが「知らない歴史」を教えてくれますが、僕たちが「知っている歴史」を否定することを目的にして歴史を語ったりはしません。そして、このことと関係してきますが、最後に普遍化の問題です。修正主義者たちに限らないですが、これまで多くの歴史学者たちは、原則的に自分の歴史叙述を「普遍化」しようとしてきたと、思うんですね。つまり、どこの誰がいつ検証しても、「実際そうだった」といえそうな歴史の叙述をめざしていますよね。僕は、グリンジの語る歴史をそういう意味で普遍化する意図はないんです。そうではなくて、歴史時空の多元性、個別性、瞬間性、地方性を見出すためにこそ、グリンジの歴史を真摯に受け止めるべきだと主張しているんです。

とまぁ、修正主義については、いろいろと言いたいことがあるっちゃあるんですが、とはいえ正直言ってこんなアホみたいな話につきあいたくないんですよ。歴史学者として、もっとほかにやらなきゃいけないことがたくさんあるのに、修正主義の相手をせざるをえないがために、今一番必要とされているかもしれない歴史時空の多元性に向けた歴史研究が十分に展開できないでいるっていう、そんなもどかしさをすごく感じています。だから、非常に無責任な言いっぱなしをしてしまうんですけども、そういう歴史修正主義のようなアホみたいな話は、是非、論壇などで活躍されている権威ある諸先輩方にしっかり対応していただいて、もちろんその経緯を興味深く見守らせていただきますが、僕たち若手研究者は、たったと先に進ませてくださいっていうのが、無責任ながらも切実な僕の希望です。

5　ジミー・マンガヤリとの出会い

さて、「歴史家は誰か?」という問いや、日常的な歴史実践に注目するという切り口が、グリンジ・カントリーにフィールドワークに出かける前からあったわけじゃないんです。博士課程のリサーチをはじめた頃の研究計画書が手元に残っているんですが、それを読みなおしてみると、僕がフィールドワークを計画したそもそもの理由は、アボリジニの移動経済生活が植民地化の影響とともにどのように変化していったのかについて、オーラル・ヒストリーを聞き取ったり、現在の経済活動の様子を観察して分析したりするためでした。僕は、日本の大学院では、経済史と経済人類学を勉強していたんです。この当初の研究計画にすっかり関心がなくなって、グリンジの人々による歴史実践と歴史分析に注目するようになったのは、ひとりの老人との出会いがあります。

ジミー・マンガヤリとの出会いは、グリンジの人々とのつきあいを「私とかれら」という三人称的関係から、「私とあなた」という二人称的関係に変更するだけの衝撃がありました。ただし、こう説明することで、植民地的世界構造、つまり経済や知の世界規模の不均衡が可能にした、日本人研究者によるオーストラリア先住民の調査、という政治力学を無化しようとする意図はありません。とはいえ、ジミーじいさんと僕との二者関係においては、そうした構造的不均衡はさして重要な問題ではありませんでした。ジミーじいさんの関心は、目の前にいるこの僕が、自分の話をちゃんと聞いているかどうかであり、その話を、オーストラリアや日本でちゃんと語り伝えるつもりがあるかどうかだったのだと思います。ジミーじいさんにとって、僕が「かれ(ら)」ではなく「あなた」だった、というのはそういう意味です。そして僕はといえば、ジミーじいさんのオーストラリア植民地史分析のユニークさと精緻さに衝撃を受け、彼を情報提供者としての「インフォーマント」というよりは、そこから政治思想や歴史分析を学ぶべき、ひとりの「歴史家」であると理解するようになりました。僕にとってジミーじいさんが「かれ(ら)」ではなく「あなた」だった、というのはそういう意味です。

こう説明したからといって、僕は、自分だけが「現地の人々」と特別に良好な関係を構築したなんて、思っていないんですよ。実際、僕に一言も口をきこうとしなかったアボリジニの長老だっていました。僕が言いたいのは、そういうことじゃなくて、フィールドワークを行う研究者であれば、多くの方が経験したはずのいくつかの深い出会い、実現したラポール(信頼関係)の現実的ありようをお話ししているだけです。それが調査地の人々であれ、教授会の場面であれ、合コンの席であれ、仲良くなって信頼しあう関係も生まれれば、お互いに無視したり反目したりする不幸な出会いもあるわけです。むしろ問題なのは、滞在が長くなり、信頼関係が深まり、もはや実感としては、「かれら」ではなく「あなた」になっているはずの人たちを、あくまでも「かれら」として分析しなければならないと思いこむ強迫的三人称複数主義なのではないでしょうか。実際には相当スムーズに行われている「あなた」とのコミュニケーションを、あたかも「かれら」とのディスコミュニケーションの場面であるかのように思いこむ、あるいは振舞うアカデミックな自意識こそが、くせものなんじゃないですか。

具体的に考えてみましょうか。たとえば、「現地の人々」が、病気を治す呪術をあなたに教えたとしましょう。出会いの当初ならいざしらず、長い間一緒に生活し、その土地の言語や生活習慣にも慣れ、十分にラポールが構築されて友情や愛情が芽生えた相手が、体調を崩したあなたにとっておきの呪術を伝授したとき、あなたは本当にその呪術の効果をまったく、これっぽっちも信用しないのでしょうか？　僕には、それを完全に信用しないことは、完全に信用することと同様に困難だと思うのですが、どうでしょう？　こうして教わった呪術をねたにして論文を書く研究者は、その呪術を、実際に自分で使ったことは、本当に一度もないのでしょうか？　一度もないとして、なぜそうもかたくなに、教わった呪術を信用・使用しようとしないのでしょうか？　あるいは、じつはときどき自分で呪術を使っているとして、どうしてそのことを研究報告に反映させないのでしょうか。超自然的現象を信じてはいけない、という近代主義の、アカデミズムの、世俗主義の要請が、実際に現地で経験・実感した（はずの）「ほんとうらしさ」を無理やり否認してはいないでしょうか。

話がそれちゃった。ジミーじいさんの紹介でした。ヨーロッパやアフリカの諸社会、あるいは日本や中国と違って、アボリジニ諸社会には、それが研究者であれ、語り部であれ、職業的・専門的な歴史家は長い間いなかったようです。現在では、アカデミックに活動するアボリジニの歴史学者たちがいますが、僕が訪問した当時、グリンジ・カントリーには、職業的歴史家はいませんでした。ですから、ジミーじいさんをはじめ、僕が本書であつかう歴史家たちは、歴史語りを専門の生業とする人々ではない、という点をあらかじめ確認しておきます。もうお話ししましたが、僕はむしろ、日常生活のなかで実践されている歴史のメンテナンスに注目する、という意味で、グリンジの歴史家たちとつきあったわけです。グリンジ・カントリーに滞在中、僕がもっとも長い時間をかけてつきあった歴史家がジミーじいさんでした。そこで本書では、ジミーじいさんの歴史分析を中心に紹介していきます。

ジミーじいさんは、ダグラグ村から西に一〇〇キロメートルほどの所にあるリンバニア牧場のあたりをカントリーにもつ人物です。リンバニアは現在でも白人による牧場経営が行われていて、だから、ジミーじいさんは自分のカントリーの土地権をもたず、ダグラグ村で暮らしていました。彼の所属する言語グループは、グリンジの隣接言語とも一方言とも言われる、マルギンです。だからジミーじいさんは、広義のグリンジですが、狭義にはマルギンということになります。年齢は不明ですが、彼が働いたリンバニア牧場の白人のボス(牧場主)の名前をたどっていくと、僕が出会った当時のジミーじいさんは八〇歳を超えていた可能性も十分あります。彼は、ダグラグ村の最長老でした。長老たちは基本的に尊重・尊敬されている(はずな)のですが、ジミーじいさんの場合は年をとりすぎていて、現実的な政治力はほとんどありませんでした。「年寄りの言うことに耳を傾けろ」などと言うときに、彼の名前が出ることはありますが、彼自身が儀式を組織したり、長老たちの会合で具体的な指示を出したりする場面を僕は見たことがありません。ジミーじいさんは、グリンジ社会の中では「尊重しないといけないけど、今さら頼るには年をとりすぎている人物」だったようで、他の実力のある活動的な長老たちは、ジミーの存在をもてあまし気味にしていたように思います。それだけに、グリンジの人々にとって、そして誰よりジミーじいさんにとって、僕の存在はありがたかったのでしょう。「外国からわざわざグリンジの長老の話を聞きに来た」ということは、「長老の話をちゃんと聞かないといけない」という教えを若者たちに徹底させるよい口実になるし、同時に、ジミーじいさんのお相手を僕がちゃんとやっていれば、長老たちは安心してジミーじいさんをほうって置けるわけですから。そんなローカルな政治状況のなかで、僕とジミーじいさんの関係が構造化されていたことは、それとして事実です。

とはいえ、そうした事情は本書にとってそれほど重要ではない、と僕は思っています。「歴史書を読むときは、その歴史家の背景についてちゃんと知っておくべきだ」というのは、E・H・カーの教えですが、実際のところあんまり守られていないですよね。僕も、それほど重視しません。ミシェル・フーコーが同性愛者だったことは、彼の歴史理論になんらかの影響を与えているのでしょうが、かといってそのことをあんまり重大視しても仕方がないように思うからです。ジミーじいさんの場合も同様です。ジミーじいさんの最晩年に、彼の話を熱心に聴く若者が日本からやってきたことは、僕が学んだジミーじいさんの歴史分析になんらかの影響を与えたかもしれませんが、かといって、そのことばかり論じたてると、ジミー・マンガヤリという歴史家の植民地史分析に真摯に耳を傾けるというよりは、むしろ、ジミーじいさんの「語り分析」になってしまうのを心配してしまいます。僕は、エスノメソドロジストではありません。本書において、僕は、ジミーじいさんをはじめとするグリンジの歴史家たちの歴史分析を、どうしたらリアルに引き受けることができるのかについて、さまざまな検討をしたいと思っていますが、グリンジの歴史語りを分析するという態度からはなるべく距離をとりたいと思っているんです。避けがたく、両者の違いがあいまいになる場面があることを承知の上で、ですが。

いずれにせよ、ここで強調しておきたいのは、僕は、「グリンジ社会の歴史観」なるものを単一の固定的な知識体系として提出するつもりはない、という点です。僕は、ジミー・マンガヤリという一人の傑出した歴史家の歴史分析を紹介しますが、そして彼の分析が、グリンジ・カントリーで脈々と語り継がれ、遂行されてきた歴史実践を背景に、インターテクスチュアルに、なされていることを疑う余地も理由もありませんが、だからといって、ジミーじいさんの歴史分析が、グリンジ社会全体を代表するわけではありません。E・H・カーの歴史観が、西洋歴史学の伝統を背景に生まれたものであったとしても、E・H・カーが西洋の歴史観を代表していないのと同じことです。グリンジの女性、グリンジの若者、グリンジと婚姻関係にあるワルピリの長老、などなど、みな異なる歴史意識をもっていて当然でしょうし、こうした異なる歴史意識や歴史語りの共奏、接続、共有こそが、歴史実践の姿、歴史のメンテナンスのありようなのだという点は、第二章でさらに詳しく論じています。

博士論文を大学に提出する前に、僕は草稿を持ってダグラグ村に戻って、そこでプレゼンテーションをしたんですね。この様子は、本書の第八章で紹介しています。この論文が、白人に向けて書かれたものであるということは、もちろんアボリジニの人たちも承知しています。逆に言うと、そうでなかったらかれらは語らなかったわけですよ。「私たちが語ったものを、白人や日本の人々が読むだろう」という期待があったからこそ僕に歴史を語ってくれたわけで、だからこそ僕は、自分の博士論文をもとに、英語と日本語でこの本を準備してきました。そういう意味では、「誰に向けて語るのか？」という最近流行の質問にお答えするなら、オーストラリア先住民の植民地経験を知らない人たちに向けて語ることになるわけです。ただ、まさにここで問題になるんですよ。ケネディ大統領が来たっていう歴史を、オーストラリアの白人や日本の読者に向けて、僕はどういうふうに伝えればいいんだろうか。アボリジニの人たちの歴史分析を、真摯に共有できる言葉がいったいあるんだろうかっていうことが、すっごく大きな問題になってくるんですね。わかってもらえます、僕の苦労？

6　もうひとつの経験主義

最初の、歴史学者としてのエージェンシーを相対化してみるというところで言いましたけれども、歴史学者以外のあらゆる存在から「歴史とは何か」を学ぶ必要があると思うんですね。それはもしかしたら、そこを歩いている人かもしれないし、自分の祖母かもしれないし、アボリジニの人々かもしれないし、うまくいくんだったら人間以外の、動物や植物や昆虫から歴史とは何かを学ぶことだってできるかもしれない。あるいは石や建物と一緒に、歴史とは何かを考えていくことだってできるかもしれない。歴史とは何かという問いを、歴史学者以外の人や場所やモノに問いかけていく。なんていうのかな、歴史学を拓いていく可能性ってどのくらいあるんだろうか、僕はそういうことを考えたいと思っています。そういうプロジェクトを進めるうえで、フィールドワーク形式のオーラル・ヒストリーほど、有効な方法はないいんじゃないでしょうか。

記憶・物語りを擁護する一派と、史実・真実を擁護する一派があって、なんかそこで対立しているみたいなんですけど、ちょっと不毛な感じがしませんか？　ちなみに僕は、記憶・物語り派の方に押しつけられちゃうことが多いんですけど。僕は別にナラティブを問題にしているつもりも記憶を問題にしているつもりもなくって、じつは経験を問題にしているんです。人間の歴史経験を問題にしているつもりなんです。で、人間の歴史経験を問題にする限りにおいて、記憶・物語りと事実・真実との対立っていうのは、それほど意味を持たなくなってくると、僕にはそう感じられるんですね。証明しろ！　って言われると、今の僕には、勉強不足でとてもできそうにないんですが。

僕は、ひとつのキーワードとして、経験(experience)という語を使っています。歴史学はもう一度経験に戻らなくてはいけない——これは、僕のポストモダン史学批判です。いわゆる言語論的転回以降、歴史とはそもそもナラティブである、ということが熱心に論じられてきました。それ自体としては面白かったし、いろいろ参考になったんですけれども、やっぱり歴史学って経験の学なんじゃないかと僕は思っています。経験に真摯であるような歴史学。真摯っていう言葉で、僕は今、faithful(誠実な)という意味とtruthful(本当の)という意味を合わせて使っています。歴史経験に真摯であるような研究方法を考えていくべきなのではないか。歴史経験への真摯さ(experiential historical truthfulness)とはつまり、ケネディ大統領がグリンジの長老に出会ったという歴史を真剣に考える歴史学のことです。歴史経験の、歴史時空の多元性を誠実に考えられるような歴史学を模索する、という意味です。だから僕は、自分が記憶論をやっているつもりも、物語り論をやっているつもりもないんですね。むしろ、新しい経験主義と言ってもいいんじゃないかって思っているんです。僕は、empiricism に対して experientialism という言葉を使うこともあるんですけれども、実証主義とは異なる、もうひとつの経験論が、もしかしたら必要とされているのかもしれない。そういうもうひとつの経験論に基づいた歴史学というのがあるんだとしたら、それはどんな歴史記述を可能にしてくれるんでしょうかね。

上村忠男は、ヴァルター・ベンヤミンを引きながら、「「経験」の敗北」を論じています(9)。世代から世代へと語り継がれる知恵としての「経験(Erfahrung)」の貧困、それを二度の壊滅的な世界戦争をへた、ホロコーストをへた二〇世紀以後の歴史の条件として際立たせており、この傑出した歴史理論家の鋭敏な危機意識を、僕は僕なりに真摯に受け止めたいと思っています。しかし、だからといって、それでも、にもかかわらず。この「経験」の敗北という否定しづらい世界史的状況にたいして、僕は、たしかにそうかもしれないけど、敗北宣言はもうちょっとだけ待ってください、と言いたい衝動に駆られてしまいます。「経験たち」は、まだ全面降伏はしていないんじゃないか？「経験たち」は、ゲリラ的抵抗を、今この瞬間も世界各地でくりひろげているんじゃないか？　そしてこの、とうの昔に歴史のブロードウェイから放逐され、ついに場末のキャバレーからも締め出された「経験たち」は、全面的勝利などおよそ期待していない青空ゲリラであるというまさにそのゆえに、歴史時空の多元的記述を可能にするひとつのチャネルとなりうるのではないか、と思ったりもするのです。

オーラル・ヒストリーくらい、こうしたもろもろの問題群に近いところに位置している歴史学の方法はないんじゃないかって感じているんですね。オーラル・ヒストリーの可能性について、僕が言いたいのはそういうことです。オーラル・ヒストリーという方法が、たんに今まであった歴史学に新しいメソッドが増えたとか、史料の量が増えたとかいう話に終わるんじゃなくって、むしろ「歴史とは何か」っていう問題を、もう一回根源的に問いなおせるような、そういうものとしてオーラル・ヒストリーを練りあげることができるとしたら、こんな面白いことはないって思っています。どうもありがとうございました。

質問者4（ポストコロニアル批評家）

私はオーラル・ヒストリーに関しては門外漢なんですけど、保苅さんのお話がきわめてオーラルではなくて、ヒストリーに対する関心が強い。そこに非常に印象を受けたわけです。オーラル・ヒストリーの可能性っていうのがあるとすれば、あると思いますが、まあいろんな二項対立をどういうふうに越えていくのかっていう問題意識を持つべきだと思います。聞き手と語り手とか、被害と加害とか、主要言語使用者と周縁的な言語使用者とか、オーラリティとリテラシーとか、最近だと、正義とテロリストとかね、いろいろあるわけですね。そういうときに、保苅さんは経験っていう非常に興味深い概念を出されてくる。それと同時に、その経験を受けとめる側のエージェンシーの多様性ですよね、歴史研究者と歴史家と、それからそうでない人々と、エージェンシーをいろんな多様なレベルで想定することによって、それぞれのエージェンシーを相対化していく、棚上げしていくって非常に重要なポイントだと思います。ただそのときに、経験ということをもう少し原理的に考察する必要があると思います。

カルチュラル・スタディーズとか、ポストコロニアル・スタディーズから学んできた一番の大きな成果、あるいは教訓っていうのは、経験っていうのが、個人の人生の結果であると考えられている限り、やはりまずいんじゃないか。個人主義リベラリズムの問題ですね。経験というのはやはり自己と他者の関係性のなかで初めて立ち上がってくる。その立ち上がってくる経験っていうのは、いわゆる従軍慰安婦って呼ばれた人たちの経験に顕著なように、掬いあげたり、受けとめたり、そんなことできないわけですね。ものすごく衝撃的で。まさにこの立ち上がってくる、経験の自己と他者との関係性のなかでの立ち上がりかたっていうことを、歴史家として受けとめていくってことが重要だと思うので、まあ私の主義というか、考え方でいうと、オーラル・ヒストリーって言ったときに、こうした原理的な考察がもっと深められていかないといけないんじゃないかっていう感想を持ちました。

保苅　全然反論ないんで。たぶん僕が課題にしていることは、結局今おっしゃられたようなことと地続きなんだと思います。なんかひとつだけ気になったんだよな。なんだったっけ。

そうそう、経験という用語ですね。僕はいつも、いろんな言葉を使い回して試しているんですけれども、たとえば、今回の発表では experience ということを問題にしたんですが、それ以外にも reality ってなんなんだろうっていうことがありますよね。historical reality(歴史的現実)とはなんなのかって。ちなみに truthful という語は、テッサ・モーリス＝スズキから借用しました。truth に代わって、むしろ truthfulness を重視する。すでにお話ししたとおり、要するに、「真実」という言葉に「誠実」っていう意味が重なるわけです。この truthfulness に向けた、truthfulness に開いた歴史を歴史学者は語れるのかっていう問題の立て方がありますね。そんなふうに、いくつかのキーワードを使い回しながら、いろいろ試してみる必要があるんじゃないでしょうか。みなさんもいろいろ試されていると思うので、情報交換っていうか、是非議論していきたいなって感じています。

司会　保苅さん、質問者のみなさん、そしてご清聴いただいた会場のみなさま、どうもありがとうございました。それでは、じっくりと『ラディカル・オーラル・ヒストリー』を手に取っていただいて、内容をご検討いただきたく存じます。みなさま、本日は遠いところから足を運んでいただき、大変ありがとうございました。歴史実践について、歴史とは何かについて、今後とも議論の場を設けてゆきたいと思います。

注

(1) 本章は、史資料ハブ地域文化研究拠点シンポジウム『消えゆく声を聞く／見えないものを見る――オーラル・ヒストリーの可能性とアーカイヴの課題』東京外国語大学、二〇〇三年三月一五日、での発表(『史資料ハブ　地域文化研究』第二号、所収)をもとに、大幅に加筆修正のうえ再構成したものである。本章に登場する質問者は、いずれも架空の人物であるが、その発言内容は当日のシンポジウムで筆者の報告に対して発せられた質問に基づいている。

(2) ポール・トンプソン『記憶から歴史へ――オーラル・ヒストリーの世界』酒井順子(訳)、青木書店、二〇〇二年。

(3) 社会学の分野であるが、オーラル・ヒストリー(ライフ・ヒストリー)に関する既刊のすぐれた参考文献として、たとえば、谷富夫編『ライフ・ヒストリーを学ぶ人のために』世界思想社、一九九六年、中野卓・桜井厚編『ライフヒストリーの社会学』弘文堂、一九九五年、桜井厚『インタビューの社会学――ライフストーリーの聞き方』せりか書房、二〇〇二年、をあげておく。

(4) グリンジをはじめとするアボリジニ牧場労働者の生活については、文献史学とオーラル・ヒストリーの双方からいくつかの検討を加えている。保苅実「カントリーの生命を維持するために――牧場開発とアボリジニ」スチュアート　ヘンリ編『「野生」の誕生――未開イメージの歴史』世界思想社、二〇〇三年、一六二―一八七ページ、保苅実「アボリジニ部族経済と牧場労働――グリンジ族土地所有権運動の歴史的背景」『オーストラリア研究』第八号、一九九六年、一四―二八ページ、Minoru Hokari, "Reading Oral Histories from the Pastoral Frontier: A Critical Revision", *Journal of Australian Studies*, vol. 72, 2002, pp. 21-28.

(5) グリンジのウェーブヒル牧場退去運動については、保苅実「オーストラリア先住民の牧場退去運動――オーラル・ヒストリーからの接近」『歴史学研究』二〇〇三年一二月号（第七八三号）、一―一八ページ参照。

（6）モリス・バーマン『デカルトからベイトソンへ――世界の再魔術化』柴田元幸（訳）、国文社、一九八九年。

（7）William E. Connolly, *Why I Am Not a Secularist*, Minneapolis: University of Minnesota Press, 1999.

（8）Dipesh Chakrabarty, *Provincializing Europe: Postcolonial Thought and Historical Difference*, Princeton, N.J.: Princeton University Press, 2000.

（9）上村忠男『歴史的理性の批判のために』岩波書店、二〇〇二年、序章。

僕たちの旅行は、最初のうち霧雨が降り、神秘的な感じだった。この旅行が霧につつまれた一編の大河小説《サーガ》となることが僕にはわかっていた。

（ジャック・ケルアック『路上』より(1)）

第二章　歴史をメンテナンスする

――歴史する身体と場所――

1　歴史実践とは何か

歴史はどこからやってくるのだろう。歴史は、その定義上、過去からもたらされる。しかし、実際のところ歴史はどのようにして過去から私たちのもとにもたらされるのだろうか。私たちはどのように過去を経験する(あるいは、経験できない)のだろうか。「歴史は常に現在にもたらされる」という主張は、なにも目新しいものではない。過去のできごとや経験を表現し、物語ろうとする人間のいま現在の営みなしに、過去は歴史になりえないからだ。こうした見解は、姿かたちを変えながらも、すぐに思いつくだけでも、たとえばクローチェ、ダントー、カー、ホワイトらによって指摘されてきた。歴史は、常に現在のうちで探索され、制作され、表現され、維持されている。そうであるならば、当然、私たちがかたちづくる過去の姿、歴史表象は、私たちの現在の経験に大きく規定されることになる。私たちは、いかなる現在の行為のうちに、過去を呼び起こしている——歴史している——のだろうか。

多くの「近代的」社会、「西洋(化した)」社会において、歴史の制作やそのメンテナンスは、歴史学者の仕事であるとされてきた。もちろん、記念碑は芸術家によって制作されるだろうし、博物館は行政体が運営していることが多い。にもかかわらず、記念碑や博物館で表象されるべき「歴史的真実」の決定は、多くの場合に古文書館や図書館での緻密な調査を行う歴史学者の見解に依存することになる。歴史教科書は、最近でこそ政治学者やジャーナリストが介入するようになったが、以前は、歴史学者に課された重要な仕事のひとつであったように思う。権威ある歴史となった過去の姿が、こうして現在に現れる。過去と現在を正しく接続できるのは、特権的な少数の職業的歴史家だけだ、ということだろうか。歴史学者の助けを借りなければ、過去は現在と切り離されたままである。

とはいえ、歴史を表象する権利が歴史学者だけに与えられているとする見解は、実際のところそれほど現実的ではない。歴史的主題をあつかう映画や小説、漫画やコンピュータ・ゲームは、毎年数え切れないほど生産されているが、それらの多くは歴史学者の裏書きを与えられずに販売・消費されているし、あるいは、TVアニメシリーズ『機動戦士ガンダム』の〝宇宙世紀〟のように、歴史学者が決して扱わないたぐいの「歴史」が熱心に議論されている場も存在する。NHK大河ドラマや『水戸黄門』を見ながら、その時代考証のいいかげんさに腹を立てるのは、一部の歴史学者ぐらいであって、ほとんどの人々は、ただ日常的に時代劇を見るだけである。

我々は、歴史学者の仕事とは直接的には無関係に、日常的に歴史に触れながら暮らしている。そのことの功罪は、さしあたり問わない。こうした日々の暮らしにおける歴史とのかかわりのなかで、いかに史実がゆがめられ、他者への想像力が欠如し、時代考証がおろそかにされ、架空の歴史が生み出されていようとも、たとえそうであったとしても、歴史学者の研究書や学校の歴史授業とは無縁の場で、我々が日常的に歴史とかかわる営みをしているというのは、それはそれで単純な事実である。そして、このような歴史との日常的なかかわりのありようが、その時代、その地域において、過去が現在にもたらされる、その様式を具体的に規定していることも単純な事実だろう。

日常的実践において歴史とのかかわりをもつ諸行為、それをここでは歴史実践(historical practice)と呼びたい。言うまでもなく、歴史学者が古文書館に出かけて研究活動を行うことも、学生が歴史の授業に出席することも、こうした歴史実践のひとつではある。が、むしろここで重要なのは、歴史実践は、歴史学者におよそ限定された活動である歴史研究や、学校の授業などよりもはるかに多様な、人々が歴史に触れる広範な諸行為をさす術語である、という点である。

歴史実践の諸様式は、時代や地域、階級やジェンダー、信仰や趣味などによって多様でありうるだろう。年寄りの昔話を聞くことも歴史実践であれば、旧約聖書を読むことも歴史実践である。琵琶法師も歴史実践していたわけだし、多くの祭りや儀式も歴史実践という側面をもっていた。過去は、台所において現在にもたらされてきただろうし、居酒屋で歴史が制作される場合もあるだろう。遺跡の発掘や訪問といった活動も歴史実践だし、歴史的事件を主題にした映画を観ることも歴史実践だし、寄席に落語を聞きに行くことも歴史実践だ。とすれば、この歴史実践という視座に立った場合、「歴史なき民(族)」とか「先史時代」とかいった概念は、完全に破棄されなければならない。というのも、管見によるが、歴史実践を行わない社会も時代もかつて一度もどこにも存在したことがないからである。過去の経験やその知識を、現在に持ち込まない人間社会などありえない。とはいえ過去のどのような経験や知識が、どのように現在にもたらされるかについては、ということはつまり、どのような過去の経験や知識が現在にもたらされないかについても、その時代、社会、階級、ジェンダー、信仰、趣味などによって、その様式が異なるだろう。歴史実践の様式は多様である。

本章がとりあげるのは、グリンジ・カントリーで行われていた歴史実践のありようである。もちろん、ここで報告するのは、筆者がそこに滞在していた限定した時期に、限定した人々と、限定した場所で共有された歴史実践である。私は、自分が経験したグリンジ・カントリーにおける歴史実践のありようから、過去のできごとが現在にもたらされる手続きの、そのひとつのありようを示したいと思う。その一方で、ここで紹介するグリンジ・カントリーにおける歴史実践の様式が、どの程度の一般性をもちうる(べき)かについては、読者の判断にまかせたいように感じている。ローカルであることの意義を強調しつつ、ローカルであることの越境性にも関心をもつゆえんである。

もう一点。私は、グリンジの長老たちが私に教えてくれた歴史実践のありようを、かれらが私に示してくれたように、そのままここに再現することはできない。本書の読者であるあなたは、残念ながらグリンジの長老たちと一緒にグリンジ・カントリーにいるわけではない。そしてグリンジの長老たちは歴史書を書かない。あなたは、不可避的に保苅が書いた日本語の本を読んでいるのである。この避けがたい翻訳と解釈の作業。さらに言えば、グリンジの歴史は、だれがアクセスしても同じ情報をもたらすような「教科書」として与えられることはない。つまり、避けがたい翻訳と解釈の作業は、グリンジ・カントリー内であっても、歴史の条件である。

私がつきあったグリンジの長老たちは、こうした知識や経験の伝達にともなう諸条件を明確に理解し、そして受け入れていた。紙に文字を書いて情報を伝えることは、カリヤ(白人・非アボリジニ)のやり方であって、グンビン(アボリジニ)のやり方ではない。文字を使用しないアボリジニの長老たちは、紙を使って何かを伝えることを必ずしも倫理的に望ましい方法だとは考えていない。しかし、にもかかわらず、白人《カリヤ》に何かを伝える場合には、紙に文字を書くというやり方を受け入れなければならない。私が歴史を学んだグリンジの長老たちは、そのことを十分理解し、許容していた。だから、グリンジの長老たちは、私たちに歴史を物語り、演じるさいの最初の一歩目から、筆者である私と本書の読者にたいして妥協していることを理解すべきである。かれらは、歩みよる。植民地主義の暴力を経験した人々とは、そういうものなのだろうか。ときには強制されるために、そうでなくてもあきらめ気味に、かれらは妥協し、歩みよる。

問われているのは、こうして歩みよってきたグリンジの長老たちのジェスチャーにたいして、私たちが――筆者である保苅や読者であるあなたが――、かれらと同じように歩みよることができるかどうかである。植民地的権力構造の中にあって、双方向的なハイブリッド化は、はたして実際に可能なのだろうか？　メアリー・ルイーズ・プラットは、植民地的関係を入植者による植民地の一方的領有と権力の拡大としてとらえる従来の研究傾向に異を唱え、不均衡な権力構造の中でも入植者と被植民者は安定した主体であったわけではなく、植民地的出会いの中で主体が双方向的に構成されてゆくありように注目し、そうした植民地的な出会いの中で主体構成がなされる場をさす術語として「接触領域(コンタクト・ゾーン)」という用語を提出している。[2] プラットのこの術語を思い切って拡大使用するならば、本書もまたこうした接触領域、植民地的出会いの場なのである。

2　歴史する身体と世界の歴史

(1)　注意深くある身体

歴史する身体からはじめよう。グリンジの人々、特に長老たちは、何もしないで一日を過ごすことが多い。長いあいだ、私は、かれらが何もしていないのだと思っていた。もしその日に儀式や集会がないならば、長老の多くは一日中なにもしないでいることが多い。ごくありふれたかれらの一日を見てみよう。早朝に目を覚ますと、長老たちの多くは集会所に顔を出す。そこはジェンダー化されており、男性は男性の集会所へ、女性は女性の集会所に向かうことになる。もし空腹なら、そこで朝食をとる。コミュニティ内の売店のわきにあるベンチで食べる者もいるし、そこから数十メートル離れた木陰に座って食事をとる者もいる。その後再び集会所にもどり、そこでトランプに興じる人もいる。昼寝をする者もいる。そうでなければ、再び空腹になるまで、ただじっと座っている。空腹になれば、またミート・パイやフライドポテトを売店で買ってくる。狩りや釣りに出かけた若者たちが、カンガルーやナマズを捕ってくれれば、そちらをおいしくいただく。そして、日が落ちるころ、それぞれのねぐらに戻ってゆく……。いったい長老たちは、一日中ただ座ってじっとしながら、何をしているのだろう。

かれらは、「見ている」のであり、「聴いている」のであり、「感じている」のである。私は、そのことになかなか気がつかなかった。——世界で何が起こっているのかを知りたいならば、人はじっととどまって、世界に注意を向けなければならない。自分の周囲で何が起こっているかについて、静かに注意深くあること。自分の感覚を鈍くしてしまうような無駄なノイズはたてるべきではない。

グリンジの長老たちは、私がここに記述したように私を教育してくれたわけではなかった。そうではなく、長老たちは私の隣に座ると、かれらが見たり聞いたりしているものを、つぎつぎと私に語ってくれたのである。たとえば、「空を見てごらん、丘の向こうに分厚い雲が見える。雨が近いな」、「あの建物の向こう側からケンカの暴力的な声が聞こえてくるだろう。酒癖の悪い奴が騒いでいるか、そうでなければ、また誰かが人の奥さんを横取りしたんだろうな」、「温かい風が北方から吹いてきた。どうりで最近は蒸し暑いわけだ」、「そこで犬が吠えているだろう。ケンカだよ、犬もケンカする」、「ほら、小型飛行機が飛んでくる。きっと郵便配達だ、それとも医者がやってきたかな」、等等。

もちろん、こうしたできごとを見たり、聞いたり、感じたりすることは、私にもできた。

しかし、私はそんなことに、さして注意深くなってはいなかったのである。コミュニティに滞在中の私の関心は、人々が語ってくれるオーラル・ヒストリーであり、空や風や犬ではなかった。とはいえ、これは別にコミュニティ滞在中だけにかぎったことではない。私の関心は、自分の仕事であり、スケジュールであり、映画や音楽であって、ただ座っていることは、私にとって文字どおり何もしていないことを意味していた。

私は、グリンジの長老たちから、次のことを学んだと思う。身体感覚は、何かを探し求めるためだけに使用されるのではない。その逆に、もし自分が十分な静けさと注意深さを養うなら、むしろそれのほうがこちらにやってくる。静かに身を置き、感覚を研ぎ澄ますことは、世界を知るためのひとつの技法である。グリンジの長老が雲やケンカや飛行機に注意を払うのは、自分の周囲の世界を知るためにそれが最善の方法だからである。この同じ方法によって、長老たちは一般にドリーミングと呼ばれている精霊たちの姿や声にも注意を向けている。しかし、残念ながら私にはドリーミングの声を聞き取ることは困難だった。

私はこれまで、世界の理解とは、読んだり、調べたり、尋ねたり、探したりする行為によってはじめてもたらされるものだと思ってきた。しかし、グリンジの人々が私に教えてくれたのは、むしろ静かに注意深くあることで世界を知る方法だったのである[3]。「知る」ための技術は、必ずしも探索方法のうちにあるのではなく、静かに注意深くあるという技法のうちにもあるのだ。

実際、こうした身体感覚の使用法は、なにも座っているときだけにあてはまるわけでもないし、長老たちの行為にだけあてはまるわけでもない。世界に向かって注意深くあることは、身体を動かしてカントリーをめぐっているときにも、きわめて重要である。老若男女問わず、グリンジの人々は、車や歩行での移動の最中にじつによく注意深く聞き耳をたて、眺め、においを嗅ぎ、そして周囲でなにが起こっているのかをお互いに報告し、情報を交換しあう。たとえば、「ほら、平原の向こうに鳥が飛んでいる」、「南方で山火事が見えるぞ」、「ワニが川の向こう岸にいるがわかるかい」、「この辺りはロバが多いな」、「この轍《わだち》の深さは数時間前に誰かがここに来た証拠だよ」、「ここに焚火の跡がある、あそこにペットボトルが転がっている」、等等。だから、人が移動するのは、狩猟や訪問だけが目的なのではない。カントリーをめぐりながら、静かに注意を向ける機会をえることも重要なのである。ノイズをたてるべきではない。ここでいうノイズとは、必ずしも雑音のことではなく、むしろ、自分の周囲の世界への感覚を鈍感にする無用な心配事の数々である。私はいつだってスケジュールや研究テーマに意識をとられすぎて、私がつきあった多くのグリンジの人々のように、世界にむけて鋭敏な感覚を開くことができないでいた。

身体は世界を知るうえで決定的に重要な媒体である。結局のところ、座っているか、立っているか、移動しているかなどはほとんど問題ではない。重要なのは、世界からの情報をうけとるために、身体感覚を静かに研ぎ澄まし、身体を世界に開いてゆくことで、周囲に注意深くあることである。

(2) 歴史する身体

この、注意深くあるという技法は、グリンジ・カントリーで歴史実践が行われるさいにも決定的に重要となる。というのも、世界に注意深くあるということは、世界でいま生じていることを知るためだけでなく、世界でかつて何が起こったのかについて知ったり回想したりすることも意味するからだ。グリンジの人々は、学術的歴史学者のように過去を調べたり、探索したりしない。かれらは、過去に注意を向けるのである。過去に注意深くあるすべを学びさえすれば、歴史のほうが私たちに近づいてくる。座っているときでも、立っているときでも、移動しているときでも、十分に注意深く、そしてそれに気づくだけの十分な知識さえあれば、私たちは歴史に触れ、歴史を聴き、歴史を嗅ぎ、歴史を感じとることができる。

たとえば、となりのヤラリン・コミュニティで暮らす家族を訪問するために、車を運転している。すると、向こうに丘が見えてくる。そこは、白人《カリヤ》がこのカントリーに侵入してきた当初、たくさんのアボリジニ《グ ン ビ ン》が殺された場所だ。車を運転しながら、あなたはそのことを思い出すのかもしれないし、あるいはこの話を長老から初めて聞かされるかもしれない。その近くで狩りをしていると、長老が、向こうの洞窟には近寄らないように念を押してくれる。その洞窟には、白人《カリヤ》によって殺された人々の骨が残っており、危険な死者の霊が徘徊している。あるいは、車で小一時間ほど走ったところにあるセブンマイル・クリークで釣りをしている。するとあなたは、その昔からそこに住まうレインボウ・サーペントに依頼して、ウェーブヒル牧場を洪水で流した老人の話を思い出す(あるいは長老からその話を聞く)。あるいは、コミュニティを歩いていると酔っ払いたちがケンカしているのが見える。するとあなたは、どのような経緯でアルコールがグリンジ・カントリーに入ってきたのかについて思いをめぐらす(あるいは老人からその歴史を聞かされる)。長老のいいなずけである若い女性が、若者によって「盗まれ」ると、長老たちは集会所に集まって、かれらが若かった頃はアボリジニの法は、いまよりずっと厳守されていたと口々に愚痴をこぼす。

このように歴史は、日々の生活のあらゆる局面で見え、聴かれ、話され、感じられ、演じられ、検討されるのである。歴史とは、身体が知覚し、記憶を呼び戻し(あるいは記憶を新たに増やし)、表現する何かである。とはいえ、もしもあなたが日々の雑事に忙しすぎたり、あるいは歴史のほうから現れてくるのを待っている暇がなかったりするならば、長老たちはあなたの質問に応じて歴史を語ってくれることもある。私は、このようなインタビュー形式の歴史の学び方を極力避けたが、とはいえ、フィールドワークにおける時間的制限のために、長老たちにさまざまな質問をすることがないわけではなかった。グリンジの人々も、私がグリンジではなく、かれらの歴史を学びにやってきた訪問者であることをよく承知していた。グリンジの人々の多くは、私のこうした立場を理解し、受け入れ、こうしたインタビューにも嫌な顔ひとつせずにつきあってくれた。感謝である。

ところで次の点を確認しておきたい。私が、「周囲の歴史に注意深くある」とか「歴史が私たちに近づく」と言うとき、私は、グリンジ・カントリーで行われていた歴史実践を神秘化する意図はまったくない。私は、ただ、歴史は、調査されたり、制作されたり、授業科目として選択されるものだけであるわけではないのだという点をあらためて強調したいだけである。歴史は、日常生活のあらゆる局面で生じている。それに気づくか気づかないかは、その人物の知識や経験や注意深さにかかっているのである。であるならば、私がここで描写しているグリンジの人々の歴史実践が、グリンジに特有の歴史実践ではありえないことが、はっきりするだろう。私たちは、自分の生活世界のあちこちで生じている多様な歴史に注意を向けることができるはずだ。職業的な歴史学者の助けがなくとも、過去が現在に呼び起されることは、いくらでもある。日常的生活世界において、過去は現在と切り離されてなどいないのである。

身体はまた、歴史を表現するさいにも決定的に重要な役割をはたす。歴史を物語るときは、たくさんの身体表現がともなうからである。歴史は口頭で物語られるだけではない。歴史は身体で演じられる。記憶を、現在における過去の痕跡であると理解するならば、身体は、疑いようもなく記憶の宝庫である。この身体化された記憶は、具体的な身体表現によって歴史となる。

どのようにして白人がアボリジニを殺害したのか。どのようにアボリジニの人々は、ライフルが登場する以前に槍でカンガルーをしとめていたのか。警官に捕まったアボリジニたちはどのようにして鎖でつながれていたのか。こうした過去は、すべて身体化された記憶によって現在の痕跡となり、身体表現によって歴史となる。また、歴史の物理的表現は、必ずしも身体だけによるわけではない。歴史家としてのアボリジニは、砂上に模様を描くことによ

写真 2-1　警察によって鎖につながれたアボリジニの人々を演じるジミーじいさん．2000 年(著者撮影)．

って歴史を解説することもあるし(第四章参照)、それ以外にも、石、樹木、木の実、魚、動物、川、丘、水場、雨、雲、太陽、手、頭、顔、槍、ブーメラン、棍棒、帽子、車、ライフルなど、とにかくありとあらゆる身体の部位やモノや場所を利用して歴史する。過去の痕跡を現在にもたらしているのは、身体だけではない。身体、モノ、場所は、すべて記憶を保持している。必然的に、歴史実践は、言葉だけではなく、身体やモノや場所を駆使して行われるのである。

まとめよう。私たちが十分に注意深くあるとき、歴史は私たちをとらえる。こうして私たちは、歴史を見るし、歴史を聴くし、歴史に触るし、歴史を嗅ぐし、歴史を演じるし、歴史を語るのである。身体は歴史に気づき、歴史を感じる。過去が現在にもたらされるのは、私たちが身体や、モノや、場所に埋め込まれた記憶を見たり、聴いたり、伝えたり、共有したりするからである。だから歴史実践は、感じることであり、知ることであり、教わることであり、思い出すことであり、演じることである。歴史実践においては、見たり、聴いたり、座ったり、訪ねたり、演じたり、共有したりするなかで、身体が活用される。グリンジの歴史家たちは、歴史実践とはなによりも身体行為である、ということを私に教えてくれた。歴史は、生きられる経験なのである。

(3) 世界のありよう

歴史する身体は、世界に埋め込まれている。世界の外部に身体はない。身体は、つねに世界のうちにある。身体は世界の一部である。であるならば、歴史実践を検討する場合、歴史する身体が住まう世界のありようについても知らなければなるまい。

グリンジの人々は、世界は生命に満ち溢れていると主張する。実際のところ、この世界で生命を宿していない存在をさがすのが困難なくらいである。人類学者のデボラ・B・ローズは、こうしたアボリジニの世界観を次のように説明している。

> この世に生じたものは、すべからくその創造を前提としている。多くのアボリジニにとって、この世のあらゆるものは生きている。動物、樹木、雨、太陽、月、特別な岩や丘、そして人間、これらすべては意識をもつ。レインボウ・スネークや毛濃いバケモノたち

(Hairy People)、ズングリ男(Stumpy Men)などの生きものもいる。これらすべてが、存在する権利をもち、それぞれ自分が帰属する場をもち、自分の法と文化をもっている。(4)

私のグリンジ・カントリーでの経験も、このローズの描写に近いものだった。あらゆる場所、特に滞在先のコミュニティを離れてカントリーを移動しているときは、じつに様々な生きものが存在し、互いにコミュニケートしていることを教えられる。私にも知覚可能な動植物はもちろんなのだが、それ以外にも、たとえばカヤと呼ばれる幽霊がいる。カヤは洞窟に住んでおり、夜になると現れて人々を殺したり肉を奪ったりする。水中に暮らすムンガムンガや草原に暮らしているカンガンは、人間とも動物ともつかない美女である。彼女たちは夜な夜な男を誘い出す。ムンバは危険な人々である。かれらはいまもコミュニティでの生活を拒否して洞窟や岩場で生活しているアボリジニたちで、コミュニティ暮らしをしているアボリジニの人々にやっかみを感じている。ムンバはときには漆黒の車にのってコミュニティに現れ、食料や女性を盗んでゆく。ダグラグより南に車で二時間ほどのところにあるラジャマヌ・コミュニティでは、UFOがちょくちょく飛来しているらしい。死者の精霊もカントリーのあちこちに暮らしている。こうした精霊たちは人を助けたり守ってくれたりするが、とはいえカヤとなっている場合もあるので注意が必要だ。後述するように、ドリーミングや祖先創造主たちもこの世界で活発に活動している。ドリーミングには、石、丘、川、水場、虹、月、動物、植物、昆虫などが含まれる。

そして、もっとも重要なのは、この大地もまた生きているという点である。これはジミー・マンガヤリが私にくり返し強調した点だった。ジミーじいさんは、手で土をすくうとそれを私に見せ、「君はこれを土だと思うだろうが、これは人なんだ」と念を押すように語った。彼はまた、「大地が正しい道を教えてくれる」と、何度も私に強調した。「それが何であっても、すべては大地からやってくる」——これが、ジミーじいさんの口ぐせである。こうした、生ける大地という世界観は、アボリジニ諸社会に関する他の民族誌にも見つけることができる。たとえば、第三章でも登場するヤラリンで暮らすホブルス・ダナイヤリは、ローズに対して「すべては大地からやってくる——言葉、人間、エミュー、カンガルー、植物。それが法だ」と説明しているし[5]、キンバリー地域に暮らすあるアボリジニの人物は、人類学者エリッヒ・コリグにたいして、大地は生命を維持するための「巨大なバッテリー」だと語っている。このバッテリーは、アボリジニの人々が儀式をとり行うことで、生命力を充電することができるのである[6]。つまり、世界は生命で満ち溢れているだけではない。すべての生命ある存在は、生きた大地からやってくる。この意味で、「世界それ自体が生きている」と言うこともできるだろう。

とはいえ、「世界は生きている」とは、実際どういうことなのか？ なぜそんなことが可能なのか？ 世界が生きているとして、いったい世界はどのように生きており、そしてなぜ生きているのか？ こうした問いに答えるためには、世界の起源と維持について理解しなければならない。

(4)　ドリーミング①——世界の起源について

ジミーじいさんが、「すべては大地からやってくる」というとき、彼が意味しているのは、あらゆる存在が大地によって生み出され、大地によって維持されている、ということである。私はこの「大地」が、一般にドリーミングと呼ばれている、アボリジニの神話体系、法概念、霊的世界観をもっとも集約したかたちで表現した概念であると考えている。数多くの人類学者やアボリジニの人々が、「ドリーミングとは何か?」について、説明を試みている。とはいえ本書には、こうした議論や論争を概観する余裕も関心もない。[7] むしろここでは、ジミー・マンガヤリという、ひとりのアボリジニ思想家から私が学んだドリーミングと大地との関係について考察をすすめてゆきたい。

大地、これは無機的で抽象化された場ではない。つまり、その中で、さまざまな生物やモノが生活したり存在したりするための単なる入れ物であるような、そういう広がりではない。そうではなく、大地とは、あらゆる生命と存在の起源であり、原因であり、理由である。これを説明するために、ジミーじいさんは、次の五つの用語を頻繁に使用した。――「大地」、「ドリーミング」、「法」、「正しい道」、「歴史」である。

一見すると、この五つのキーワードは、世界創造における時系列的なそれぞれの段階を示しているようである。ジミーじいさんの教えをナイーブに理解するならば、およそ次のようになるだろう。はじめに、大地があった。そして、ドリーミングたち(祖先神)が立ち現れ、地形をかたちづくり、各種の存在者を創造していった。それぞれのドリーミングたちは、それぞれの具体的な場所において大地から姿を現わし、カントリーを巡り、この世のあらゆる存在を創造した。ここで創造されたのは、動植物や人間だけではない、という点は重要である。丘や川や谷といった地形も、やはりドリーミングによって創られたのである。ドリーミングはまた、創造された世界のための法も創造した。この法を維持し、実践することで、私たちは世界を維持存続させることができる。ジミーじいさんは、「法」と言うかわりに、これを「正しい道」と呼ぶこともある。ここでいう「道」とは、ドリーミングの道跡《トラック》であり、同時に倫理的な態度でもある。そしてこの経緯を現在の視座にたって眺めるとき、これが世界の歴史だ、ということになる。

しかし、ジミーじいさんが説明する大地の存在論は、上述した理解だけではあきらかに不十分である。なぜなら、「大地」、「ドリーミング」、「法」、「正しい道」、「歴史」は、相互に交換可能な用語でもあるからである。たとえば、ドリーミングの創造主たちが丘をかたちづくってそこに法を設けたとき、丘はそれ自体が法になる。一般的にいって、地形はドリーミングによって創られた被創造物というだけではなく、地形それ自体がドリーミングなのである。同様に、ドリーミングは、法を創造するだけではない。ドリーミングが法そのものなのである。ドリーミングが法そのものであるわけだから、当然地形や聖地もまた法ということになる。

この「法」という概念は、倫理について考察するさいに決定的に重要となる。ダグラグに暮らす長老のひとりであるビリー・バンターは、私に向かってくり返し次のように語ってくれた。「我々の法は、あそこの丘だし、そこの川だ。だから、誰も法を変更することはできないんだ」。つまり、法は、大地からやってくるだけではない。法とは大地のことである。法は、触れることができるし、目に見えるし、物理的でもある。地形はドリーミングである。だから、地形は法でもある。

ここでふたたび問い直してみよう。「大地」と「ドリーミング」と「法」とのあいだには、いかなる関係があるのだろうか？　いったいどのようにして、大地とドリーミングと法が、交換可能、同じものをさす、ということになってしまうのか？　ここにおいて、私たちはジミーじいさんのもうひとつの用語、「正しい道」について検討しなければならない。「正しい道」という語を使用することで、ジミーじいさんは、ここで問題となっているのが倫理についてであることをはっきりと示唆している。第四章でさらに詳しく検討するが、ジミーじいさんの言う「正しい道」とは、地形としてのドリーミングの道跡《トラック》であると同時に倫理的行動規範でもある。倫理、あるいは「正しい道」という語に、物質的か形而上的かの分離がなされていない点は、決定的に重要である。つまり、倫理とは、行動規範の問題であるとともに、地理上の問題でもあるのである。大地、ドリーミング、法という三つの概念が、相互に交換可能なのは、これらすべてに「正しい道」という倫理性が溶け込んでいるからにほかならない。

とすれば、次のような問いが提出されるだろう。なぜドリーミングの地形は倫理的なのか？　倫理的な行動規範とは、どのようなものか？　あるいはもうすこし一般的に、「正しい道」すなわち倫理とは、ここではいったい何を意味しているのだろうか？　こうした問いに答えるために、私たちは、世界の起源についての検討から世界の維持についての検討へと移行する必要がある。

(5)　ドリーミング②――世界の維持について

ドリーミングの物語は、世界の起源を説明するだけではなく、世界がいかに維持されてきたのかについても説明を与えてくれる。世界が倫理的であるのは、ドリーミングが大地から現れて世界を創造したからだけではなく、ドリーミングが世界を維持しているからでもあるのだ。世界を維持すること、これは倫理的行為である。

ドリーミングは「法」である。なぜなら、ドリーミングは、創造された世界をいかに維持すべきかについての具体的な示唆を与えてくれるからである。グリンジの人々は、この倫理的被創造物の一部であるし、倫理を維持する主体の一部でもある。なぜなら、かれらはドリーミングの教える「正しい道」にそくして、世界を維持する活動を続けてきたからである。しかし、言うまでもないことだが、世界をメンテナンスすることは、たとえば車をメンテナンスすることとは根本的に異なる作業である。人間は車の一部ではないが、人間は世界の一部である。世界は人間が手を加えて維持すべき客体ではない。そうではなく、人間が存在しているのは、世界が生きていて、その倫理性を維持しているからである。同様に、世界が存在しているのは、人間が生きていて自分たちの倫理性を維持しているからである。世界が人間をメンテナンスするように、人間が世界をメンテナンスするのである。

ジミーじいさん自身が「倫理」という語を使うことはない。が、「正しい道」すなわち倫理は、正しい行動規範や態度という意味だけではなく、維持されている世界についての物理的証拠という意味でもある点は重要である。倫理的な態度というのは、世界の維持に貢献する態度をさす。儀礼の実践は、その典型的な例である。カントリーを訪ね、カントリーやそこに住まう祖先の精霊とコミュニケーションをとることも、世界を維持するための重要な実践である。ただ、それと同様に、世界が倫理性を維持していることを示す物理的な証拠――目に見え、手で触れ、においを嗅げるような「記憶」――に注意深くあるべきである。エミュー・ドリーミングが創造したあの丘は、いまもそこにあるし、ヘビ・ドリーミングが創造した河川は今日も水をたたえている。子供ドリーミングの石は巨木の根元にあるし、レインボウ・スネーク(レインボウ・サーペント)の住まう水場はあそこにあるし、季節が巡ってくると雨をもたらしてくれている。ブッシュ・タッカー(野生の食料)は、カントリーのいたるところにたくさんある。これらすべては世界創造の「記憶」であると同時に、世界の倫理性が維持されていることの物理的証拠でもある。じつは、こうした創造の痕跡(=記憶)それ自体が、正しい道、すなわち「物理的倫理」である。なぜなら、もしこうした地形やモノが破壊されたなら、世界はその倫理性を失うからである。「正しい道」すなわち法は、倫理的である。同様に、大地は倫理的である。そしてドリーミングも倫理的だ。何のための倫理？　生ける世界を維持するための倫理である。そして、人間存在もまた、こうした生ける世界の一部なのである。

以上が、倫理的世界の「歴史」である。これが歴史であるのは、その創造以来、世界がこのようにしてメンテナンスされてきたからである。具体的な地形や場所は歴史である。なぜなら、こうした地形や場所には、世界が維持されてきたことを示す目に見える記憶が刻み込まれているから。グリンジの人々もこうした倫理的な歴史の一部である。なぜなら、かれらは世界創造の記憶を保持しているから。だから、いまを生きているグリンジの人々自身が、世界が維持されていることの物理的証拠としての歴史でもある。

ここでいう「歴史」が、単なる過去についての物語ではないことを確認しておきたい。大地はいつもここにある。丘はいつもあそこにあるし、これからもいつもあそこにあり続けるべきである。ドリーミングはいつも活動を続けている。だからこそ、世界はこうして維持され続けているのである。つまり、ドリーミングは単なる過去の物語ではなく、現在と、そして潜在的な未来をも含みこんでいる。あの丘は、あそこにあったし、いまもあそこにあるし、そしてこれからもあそこにあるべきである。これは、ドリーミングでも、大地でも、法でも、「正しい道」でも、歴史でも同じことだ。ドリーミングは(すなわち倫理的世界維持の歴史は)あらゆる時間・時代のできごとである。より厳密に言うならば、あらゆる時間・時代の物語であるべきである。

大地、ドリーミング、正しい道、法は、世界の起源であり、維持されてきた世界の歴史でもある。ドリーミングは倫理的な歴史である。世界が生命を維持し続ける限り、倫理的な歴史もそこで生じ続ける。大地は歴史である。人々も歴史である。人は、身体化された記憶を場所の記憶と接続することで、歴史を見ることができるし、歴史を聴くことができるし、歴史を感じることができる。歴史は、人々とモノと場所が倫理的に出会う場では、どこにでも生じうるのである。

3　移動の知識学

ここまで、歴史する身体と倫理的な世界の歴史について検討してきたが、この身体と世界との関係についてはまだ十分にわかったわけではない。人間は生ける世界の一部であるわけだから、人と世界の関係は主観と客体の関係にはありえない。とすれば、両者はどのように結びついているのだろうか？

以下では次の二点に焦点をあてた検討を行う。ひとつは移動についてであり、もうひとつは、知識についてである。一見すると、この両者のあいだには特別な関係などないかに思われるかもしれない。移動は形而下的・物理的な問題であり、知識は形而上的・観念的な問題である。しかし、私の理解では、移動と知識の関係についての考察は、グリンジ・カントリーにおける歴史実践のありようを理解するうえで決定的に重要である。移動と知識とのあいだの関係に注目することで、私たちは、次の問いに接近することができる。すなわち「人は、どのように世界と接続するのか?」という問いである。

(1) 移動生活民とは

ダグラグで暮らしているあいだ、グリンジの人々の移動力には驚かされどおしだった。親戚を訪ねるために数週間ほどいなくなっている人がいるし、八〇〇キロメートルほど離れた街、ダーウィンに遊びに行っていつ帰ってくるかなど誰にもわからない人がいる。数多くの儀式は、近隣のコミュニティを訪問したり、その逆に近隣の訪問者を受け入れたりしてとり行われるのが常なので、儀式のたびに多数の人が移動する。コミュニティで暮らしているときでも、狩猟、採集、釣り、水浴びといった活動のために、人々は暇さえあればブッシュに出かける。第一章で、ダグラグ・コミュニティの人口を約六〇〇人としたが、これは、人が入れ替り立ち替りしている状態のなかでの六〇〇人であって、固定的な六〇〇人の人物がコミュニティに常時暮らしているという意味ではない。

アボリジニ社会の移動性について、これまで「アボリジニは移動生活民《ノマディック》である」ということを根拠にさまざまな説明がなされてきた。多くの人類学者は、こうしたアボリジニの移動性を経済的必然性で説明する傾向にあったといえる(8)。狩猟採集経済は、移動生活を前提しなければ成立しない。たしかに、そのとおり。しかしながら、コミュニティ内に設置された売店が食料供給源として頻繁に利用されている現代アボリジニ社会の移動性を説明するためには、この経済的必然性では明らかに説明不足である。なぜなら食糧に関して言えば、そのほとんどをコミュニティ内の売店でまかなうことが可能だからである。グリンジの人々は現在でも頻繁に狩りや釣りに出かけるが、それは必ずしも狩りに出かけなければ空腹で困るからではない。

じつのところ、「かれらはなぜ移動するのか？」という問いをたてることは、必ずしも生産的ではない。なぜなら、かれらが移動する理由は多くの場合あまりにはっきりしているからだ。つまり、グリンジの人々は、狩猟好きだから移動するのであり、ブッシュ・タッカーが好きだからであり、隣のコミュニティで儀式があるから移動するのであり、ダーウィンの病院に入院している親戚に会いに行くためであり、町に出かけていって酒を飲むからであり、あるいは、単純にコミュニティにいてすることがなくて暇だから移動するのである。だから、アボリジニ社会の移動性を考えるさいに問われるべきなのは、「なぜ移動するのか？」ではないのかもしれない。そうではなく、「どのように移動するのか？」を検討してみてはどうだろう。

(2)　家(house)と我が家(home)について

「グリンジをはじめ、アボリジニの人々は我々と同様に旅好きである」。これが私が最初にたてた仮説だった。つまり、「どのように移動するのか？」という問いに答えるためには、グリンジの人々による旅の仕方に注目すればよいと考えたのである。各地を旅することは、それ自体が楽しいことだ。私は、移動生活民であるアボリジニの人々はこの旅する人生の価値を知っていると期待していた。

私がこうした見通しをたてていたのは、ブルース・チャトウィンのベストセラー『ソングライン[9]』の影響もあったと認めるべきだろう。チャトウィンは、移動生活民の生きざまを理解することで、定住生活を強いられている現代人の旅好きを解明できると考えていたようである。たしかに、グリンジの人々も、私たちと同様に旅好きである。たとえば私は、グリンジの人々とともに、一二〇〇キロメートルも離れた、南方のアボリジニ・コミュニティ、ドッカー・リバーでの大掛かりな儀式のための大旅行に同行したが、このできごとは参加したグリンジの人々にとってこの上ない特別なイベントであった。それは、この旅行がおわって何ヶ月、何年もたった後になっても、くり返しくり返しこの旅の思い出話をしていることからも明らかである。あるいはウェーブヒル牧場で、牧場労働に従事していた時代に、クイーンズランド州やウェスタン・オーストラリア州などへ牛を連れてゆくドロービングの経験を生き生きと物語る長老に何人も出会った。グリンジの人々も旅好きである。それはそれで、よい。

しかし私がここで検討したいのは、むしろ日常生活実践のなかの移動である。この意味において、すなわち移動生活民という意味で、グリンジの人々は旅のうちに生活を営む人々ではなかったのである。かれらが移動するのは、我が家から離れて旅をするためではなく、むしろ我が家で暮らそうとするがためなのだ。

グリンジ・カントリーに暮らしていると、我が家(home)のもつ物理的な広がりは、建物としての家(house)をはるかに超えてしまう。私の経験では、グリンジの人々は、コミュニティに建っている家(これは、私のフィールドワーク言語であり、現在のダグラグ村の標準語となっている北オーストラリア・アボリジニ・クリオールで「キャンプ」と呼ばれている)を、いわば物置・倉庫程度にしか利用していない。かれらは家の中にライフルや食器やマットレスといったものを収納しているが、自分たちは一日の大半の時間を野外で過ごしている。料理、食事、テレビ鑑賞、雑談、子供の世話などの日常活動は、すべて屋外でなされているし、屋外で就寝している人も多い。建物としての家は、単なる物置である。

建物としての家が物置だとしたら、コミュニティ内部の屋外空間は、何にあたるだろうか？　私は、コミュニティの屋外が、グリンジの人々のいわば「居間」にあたるのだと思う。人々はそこで、食事をとり、団欒をし、テレビを見たり昼寝をしたりする。こうしたコミュニティは一九六〇年代以降少しずつ拡充されてきているので、グリンジの人々は、現在ではこの「居間」から一歩も出ることなしに、たいていの用事を済ますことができる。

さて、建物としての家が物置で、コミュニティが居間だとしたら、「我が家(home)」はどこをさすのか？　ここで、我が家とは、人がそこに家族と共に暮らす場所、安全と幸福を提供する場のことである。私の理解では、かれらの言葉でいう「カントリー」こそが、我が家に相当していると思われる。我が家としてのカントリーには、物置や居間だけではなく、釣りをする部屋、果物の採れる部屋、儀式を執り行う部屋など、じつにたくさんの「部屋」がある。聖なる部屋もあり、そこは家族といえども好き勝手に入室できる場ではない。幽霊や魔物が住んでいるので注意が必要な「部屋」もある。

このように「我が家」としてカントリーを理解することの利点は、アボリジニではない私たちの「我が家」での生活と重ね合わせて移動生活を理解することが可能になる点である。つまり、グリンジの人々が頻繁に移動するのは、私たちが日常生活の中で四六時中「物置」と「居間」にだけいるわけではないのと同じ理由である。さらに言えば、今いるコミュニティやカントリーが、自分にとっての居間・我が家だとは限らない。人々は、私たちが近所や親戚の家を訪問するように、近隣や親戚のカントリーを訪ねることがある。キャサリンやダーウィンといった比較的大きな街に出かけることも旅とはいいがたい。それはおそらくは「近所のスーパーに買い物に出かける」とか、「ちょっと飲み屋でいっぱいやってくる」というようなもので、決して「旅する生活」ではない。旅行は、ドッカー・リバーのように、かつて行ったこともない場所、めったに行けない場所を訪ねる場合にのみあてはまる。要約すると、グリンジの人々が「移動生活」をしているのは、かれらが家を持たずに放浪しているからでも、旅好きだからでもなく、「我が家」が巨大だからに他ならないのである。

さて、ひとまず解答が得られたようだ。グリンジの人々が頻繁に移動するのは、かれらが天性の旅人だからではない。そうではなく、グリンジの人々が日常生活を営む空間(「我が家」や「近所」)が、私たちの常識的な空間感覚よりもはるかに巨大だからなのである。とはいえ、グリンジのカントリーは生命に溢れており、そこが生ける世界であるという点も忘れてはならない。グリンジの人々にとって「我が家」は単に巨大なだけではない、そこは共有された生ける空間である。つまり、「家」と「居住者」との関係は、私有財産とその所有者といった関係にあるのではない。人間が世界を維持しているように、世界は人間を維持している。人間は、生けるカントリーを維持する責任があるし、生けるカントリーは、そこに暮らす人間を維持する責任がある。人間は「家」を所有しない。人間は「家」の一部なのである。

私は、アボリジニの人々による社会経済文化活動を説明する用語としてノマディズム(移動生活)という人類学的用語を放棄する必要はないと考えている。重要なのは、ノマディズムを「旅を続ける家なき生活」と考えるのではなく――これこそが、入植者・植民者たちによるロマンティシズムの最たるものだ――、むしろ、アボリジニ社会におけるノマディズムとは、人間もその一部であるような「我が家(カントリー)」との不断のコミュニケーションによって成り立っている生活と理解すべきなのである。

さて、このノマディズムについての新しい理解こそが、グリンジの人々の移動の意味に接近するさいの鍵となる。「なぜ移動するのか?」のために、「どのように移動するのか?」と問わねばならないのは、このためである。あらためて問おう。人間とカントリーとの関係にとって、「移動」は何を意味するのか? ここでもういちど、私たちはドリーミングに焦点をあてなければならない。

(3)　ドリーミング③――空間移動の倫理学

ジミーじいさんに限らず、私がつきあったグリンジの長老たちは、「正しい道」すなわち倫理を、世界の維持との密接な関連のうちに位置づけていた。儀式でカントリーを巡るさいにドリーミングや祖先たちと交流することは、世界を維持するために不可欠の活動である。ゆえにそれは倫理的実践である。そして、この倫理的実践を行うためには、移動が決定的に重要となる。実際のところ、移動は、人間だけではなく、ドリーミングたちにとっても世界を維持するために必要不可欠である。以下では、移動の意味について、起源、歴史、倫理をキーワードにしながら検討していく。

創造主としての祖先であるドリーミングたちは、カントリーを巡ることでこの世界を創造した。これは、グリンジに限らず、オーストラリア大陸全土に共通性をもつ特徴である。「移動」は、世界創造のそのまさに原初の時に生じた。私は、この原初の時に、まず移動があったというドリーミング神学を理解するさいに(そう、私はここで、ドリーミングについての人類学的考察ではなく、神学的考察をしたいのだ)、新約聖書のヨハネの福音書が参考になるように思った。周知のように、そこでは次のように記されている。「はじめに言葉があった。言葉は神とともにあった。言葉は神であった。この言葉は、はじめ神とともにあった。万物は言葉によって創られた。創られたもので言葉によらずに創られたものは何ひとつなかった」。この表現を援用して、ドリーミングによる世界の創造を表現するなら、次のようになるだろう。「はじめに移動があった。移動はドリーミングとともにあった。移動はドリーミングであった。この移動は、はじめドリーミングとともにあった。万物は移動によって創られた。創られたもので、移動によらず創られたものは何ひとつなかった」。キリスト教の神が「言葉」によって世界を創造したのに対し、アボリジニのドリーミングは「移動」によって世界を創造したのである。

こうした世界の起源は、そのまま世界の歴史でもある。世界が維持されてきたのは、ドリーミングが各地の聖地やドリーミングの道跡《トラック》を通じて、いまこの瞬間でも積極的な世界維持の活動をつづけているからである。ドリーミングは歴史を通じて活動してきた。各地の聖地を結びつけているドリーミング道跡《トラック》は、かつてドリーミングが移動した「道路」ではなく、むしろ常にドリーミングが移動している「流れ」というべきものだ。だから、世界維持の歴史は、そのまま移動の維持としての歴史でもある。世界が生きているのは、ドリーミングたちが常に活動し、移動しているからなのである。

ドリーミングたちが移動をつうじて、人間を含んだ生ける世界を維持しているように、人々もまた、移動によってドリーミングを維持している。儀式では、人々は歌や踊りや身体ペイントなどをつうじてドリーミングの道跡《トラック》を巡る。歌や踊りや身体ペイントや聖物は、ドリーミングの移動する道跡《トラック》を辿ることで、ドリーミングとその移動力を「再充電」する。移動が倫理的であるのは、こうした移動こそが、世界を維持することに貢献しているからである。ドリーミングと同様に、人間もまた、倫理的移動をつうじて世界を維持しなければならない。

この空間移動の倫理学は、なにも儀式の場面にのみ適用されるわけではなく、日常的実践においても同様である。毎日の生活の中では、人々は必ずしもドリーミングの道跡《トラック》を辿って暮らしているわけではない。しかし、カントリーのあちこちを巡って、身体とさまざまな場所とを結びつけることは重要な倫理的活動である。カントリー(我が家)は、生きている。そして人間がカントリーの慈しみを必要としているように、カントリーは人間の慈しみを必要としている。川に釣りに出かけるとき、人々はカントリーに魚をもたらしてくれるように歌いかける。するとカントリーは人々に魚をもたらす。これは人間とカントリーとの相互依存・相互交流の典型的な例である。人々はカントリーを訪ねることでカントリーを慈しむ。そしてカントリーは魚をもたらすことで人々を慈しむ。移動中にグリンジの人々がそのカントリーの歌を歌うことはしばしばある。移動は、世界に注意をむけ、世界と交流するために不可欠なのである。

移動が、人間と世界との倫理的な歴史を結びつけている。移動は世界の起源であり、世界の歴史であり、そして世界の倫理である。繰り返すようだが、ここで問題なのは人々が何の目的で移動するのか、ではない。そうではなく、そのプロセス――移動それ自体――が、ドリーミングと法を維持するために不可欠なのであって、だからこそアボリジニの人々は移動生活民《ノマディック》なのだ。移動は、生命と歴史の本質であり、世界と人間とを結びつける関係そのものである。

さて、ここまでの検討から、身体と世界とのつながりについて、若干なりとも目測がついてきただろうか。身体の倫理的な空間移動なしに、世界の維持はありえない。人々とドリーミングは、ともにこの倫理的な空間移動によって世界を存続させている。こうして私たちは、ようやく次の問いに近づくことができる。すなわち、この移動の倫理は、グリンジの知識体系をどのようにかたちづくっているのだろうか。

(4)　繋がりの網目について

移動こそが世界維持の根幹であるということは、世界には「中心がない」ということでもある。人々がカントリーを巡って移動しなければならないのは、ドリーミングの聖地がカントリーのあちこちに拡散しているからである。世界全体を維持するための「中心的聖地」なるものは、存在しない。同様に、世界全体を「再充電」することが可能となる「中心的な儀式の場」も存在しない。たとえば人類学者T・G・H・ストレーロウによれば、重要なトーテム聖地は、「それぞれのトーテムの特徴によって他のトーテム集団の聖地だけでなく他の部族とさえ結びついており、そのどれひとつをとってみても、いわば部族やその下位集団全体のための《主要な》聖地とはなりえない[10]」。であるので、人々と儀式は、異なる聖地、異なるコミュニティ、異なるカントリーのあいだで共有され、相互に交換されなければならないのである。周知のとおり、ミルチャ・エリアーデは、世界の諸宗教における聖地の役割を「世界の中心」として重視しているが、これはかならずしも、アボリジニ諸社会にはあてはまらないのではないか。むしろ、それぞれの聖地がそれぞれの中心であると理解すべきであって、その意味では、アボリジニのカントリーには「世界の諸中心が無数にある」というほうがずっと適切である。

一般的に言って、どの聖地やコミュニティも、我こそが世界の唯一の中心である、と主張することはできない。聖地は、異なる人々と異なるドリーミングが結びつくその結び目のような役割を果たしている。ドリーミング道跡《トラック》は、人々と聖地を切り分ける境界線と言うよりは、むしろ結びつける接合点である。だから、中心概念なしに、数多くの人々や聖地やコミュニティやカントリーがネットワークをつうじて結びついているような、そんなグリンジの世界観のなかでは、移動が決定的に重要となる。生ける世界は、ドリーミングや人間やカントリーや儀式が、繋がりの網目をつうじて維持されているのである。

こうした世界観は、世界における「人間・主体」のポジションについて、独自の理解をもたらしてくれるだろう。第一に、生ける人間存在としての「人間・主体」は、世界の中心ではなくなる。すでに指摘したように、ドリーミング(祖先主)たちは、現在生きている人間と同様に生きていて積極的な世界維持の活動をしている。もしドリーミングが死んでしまえば、人間も存在できない。なぜなら、この生ける世界はドリーミングによって支えられているからである。人間は世界を維持しているだけではなく、世界によって維持されてもいるのだ。換言すると、人間の存在はドリーミングの活動によって規定されており、その逆もまた真である。つまり、人間は世界の中心的行為主体(central agency)にはなりえない。そうではなく、人間の活動は、ドリーミングの活動との関係性のうちにこそ存しているといえる。(11)

第二に、カントリーの一部としての「人間・主体」も世界の中心ではない。カントリーは、聖地やドリーミングの道跡《トラック》を維持しなければ生きてゆけないわけだが、こうした聖地やドリーミングの道跡《トラック》は、他の人々や他のカントリーと必ずといっていいほど結びついており、そのため、カントリー(そしてカントリーの一部としての人間・主体)は、他のカントリー(とそこに帰属する人々)からの支援がなければ存続することができない。当然、いかなる「人間・主体」とそのカントリーも、自分を世界の中心とみなすことはできず、繋がりの網目の一部としてのみ存在することができるのである。自分のカントリーの維持は、つねに他のカントリーの維持によって可能となるのだ。

第三に、個人としての「人間・主体」は、所属するコミュニティの中心になることがない。コミュニティにおいて、そのコミュニティの代表となるような中心人物(権威者・首長)はいない。周知のとおり、長老格で、知識を豊富に持つ者の意見はそうでない若者の意見よりも尊重される。グリンジ語のカンバリジャン、アボリジニ・クリオールでいう「ボス」「ビッグ・マン」という言葉には、コミュニティにおける権威者という含意がたしかにある。しかし、グリンジのコミュニティに暮らしていると、こうしたカンバリジャンには、コミュニティに暮らす他の人々に相談することなしに、何ごとかを決定する権力など与えられていないことがすぐにわかる。さらに言えば、たしかにコミュニティの意思決定の多くは男性長老グループによって決められているのだが、女性には女性の男性から自律した社会生活があることもあきらかである。たとえば男性だけの儀式があるように、女性だけが参加できる儀式も数多くある。また、男性が取り仕切っているとはいえ、女性の参加同意がなければ実行不可能な儀式も多い。子どもや若者も、かれらだけの社会生活があるのは言うまでもない。長老たちが若者に対して権威をもつ、というのが一般的合意であるとはいえ、実際に長老たちに従順につき従っている若者などめったにいないのが実情である。儀式が始まると、若者たちが慌ててコミュニティを去って、街やブッシュに逃散するのはおなじみの光景だ(これも移動!)。結局のところ、いかなる個人も、いかなる場所も、いかなる制度も、それが自分の意志でコミュニティ全体を統治することは不可能である。コミュニティにおける意思決定は、人々の繋がりの網目を構築する十分な交渉プロセスによってのみ可能となる。

グリンジの生ける世界において、世界の中心となるような存在はないし、あらゆるカントリーの中心となるようなカントリーもないし、コミュニティの中心であるような人物もいない。このどのレベルにおいても「人間・主体」は、繋がりの網目のなかにしか自分を見いだすことはできないのである(12)。

(5) 開かれて可変的な知識体系

「人間・主体」が繋がりの網目のなかで関係化されているのと同時に、知識もまた関係化されている。いかなる人物も、いかなる場所も、そこを基点にして知識を排他的に産出して、各人各地に放射線状に流通させることはできない。そうではなく、グリンジ・カントリーにおける情報システムでは、知識はいかなる場所でも産出され、移動があらゆる方向に情報を流通させるのである。

とはいえ、知識には「相対的な権威」があることも看過すべきではない。知識には多くの場合、その帰属先がある。つまり特定の記憶は、特定の人物や場所やモノに帰属していることが多い。ある人物やある場所は、他の人物や場所よりも多くの情報・知識・物語を産出するかもしれない。多くの知識を持ち、他の多くの人々や場所と繋がりを持っている人物は、より多くの物語について「相対的な権威」を持っている。さらに、街、コミュニティ、儀礼の場、頻繁に利用される狩猟採集の場などは、人々（やドリーミング）の訪問を受けやすく、それだけ多くの知識・物語が産出されたり、持ち込まれたりすることになる。これは、インターネットでの情報検索の感覚に似ているかもしれない。人気サイトはより多くのアクセスを得るし、人気のないサイトはそれほどでもない。とはいえ、どのサイトも、そこがインターネットの中心だと主張することはできない。情報・知識・物語は、繋がりの網目のなかで交換され共有されるのである。

こうした情報の流通システムは、人々の集合的知識の構成に影響をもたらすだろう。情報の価値や正否を決定する中心的で権威のある情報発信地がないということは、必然的に多様なヴァリエーションの情報がネットワークのプロセスの中で展開されることになる。グリンジのカントリーでは、いくつもの相互に矛盾する物語が、さほど問題なく共存することが多い。ひとつのできごとについて、じつにたくさんのバージョンを同時に保持していることが多いのである。とはいえそれらは、通常「相互に矛盾する物語」としては扱われないことが多い。

具体例をひとつ挙げてみよう。私がダグラグに滞在しているあいだに、あるグリンジの女性が四五〇キロメートルほど離れた小さな街、キャサリンで亡くなった。ダグラグでは彼女の死因について大きくふたつの物語が語られていた。ひとつの説明は、彼女は泥酔状態のときに何らかの薬剤を飲み、それが原因の過量服用で亡くなった、というものだった。そしてもうひとつの物語は何者かが彼女を殺したというものだった。私は、このふたつの説明のうちどちらが「正しい」のかを見いだそうと多数の人々に彼女の死の原因を尋ねたが、典型的な答えは、「わからんね、たぶん薬だろうし、たぶん彼女は殺されたんだな」というものだった。人々が彼女の不幸な死の原因について、無関心であったわけではない。かれらは情報を交換し合い、実際に何が起こったのかについて何度も議論をした。しかしながら、こうした議論は、唯一の「正しい」説明に到達するためのものではなく、むしろ起こりえたさまざまな可能性についての模索だったといえる。つまり、知識の維持においては、正しい唯一の物語を確定することよりも、可能性の束をなるべく開いておくことが重視されていたのである。

これは、以下の章で見てゆくように、歴史物語りについても、十分に当てはまる。繋がりの網目のなかをめぐっている情報は、めったなことでは「正しい」とか「間違っている」とかの判断を下されることがない。むしろ、同じできごとについての異なるバージョンは、どんどん産出され、可能性の束として同時に保持・維持される。

周知のように、グリンジをはじめとするアボリジニ社会は、多くの(主に儀礼や聖物にかんする)秘密が錯綜しており、権利を与えられたものにしか接近することが許されない知識がたくさんある。この文脈において、アボリジニの情報システムは「閉じた」システムということができるかもしれない。しかし、以上見てきたような視座にたつと、グリンジ・カントリーで行われている知識管理方法は、きわめて「開かれて」いるということもわかる。この情報システムが開かれているというのは、ある知識が、どこで誰によって物語られる場合であっても、その情報は真偽を即断されることなく保持され、複数の異なる物語の共奏が望まれるからである。

さらに言えば、この知識様式、情報システムは、開かれているだけではなく、可変的であるともいえる。つまり、情報は保存された知識の中から、その話者が示したい文脈に応じて選択されているからである。たとえば、キャサリンで亡くなった女性の物語についていえば、ある人物は、お酒を飲んだときには、薬を飲むべきではないという約束が、ダグラグで徹底されていないことをなげくためにこのできごとを私に語って聞かせてくれたし、別の人物は、このエピソードを紹介することで、嫉妬が引き起こす危険を私に語って聞かせてくれたのである。知識、すなわち保存された情報・物語は、そこで語られる物語の文脈に応じて選択的に利用される、といえるだろう。

4　グリンジ社会の時間性

グリンジの歴史実践における時間の概念、時間の機能については、本書全体を通じて、くりかえし検討されるだろう。ここでは、さしあたり三つの時間概念・機能について概観しておきたい。それは、「正しい時(right time)」、「持続する時間(enduring time)」、「同時性(spontaneity)」である。

まず、季節の変化をめぐる「正しい時」という時間意識が狩猟採集活動にとって決定的に重要であることは明白である。狩猟採集活動を成功させるためには、いつが特定の場所で特定の獲物を確保するために「正しい時」であるかを熟知している必要があるからだ。グリンジの人々がカントリーに注意を向けるとき、そこではたとえば野生のプラムが熟している季節であるかどうか、チャムット鳥が繁殖している季節であるかどうかなどについて注意を喚起する必要がある。雨が降ったとき、人々は魚たちが川に戻ってくることを知る、というのもそのひとつだ。もちろん、狩りのための「正しい時」を知るためには、「保持された知識」が必要である。正しい時に正しい場所を見いだすことは、狩猟採集活動における移動にとって決定的に重要である。さらに、多くのグリンジの長老たちにとって、儀式を行う「正しい時」を判断するのも重要である。これは、儀式を執り行う季節のタイミングというだけではない。それと同時に、儀式の最中においても、歌を歌い始める「正しい時」があり、儀式を終了する「正しい時」もある。グリンジ・カントリーの時間において、正しい行為には「正しい時」を知ることがきわめて重要であるといえる。「正しい時」についての感覚と知識、これが不可欠である。

次に、開かれて可変的な情報システムを維持するためには、情報収集と議論・検討のために膨大な時間を必要とすることを指摘したい。開かれて可変的な情報システムを順調に機能させるためには、意思決定を急ぐことがあってはならない。意思決定にいたるまでになされる情報収集、議論、交渉にかかる長大な時間を経験したとき、私はこのシステムの本質に触れた気がした。たとえば、先に触れたドッカー・リバーでの大儀式にグリンジの人々が招待されているといううわさは、かなりの期間コミュニティ内で流通していた。私がこのうわさを聞きつけたとき、人々は来週にもこの儀式の大旅行がはじまるという様子で語っていた。しかし、その後も出発準備が整う様子はなく、私がいつになったら出発するのかと質問すると、その答えはたいてい「多分来週くらい」というものなのだ。その間、どのルートでドッカー・リバーへ向かうのか、どれくらいの時間がかかるのか、誰が参加するのか、そこで何をすべきかについての議論が延々と続けられることになった。あるときは北の隣人であるンガリンマンの人々に相談するためにヤラリン・コミュニティへ出かけ、またあるときは南の隣人であるワルピリの人々と会合をもつためにラジャマヌ・コミュニティへ向かった。ラジャマヌやヤラリンから人々がダグラグに訪れてくることもあった。こうして、私が「多分来週に出発する」といううわさを初めて聞きつけてから、実際に出発するまでに、じつに二ヶ月という時間がすぎていたのである。開かれて可変的な情報システムが良好に機能するためには、意思決定に必要なだけの時間をたっぷりと費やすことが不可欠となる。そこには「時間の無駄」という発想がないのではないか、私にはそう思えてくる。

この意味において、ここで議論している知識体系は、「結論志向」ではなく「プロセス志向」であるといえるかもしれない。知識の産出過程は、結論として与えられる知識それ自体とともにきわめて重要である。情報の流通を促進する人々の移動は、積極的に奨励され、新たなバージョンの物語が次から次へと流通する。蓄積される情報は多いほど望ましい。そして議論や交渉は、いつ終わるともなく続けられる。こうした知識維持のシステムには「持続する時間」が必要となるのである。

第三に、グリンジ社会における時間構造における「同時性」について若干の検討を加えたい。意思決定がなされると、行動はまさに同時的にはじまる。行動が決定されれば、実際に行動にうつすのは、まさに「いま」となる。たとえば、狩猟活動に出かけるのは、まさにいま狩猟に出かけようと決めたその時であることが多い。グリンジの人々は私の家を訪れると、一緒に狩りに行く気があるかを尋ねる。私がいつ出かけるのかと尋ねると、その答えはほとんどの場合に「いま」であった。遅延はない。たしかにグリンジの人々は、ある特定の水場や丘といった、歴史にまつわる場所に「明日連れて行く」とか「来週連れて行く」とか言うことがあったが、結局その日になってもふたたび「明日」とか「来週」とか言われるのが常であった。「いま」か、そうでなければいつになるかは「持続する時間」のなかで決定される、という時間感覚に私はなかなか慣れることができなかった。

この「同時性」は、狩猟活動に限られているわけではない。意思決定がなされたときは、多くの場合「行動するいま」であった。川に泳ぎに行こうと決まると、その場で人々は川で泳ぐために車に乗り込んだ。ダーウィンの町まで出かけることが決まると、人々はすぐその場でダーウィンに向かう車を探し始める。こうした「同時性」は、ドッカー・リバーへの儀式の旅のときもやはりそうであった。正直に言って、私はいまでも、永遠に続くかに思えた「持続する時間」のなかでの情報収集と交渉の後に、どのように出発の時が決定されたのかを理解していない。じっさい私は、一向に出発する様子のないのをみて、この大旅行はこのままキャンセルされるのではないかといぶかしんでいた。ところが、グリンジの長老たちがついに出発を決断すると、その日の夕方にはすでに隊列を整えてダグラグを出発していたのである。

5　グリンジ・カントリーの歴史実践

さて、以上の検討をふまえて、いま一度、グリンジ・カントリーでの歴史実践、歴史をメンテナンスする方法に立ち返ろう。すでに私は、この問いを、その身体との関係において、そして世界を維持する方法との関係において論じてきた。ここでは、(1)移動、(2)開かれて可変的な知識体系、(3)三つの時間構造が、歴史のメンテナンスにおいてどのような役割をはたしているのかについてまとめたい。

歴史は、カントリーのいたるところで生じうる。であるので、あちこちの場所に身体を移動させ、そこで歴史に注意を傾けることが決定的に重要である。さらに移動は、「人間・主体」と世界とのあいだに独自の関係を作りだす。「人間・主体」は、繋がりの網目のなかに見いだされるのであり、この繋がりは、他の諸生物、諸存在者たちとの繋がりであり、他のカントリーとの繋がりであり、そしてコミュニティに暮らす他の人々との繋がりである。そこで、歴史実践は、この繋がりの網目による関係性のうちにしかありえない。特定の人物が、歴史実践の中心的存在となることはありえない。また自分ひとりで歴史を実践することはできない。そうではなく、あらゆる歴史実践は、複数の場所、複数のモノ、ドリーミングたち、各地のカントリー、他の人々とのあいだの「繋がり」なしにはありえない。歴史が生じるのは、白人《カリヤ》によって祖先が殺された記憶を保持している丘に、その記憶を持った身体が接続されたときである。あるいは、歴史が生じるのは、狩りをするときに槍の代わりにライフルを使っている若者の姿を目にしたときである。あるいは、大蛇が現れ、カントリーに洪水をもたらしたときも、歴史が生じる。歴史実践は、生ける世界と「人間・主体」との相互関係の中でのみ可能となるのであり、その意味において、歴史は、身体の記憶とモノの記憶と場所の記憶が接触するその瞬間にその場で生じるのである。

グリンジの人々は、複数性の中で歴史的知識を維持している。特定のできごとについて、多くの異なる描写や説明があるのは、望ましいことである。つまり、大量の異なるバージョンの歴史が知識の貯蔵庫に保管されている。歴史を物語る者は、こうして蓄積された知識のなかから、自分の置かれた状況——今、どこで、誰に向けて、何を物語ろうとしているのか——に応じて、必要な知識を導き出す。とはいえ、この過程を言い換えると、あらゆる歴史物語は、それ自体がひとつの新しいバージョンを生み出す作業であるということもできる。なぜなら、その特定の者が、その特定のときに、特定の場所で、特定の人々に向かって歴史を物語る、という場面は一度限りであるからである。あらゆる存在は繋がりの網目の一部を構成し、移動がこの網目のうちに常にあたらしい位置をもたらしてくる。だから、あらゆる歴史は、特定の場所と特定の身体とのあいだに一回限りで生じるということもできる。このプロセスが教えてくれることは、歴史はいつでもある特定の時空のうちに位置づけられている、という点である。それゆえ、歴史的知識が開かれて可変的であるというとき、私たちはそこに、一見矛盾しあう二つの特徴を見いだす。すなわち、あらゆる歴史的知識は、永続的に蓄積され維持されていると同時に、特定のコンテクストに瞬間的に位置づけられてもいるのである。

この二つのレベルを時間構造の視点から再考してみよう。まず、歴史のメンテナンスは、「正しい時」と「同時性」という二つの時間構造を必要とする。歴史的知識は、つねに関係性のうちに特定の位置を与えられている。それゆえ、歴史は、「正しい時」に正しい場所で「同時的に」生じるのである。それぞれの歴史語りは、特定の話者、特定の聞き手、特定のモノや生物、特定の場所といった複数の諸存在との特定の結びつきの産物である。こうした繋がりの網目のうちに生じる特定の結びつきは、決して二度と同じであることはない。それゆえ、この歴史を共有するための特定の機会を「延期」することはできない。歴史は、「正しい時」がくると「同時的に」生じるのである。

次に、保存されている歴史的知識を維持するためには、「持続する時間」がどうしても必要である。グリンジの人々による歴史実践は、文書に基礎づけられていない。だから、ある歴史的知識を維持するためには、その歴史物語をくり返しくり返し、語り継ぐ必要がある。そして歴史物語と関係する場所は、くり返しくり返し訪れなければならない。歴史は、身体化された記憶を、記憶を持った場所やモノに不断に接続することによって、はじめてメンテナンスされるのである。

＊　＊　＊

要約しよう。グリンジのカントリーで営まれていた歴史実践は、いつでも、どこでも、誰にでも平等にアクセスできる標準的で教科書のような「歴史」を生み出さないし必要ともしない。そうではなく、特定の人々に、特定の場所で、特定の時間に生じるのが歴史である。また、このように特定の位置を与えられる歴史は、いつでも、どこでも、誰にでも、くり返し生じうる。換言すると、歴史は、人々とかれらのカントリーと、そこに住まう多様な存在者たちとのあいだの繋がりの網目をつうじて産出され、維持されるのである。

本書もこうしたグリンジの人々による歴史実践のもつ条件を逃れることはできない。本書は、グリンジの長老たちが保持・維持していた膨大な歴史的知識にもとづいて執筆されている。しかし同時に、本書が紹介するのは、保苅実という個人が、特定の場所で、特定の人々と、特定の時間に関係したことによって生み出された歴史である。そのことを、私もグリンジの長老たちもよく承知している、と最後に断っておこう。

注

（1）Jack Kerouac, *On the Road*, New York: Viking Press, 1957, Chap. 2.

（2）Mary Louise Pratt, *Imperial Eyes: Travel Writing and Transculturation*, London, NY: Routledge, 1992.

（3）同様の指摘は、ローズも行っている。Deborah B. Rose, "Taking Notice", *Worldviews: Environment, Culture and Perspectives*, vol. 3, no. 2, 1999, pp. 93-103.

（4）デボラ・B・ローズ『生命の大地――アボリジニ文化とエコロジー』保苅実(訳)、平凡社、二〇〇三年、五九―六〇ページ。ただし、翻訳に若干の変更を行った。原著は、Deborah B. Rose, *Nourishing Terrains: Australian Aboriginal Views of Landscape and Wilderness*, Canberra: Australian Heritage Commission, 1996.

（5）ローズ『生命の大地』前掲書、二九ページ。

（6）Erich Kolig, *The Noonkanbah Story: Profile of an Aboriginal Community in Western Australia*, Dunedin: University of Otago Press, 1987, p. 128.

（7）「ドリーミング」についての解説として、ローズ『生命の大地』前掲書、六五―七〇ページを参照のこと。

（8）たとえば、Aram A. Yengoyan, "Demographic and Ecological Influences on Aboriginal Australian Marriage Sections", in Richard B. Lee and Irven DeVore eds, *Man the Hunter*, Chicago: Aldine Publishing, 1968, pp. 185-199.; Frederick G. G. Rose, *The Traditional Mode of Production of the Australian Aborigines*, North Ryde, N.S.W.: Angus & Robertson, 1987.

（9）Bruce Chatwin, *The Songlines*, London: Cape, 1987. 邦訳として、『ソングライン』芹沢真理子

(訳)、めるくまーる、一九九四年、がある。

(10) T. G. H. Strehlow, "Geography and the Totemic Landscape in Central Australia: A Functional Study", in Ronald M. Berndt ed., *Australian Aboriginal Anthropology: Modern Studies in the Social Anthropology of the Australian Anthropologies*, Nedlands: University of Western Australia Press, 1970, p. 129. また、ローズ『生命の大地』前掲書、第四章「聖なる地理学」八五―一一四ページも参照のこと。

(11) ローズは、こうした世界観を「非人間中心的宇宙」と呼ぶ。Deborah B. Rose, *Dingo Makes Us Human: Life and Land in an Aboriginal Australian Culture*, Cambridge; Melbourne: Cambridge University Press, 1992, p. 105.

(12) 同様の指摘は、以下の文献にも見られる。Fred R. Myers, *Pintupi Country, Pintupi Self: Sentiment, Place and Politics Among Western Desert Aborigines*, Canberra; Washington: Australian Institute of Aboriginal Studies; Smithsonian Institution Press, 1986.; Rose, *Dingo Makes Us Human*, 前掲書。

……事実は真実ではないかもしれないし、真実は事実ではないかもしれないということだ。おそらく物語のどの部分が事実でどの部分が事実ではないということは、シナモンにとってはそれほど重要な問題ではなかったはずだ。彼にとって重要なことは、彼の祖父がそこで何をしたかではなくて、何をしたはずかなのだ。

（村上春樹『ねじまき鳥クロニクル　第三部　鳥刺し男編』より）

第三章　キャプテン・クックについて[1]

――ホブルス・ダナイヤリの植民地史分析――

さて、

そうだな、今日は私が話をしよう。

私は、ホブルス・ダナイヤリという者だ。
私には、悩みごとがある。

思うに、それははるか昔にはじまった。
それはとても昔にはじまったんだ
いつだったのかは、よくわからない
とにかく、大問題がはじまった。

あぁ
キャプテン・クックが大イングランドからやってきて
シドニー湾へと

向かっていった。
そこには、多くの――アボリジニの人々が、どのくらいいたのかは知らないが、
とにかく、人々が、シドニー湾に暮らしていた
アボリジニの人々だよ。

キャプテン・クックがやってきて
シドニー湾へと向かった。

そう、奴はシドニー湾にやってきた。
奴は許可を求めるべきだった。
シドニーに暮らす人々のボスである、アボリジニの人々に。
そこにいた人々は
アボリジニの人々だ。
奴はやってきて「こんにちは」というべきだった。そうだろう、「こんにちは」と、言えば
よかったんだ。
そのとき、
そこに自分たちの土地がほしいのなら
アボリジニの人々に頼むべきだった。

なぜなら、そこはアボリジニの土地だから。

キャプテン・クックはアボリジニの人々に対してフェア(fair go)じゃなかった。

人々に、「元気かい」と言わなかったし
「こんにちは」とも言わなかった。

なぁ、わかるだろう
みんなが、フェアじゃなきゃいけない。

私たちはみな、人間なんだから。

キャプテン・クックには自分の土地があった。

それは大イングランドだ。

そして、アボリジニの人々にはノーザン・テリトリー(2)があったんだ。

キャプテン・クックは人々とフェアに接しなかった。

オーストラリアのどこでも、フェアじゃなかった。

ひどいことになる前に
キャプテン・クックは人々とフェアに接するべきだったんだ。
アボリジニの人々に許可を求めるべきだった。

アボリジニの人々はノーザン・テリトリーを所有していた。
「元気かい」と言ったり「こんにちは」と言ったり、
キャプテン・クックは、アボリジニの人々とフェアに接するべきだったんだ。
それなら、なんの問題もなかった。
しかし、私の人々
私の人々である、アボリジニの人々は、キャプテン・クックに脅かされたんだ。奴は白人だった。

奴は白人で、人々はおびえてしまった。そうなんだ。
アボリジニの人々はおびえていた。だからほんとうは、
キャプテン・クックは人々に時間を与えるべきだった。
わかるだろう
アボリジニの人々が落ち着いてきて、そして落ち着いたら
かれらに、許可を求めるべきだったんだ。
カントリーをもらえるかどうか
あるいは、ほかの人々に会うためにその土地を通り抜けることができるかどうか
アボリジニの人々に尋ねるべきだったんだ。
なぁ、キャプテン・クックは人々とフェアに接するべきだった。

そうだとも。

だが、キャプテン・クックはこう思ったんだ――「あぁ、こいつらは野蛮人だ」

奴はそう思った。

ここの人々は野蛮人じゃない。

かれらはこの土地のボスだったのに。


アボリジニの人々こそが、この土地のボスなんだ。

だから、キャプテン・クックは、アボリジニの人々に確かめるべきだった。

そうだろう。

そして、アボリジニの人々に落ち着いてもらって、
穏やかに、静かにものごとを進めるべきだったんだ。

ところが、人々は、さらなる問題を抱えることになる。

アボリジニの人々はさらに問題を抱えこんだ。

人々は、キャプテン・クックに、もときた道を引き返すように言えばよかったんだ。

なぜなら、ノーザン・テリトリーは、キャプテン・クックにとってふさわしい土地ではなかったから。

そこはただ、アボリジニのためだけの土地だったんだ。
ところが、キャプテン・クックは
シドニーで私の人々を撃ち(殺し)はじめた。
つまり、私の人々を一掃(殲滅)しようとしたんだ。
なぜなら、キャプテン・クックは
とても危険な奴だったから。
そう。
キャプテン・クックは、人々に頼みもしないし、確かめもしない。
穏やかにものごとを進めたりもしない。
そう。
ものごとを正しく進めようとしなかった。
そして
キャプテン・クックはシドニーから出発して、アボリジニの人々を撃ち殺しはじめた
そして、たちまちのうちに
ダーウィン湾へ向かい。
結局はオーストラリア中に広がったんだ。
わかるだろう?
これは間違っている。

キャプテン・クックは間違ったことをしたんだ。
奴は人々に話しかけるべきだった。
そして、人々とフェアに接するべきだった。
キャプテン・クックは、私の人々の話に聞く耳をもっただろうか。
どうだろう？
そう
奴は、出発した
ダーウィンに向けて出発したんだ
ボートに乗って
(帆船で、帆布で)飛ぶように
そしてダーウィン湾を一望した。
そして、キャプテン・クックが現れた――ミンデル・ビーチ(3)を抜けて現れた。
ほんの小さな入り江しか見つからず――ダーウィンへと下って。
そして、ミンデル・ビーチの入り江に入った。
そして、奴は、そこにちょっとした桟橋をつくった。
キャプテン・クックはボートから降り立った。
そして、ダーウィン湾を見渡した。
ダーウィンにも人々は暮らしていた。

かれらはアボリジニの人々だ。おんなじことだ。
シドニーと同じことで、ダーウィンにもいたんだ。
アボリジニの人々は、ノーザン・テリトリーのあらゆる土地で暮らしていたんだから。
白人はひとりもいなかった、ひとりもいない。
アボリジニの人々だけだ。
キャプテン・クックがやってきたとき
奴はボートに乗って
ミンデル・ビーチの入り江に乗りつけた。
ボートから、降り立つと
あたりを見回した。
何人かの人々がいた。アボリジニの人々だ、年老いた人々だった。
そして、あれがはじまった。
私の人々のふたりが、奴を見つけた。「おお、あれは白人だ」
かれらは、ほんとうに怖がった。
そりゃ、そうだろう。
でも、もし奴が、キャプテン・クックがやってきて
「こんにちは」と言ったり

「元気かい」と話しかけたなら
なぁ。
そして人々が落ち着いたなら。
人々が、人々が落ち着くまで、待ってくれたなら。
なぁ、わかるだろう。
キャプテン・クックは、私の人々に尋ねるべきだったんだ。
だって
人々を犬のように撃ち殺すことなどしてはいけないんだ。
それはだめだ。
なぜなら
そこはアボリジニの人々の土地なんだから。
ノーザン・テリトリーの人々は
アボリジニの人々なんだから。
私は、
キャプテン・クックがアボリジニの人々にフェアに接しなかったことを知っている。
なぁ。
もし、キャプテン・クックが
なぁ

アボリジニの人々から
土地をもらえるかどうか許可を求め、確かめようとしたなら。
そうだったら、よかったのに。
そうあるべきだったのに。
わかるだろう。
というのも
奴は、アボリジニの人々を殺しはじめたんだ。
ノーザン・テリトリーのあちこちで
私の人々を殺しはじめた。
ここはとても大きなカントリーだ。
小さなカントリーではなく、大きなカントリーだ。
なぁ。
私たちは、それを所有している。
それなのに、キャプテン・クックは
私の人々になにも話しかけようとしなかった。
もしも奴が、「大丈夫だよ」と話しかけてくれたなら
私たちだって、なぁ
私たちだって、うまく話をまとめただろうに。

うまくまとまったかもしれない。
私の人々は、うまくやるべきだったんだが。
昔の人々のことだ。
とはいえ、昔の人々は、重要なものをたくさん手にしていた。
ダーウィンまでずっとだ。

人々にとって大切なもの。
アボリジニの人々にとってすごく重要なもの。
それはシドニー湾にだって、あったんだ。

そうだろう。
あぁ、たくさんの儀式、たくさんの神秘、たくさんの重要なものごと。
アボリジニの人々は、こうした多くを失った。
白人がたくさん入ってきたんだ。
これはキャプテン・クックがはじめたことで
私の人々がはじめたことじゃない。
こうして私は、またおなじ話を繰り返すことになるな。
さてと、

いまなら、私たちは友達になれる。
ともに生きる友達だ。
これからのことについて、話をしよう。
私たちは友達だ。
なぜなら、私たち全員がオーストラリアを所有しているのだから。
私たちひとりひとりが
白人であろうと黒人であろうと。
私たちは、一緒に集まって、そして仲間になる。
そうすればいい。
そう、お互いに自分の領分をわきまえて
お互いに、愛しあうんだ。
そして、異なる人々で結婚してもいい。
どんな婚姻でも、いいじゃないか。
なぜなら、いまでは、
私たちはオーストラリアを一緒に所有しているんだから。
私たちひとりひとりが、オーストラリアを所有する。
それでいいじゃないか。
その方がずっとうまくいく。

大きな
大きな問題を解消することができる。
そう、以前は、
キャプテン・クックがたくさんの残虐なことをしたものだった。
わかるだろう。
でも、いまなら
いまなら、私たちは友達になれる。
私たちは愛しあうことができる。
私たちは、友達同士になれるんだ。
それはとてもいいことだ。
諍《いさか》いよりもずっといい。
いまや、私たちは、みんなで一緒に集まって、そして仲間になる。
白人だろうが、黒人だろうが、混血だろうが
ただ、ここに一緒に暮らす限り、そんなことは関係ないんだ。

注

（1）本章は、Deborah Bird Rose, "Remembrance", *Aboriginal History*, vol. 13, no. 2, 1989, pp. 138-143. からの拙訳である。ローズ氏の許可を取り、ここでは、ローズの分析は掲載せず、ローズが

記録したホブルス・ダナイヤリの独白のみを収録した。私自身は、対話型の聞き取り調査を重視したため、このような独白型の記録を録ったことはないが、これも重要な実践的記述形式であると考え、本書に再録する。この語りは一九八〇年一〇月に、ローズによって記録された。

デボラ・バード・ローズは、オーストラリア国立大学の専任研究員、主にオーストラリア先住民のエコロジー思想と脱植民地化の可能性を研究している人類学者である。翻訳書に『生命の大地――アボリジニ文化とエコロジー』保苅実(訳)、平凡社、二〇〇三年。

ホブルス・ダナイヤリは、ローズがヤラリン・コミュニティ(ノーザン・テリトリー北部)で行ったフィールドワークのさいの主要なアボリジニの教師だった。ローズによれば、口述の雰囲気を伝えるため、原文はホブルスの語りが中断した箇所で改行してある。訳出に際して、原文になるべく忠実に、かつ日本語として意味をなしうるように、最低限の改行箇所の変更を施した。また語りが長時間中断した箇所(ローズの論文原文では、スラッシュ「／」で表現)では、一行を空けてある。なお、( )は、ローズによる補足であり、本章のタイトル、注、そして導入にある村上春樹『ねじまき鳥クロニクル』新潮社、一九九五年からの引用は、保苅による(傍点は引用ママ)。また、多忙の中、本章の下訳をしていただいた塩原良和氏に心から感謝したい。

最後に、キャプテン・クック(ジェームズ・クック船長)がエンデバー号に乗って一七七〇年に「発見」したのは、オーストラリア東海岸であり、シドニー湾やダーウィン湾での先住民族の殺戮という「史実」は存在しないことを、あらかじめ断っておく。

(2) 北部準州。オーストラリア中央北部に位置する準州。ヤラリン、ダグラグ、ダーウィンは、すべてノーザン・テリトリー内に位置する。

(3) ダーウィン湾近くにある海辺。

第四章　植民地主義の場所的倫理学(2)

――ジミー・マンガヤリの植民地史分析――

ここで重要なのは、相対性理論では時空間はユークリッド的なものとは考えられていない、ということだ。すなわち、測地線(曲面上の最短距離を結ぶ線)についていえば、時空間は田舎の丘陵地帯のようなものだという意味になる。

(バートランド・ラッセル『ABC of Relativity』より(1))

オーストラリア先住民アボリジニの諸文化は、土地、場所との結びつきの強さが再三強調され、アボリジニの人々にとっての景観の意味については、数多くの研究がなされてきた。オーストラリアにおける人類学では、アボリジニ諸社会における土地のもつ重層的な役割は、多くの論争の的であったといえるだろう。(3) こうしたアボリジニと土地をめぐる研究の中でも、とくに近年注目が集まっているのが、植民地状況下におけるアボリジニの景観・場所観である。(4) こうした研究は、一般的に言って、植民地経験がいかにアボリジニの景観に影響を与えたのかを論ずる傾向にあるが、本章の関心はそれとは若干異なる。本章では、植民地化がいかにアボリジニの景観に影響を与えたのかではなく、むしろ、アボリジニの景観・場所観が、いかに植民地化と交渉関係に入ったかの検討を行いたい。なぜなら、それこそが、私がジミー・マンガヤリから教わった植民地史分析だったからである。

1　時間と空間、歴史と場所

オーストラリア先住民の時空観は、宗教学者トニー・スワイン(5)の『異邦人たちのための場所』のなかで、詳しく論じられ、注目を集めた。アボリジニの存在論を大陸各地で比較研究することにより、スワインは、植民地化以前(pre-colonial)のアボリジニ諸社会には、「時間」概念そのものがなかったと結論づけた。そのかわり、元来(original)のアボリジニの世界観においては、場所・空間こそが、存在論の基礎にあったと強調したのである。スワインはまた、「時間」とか「歴史」といった概念は、メラネシア人、インドネシア人、そしてヨーロッパ人との接触の中で、徐々にアボリジニの世界観に浸透していった、と主張する。

私は原則的にこのスワインの主張に同意しない。彼が「植民地化以前の」とか「元来の」とかいうさいのアボリジニの存在論がいったい何を指しているのかはっきりしないからだ。その上、スワインの言う「時間」とか「歴史」とかいう概念があまりに狭く、つまり、西洋近代の時間、歴史概念にのみ対応しており、結局「植民地化以前」の「元来」のアボリジニ諸社会の「時間」「歴史」概念の欠如といっても、あまりにも恣意的な議論に思われるからである(6)。

というわけで「時間概念の欠如」というスワインの議論には賛成しかねるものの、その一方でグリンジ・カントリーで暮らす人々にとって、空間・場所の持つ意味がきわめて重いという点は、ぜひ強調しておきたい。これはグリンジ社会に限らない。たとえば、人類学者ジョン・ラダーは、オーストラリア北部海岸地帯であるアーネムランドのヨルング社会の時間概念について、「時間的場所(temporal location)」とか「時間的空間(temporal space)」という概念を提唱しているし(7)、同じく人類学者のハワード・モーフィも、アボリジニのドリーミング景観においては「時間が空間に従属している」と主張している(8)。

こうした時空概念に関する人類学的研究を前提にした場合、私たちは、以下の二つの論点からアボリジニの景観・場所観と植民地史との関係を検討することができるだろう。第一に、アボリジニ諸社会の時空観・存在論の歴史的変化についての検討。アボリジニ諸社会の存在様式が、時間的次元よりも、むしろ空間的次元に基礎づけられているならば、たとえば〈時間〉を存在論の基礎にすえたハイデガーの西洋型存在論は、アボリジニの存在様式を説明できないのかもしれない(9)。存在論的な位相において、オーストラリアの植民地化は、空間に基礎づけられた存在様式と時間に基礎づけられた存在様式との接触の歴史と理解することができるのではあるまいか。

もうひとつは、オーストラリアの植民地史が、アボリジニの時空観のうちにいかに位置づけられているかについての検討である。もしモーフィが指摘しているように、アボリジニ諸社会において時間が空間に従属しているならば、歴史と場所とは、どのような関係にあるのだろうか。そこで、植民地史がいかにアボリジニの時空観・存在論を変化させたのかの検討とは別に、アボリジニの時空観・存在論がいかに植民地史を取り込んだかについての検討も可能なはずだ。

時空観についての以上の論点に対応するように、植民地史とアボリジニの景観・場所観について、二つのアプローチが可能となる。最初のアプローチは、「景観の歴史」と呼ぶことができるだろう。そこでは、植民地化の歴史のなかで、いかにアボリジニの景観・場所観が変化していったのかの歴史的変遷を検討することになる。植民地的場において、二つの異なる時空観が接触した。こうして、アボリジニの場所を志向する世界観は、西洋の時間を志向する世界観によって、徐々に植民地的侵食を受けることになる。たとえば、牧場開発による侵食被害等の環境破壊が、場所を志向するアボリジニの存在論になんらかの衝撃を与えたことは、想像に難くない。急速で不可逆的な景観・場所の物理的変化(破壊)は、アボリジニの人々にとってかつて経験したことのない予測不能、管理不能な変化をかれらの景観・場所観にもたらした。こうした不可逆的な変化が、アボリジニの存在論に、西洋型の直線的で不可逆的な時間概念や歴史概念を浸透させたとしても不思議ではない。歴史と景観の関係を考える場合、こうした「アボリジニの景観・場所の植民地史」を検討することは、十分に意味のある研究だろう。

とはいえ本章では、これとは異なるもうひとつのアプローチを採用する。それを、「歴史の景観」と呼びたい。もし、アボリジニ諸社会の時空観が場所志向的であるならば、植民地経験は、こうした景観・場所観のうちに理解されているはずである。モーフィは、アボリジニの祖先的過去は、ドリーミングの景観のうちに再生産されていると主張する。[10] そうであるならば、同様の理由で、植民地的過去も、景観のうちに再生産されてはいないだろうか。だが、この仮説には重大な問題がある。というのも、ドリーミングの歴史と植民地化の歴史には、根本的な違いがあるからである。第二章で詳しく見たように、ドリーミングは、世界維持のための倫理的な歴史と場所を構成している。これに対して、植民地史は、アボリジニ諸社会の存在論的かつ地理学的な起源のうちにその聖性・倫理性を持ちえない。であるならば、アボリジニ諸社会の時空観・存在論は、どのようにして植民地化の歴史をその景観・場所観のうちに引き受けることができるというのか。換言すれば、ドリーミングの歴史と植民地化の歴史は、アボリジニの時空観・存在論とどのような関係をもっているのだろうか。

2　場所の倫理学

こうした問いに答えるためにも、近年盛んに議論されている「歴史としての神話、神話としての歴史」(11)についての研究成果を看過するわけにはいくまい。アボリジニ諸社会における神話と歴史の関係について、さまざまな事例報告や研究成果が発表されているが、そこに共通の理解があるとすれば、それは、アボリジニの人々の物語りにおける、神話と歴史の混在である(12)。こうした混在の典型的な事例として紹介されることが多いのが、キャプテン・クックをめぐる神話・歴史だ(13)。第三章で紹介したように、グリンジ・カントリーやヤラリン・コミュニティをふくむ、ビクトリア・リバー流域のアボリジニ諸社会では、キャプテン・クックがオーストラリア大陸を侵略したという歴史が広く共有されている。人類学者デボラ・ローズは、キャプテン・クックが個人的にビクトリア・リバー流域に現れたという史実がないとはいえ、この歴史物語は正確に植民地化の不道徳性についての理解をこの地域にもたらしていると主張する。白人の法は、人の土地に出かけていって、そこの住民を殺害し、土地を盗み取るという、完全に不道徳な行為を正当化するのである(14)。オーストラリアの大地では、道徳的な法は、ドリーミングの倫理地理学によってもたらされる。大地こそが、この世界の起源であり、存続の証拠でもある。であるならば、他人の土地に許可なく侵入し、先住民を殺害する行為は、完全に不道徳である。そこでは、道徳的なアボリジニの法と不道徳な白人の法という明確な二項対立が強調されていることがわかる。

このキャプテン・クックの物語から、アボリジニの人々が、アボリジニの法と白人の法をその倫理的価値という基準で明確に区別していることは明らかである。白人によるオーストラリア大陸侵略の歴史は、ドリーミングの倫理的歴史とは大きく異なり、不道徳的な歴史なのだ。

さて、もはや本書の読者に繰り返し念を押す必要はないと思われるが、アボリジニの人々が語る物語り《ナラティブ》をそれが植民地化の物語りであれ、ドリーミングについての物語りであれ、「神話」とカテゴリー化するのは、アボリジニの人々ではなく、学術研究者の作業である点を再度確認しておこう。アボリジニの人々にとって、かれらが語る物語《ストーリー》が歴史であるか神話であるかは、まったく問題とならない。なぜなら、ドリーミングの歴史もキャプテン・クックの歴史も、どちらも「本当にあった」できごとだからである。だから、アボリジニの人々にとって重要なのは、その歴史物語が神話なのか歴史なのかではなく、むしろ、それが倫理的な歴史(ドリーミングの歴史)なのか、それとも不道徳的な歴史(植民地化の歴史)なのかの区別なはずだ。

いずれにせよドリーミングの歴史と植民地化の歴史とは異なるタイプの歴史であることが

わかった。であるならば、ドリーミングの歴史は、いかにして植民地化の歴史と結びつく(あるいは結びつかない)のだろうか。ドリーミングの景観・場所観は、植民地化した景観・場所観と、同じ次元で検討を加えることができるのだろうか？

こうした問いに向き合うために、アボリジニの人々が、ドリーミングの歴史と植民地化の歴史をいったいどのような意味で異なるカテゴリーに区別しているかについて、もう少し詳しく検討してみよう。すると、あらためて言うまでもないことなのだが、ドリーミングと植民地化の歴史とは、ともに倫理的次元で整理されていることがわかる。キャプテン・クックの歴史を分析することで、アボリジニの歴史家たちは、二つの法の比較研究を行っている。言い換えれば、ドリーミングと植民地化の歴史は、異なる種類の歴史であるとはいえ、両者は倫理的次元という共通の分析枠組みのもとにおかれ、歴史分析がなされているのである。

繰り返してきたように、ドリーミングの世界観は場所志向的な倫理にその特徴を見出すことができる。その一方で、キャプテン・クックは、その法が不道徳であるために、決してドリーミングではない。ということはつまり、キャプテン・クックは、ドリーミングの倫理地理学のうちにその場所を見出すことはできない。ドリーミングの歴史と植民地化の歴史は、両者ともに「法」の比較研究のうちに同一の次元を占めるが、とはいえ、ドリーミングの歴史は倫理地理学のうちに位置づけられるのに対し、植民地化の歴史は倫理地理学のうちにはその位置を与えられないのである。

さてここで、最初の問いに立ち戻ろう。アボリジニの人々の景観・場所観と、かれらの植民地史とのあいだには、いかなる関係があるのだろうか。植民地化の歴史は、アボリジニの景観・場所観のうちに、地理的位置を与えられうるのだろうか。場所を志向するアボリジニ諸社会の存在論は、時間を志向する植民地化の歴史とどのような交渉を行うのだろうか。念を押しておくなら、こうした問いに答えるための鍵を、ドリーミングと植民地化についての物語りが、ともに「歴史的な神話」とか「神話的な歴史」であることに求めても無駄である。これは、学術研究者のカテゴリー化であって、アボリジニの人々のそれではない。そうではなく、アボリジニの人々の倫理地理学にそくして解答を探求することが何より大切なのであり、そのさいに重要なのは、二つの異なる法についての倫理の空間的次元への注目であろう。

もし、ドリーミングの聖なる地理学がそうであるように、景観・場所観のうちに倫理的価値を見出すことができるならば、この同じ景観・場所観のうちに、植民地主義の不道徳性の景観・場所観も見出すことができるのではないか。なにを隠そう正直に告白するならば、こうした問題設定そのものが、以下のジミー・マンガヤリとの対話の中で生み出されたのであるのだが……。

3　「正しい道を歩みなさい」

ジミー・マンガヤリに出会ってからというもの、彼は、暇さえあれば私に「正しい道」について熱心に説明してくれた。「正しい道を歩みなさい」。これが、ジミーじいさんの口癖だ

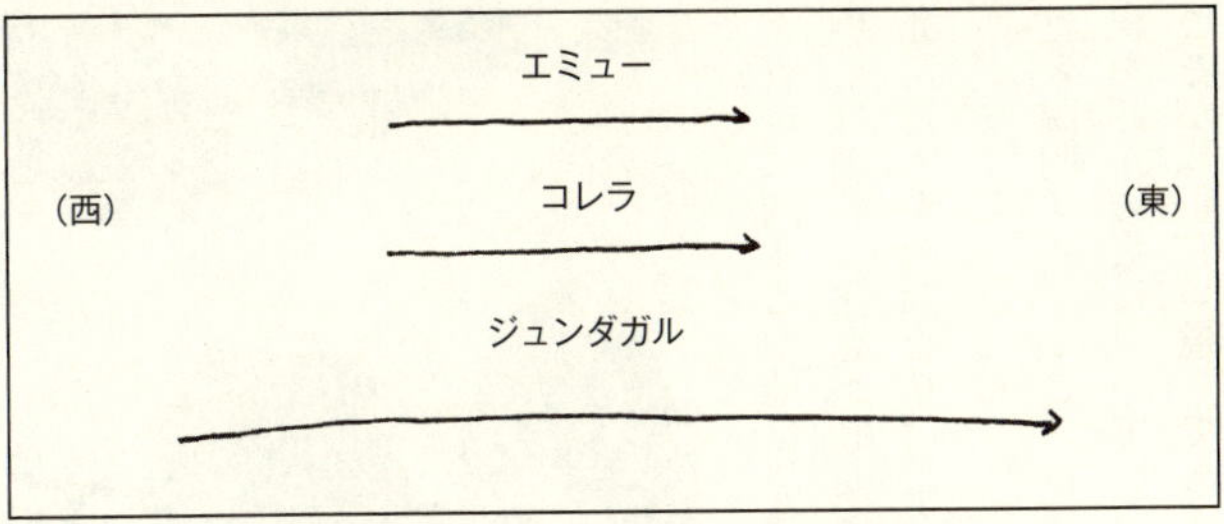

図4-1　3本のドリーミングの道跡《トラック》

った。当然私の関心も、この「正しい道」が何を意味するのかについてに集中した。とはいえ、ジミーじいさんの言う「正しい道」が、地理的な道跡《トラック》をさしているのか、それとも倫理的態度をさしているのか、私にはなかなか明確にならなかった。私がジミーじいさんとかわした最初の会話のひとつを紹介したい。

保苅　さぁ、じいさん、例の正しい道について教えてください。正しい道ってなんですか？

ジミー　見回してごらん、太陽はあっち(西)に沈む、そしてあっち(東)から起き上がる。これが正しい道だよ。

　彼はまた、砂上に三本の線を西から東に引く(図4-1参照)。これは、グリンジやその周辺地域のドリーミングの道跡《トラック》を表している。ジミーじいさんの説明によれば、エミューとコレラ(鳥の一種)とジュンダガルの三つのドリーミングたちは、西方の海から東方の海に向かって移動した。この三種のドリーミングの中で、ここでの議論で重要なのは、ジュンダガル

写真 4-1　ジミーじいさんが「正しい道」を示す．1999 年(著者撮影)．

である。ジュンダガルはきわめて強力で危険なヘビのドリーミングだ。ジュンダガルについて一般に知られていることは、この大蛇がウェスタン・オーストラリア州のウィンダム地域の海から立ち現れ、東に向かって移動しながら、地形や諸生物や法を創っていった、という物語である。ジュンダガルに関する聖地は無数にあり、その多くはきわめて重要かつ危険な場所であり、取り扱いには細心の注意が必要とされる。ジュンダガルの聖地で正しい行為を行わなかったために死んだ人々の話を私はたくさん聞いた[15]。

ジミーじいさんは、たいていは、たった一本の線を西から東に引き、それがジュンダガルだと説明する。ここで重要なのは、ジミーじいさんがどの方角に向いて座っていても、必ず線を西から東に引いていたという事実である。そしてこの西から東へのジュンダガルの道跡《トラック》こそが「正しい道」であると主張した。私はコンパスを持参して、ジミーじいさんの砂絵が常に正確に、例外なく西から東に線が引かれたことを確認してきた。

ひとまず次のように言えそうだ。「正しい道」とは、ジュンダガル・ドリーミングの地理的な道跡《トラック》のことである。ここでは、「正しい道」とは、態度や思想のことではなく、グリンジ・カントリーを含む特定の地理・地形にある空間的方角をもった道跡《トラック》のことである。

とはいえ、当然次のような問いがだされるだろう。なぜジュンダガル・ドリーミングの道跡《トラック》は「正しい」のか？　この地理的道跡《トラック》が「道」であることに異論はあるまい。とはいえ、いったいいかにしてこの道跡《トラック》、すなわち空間的方角が、正しさをもちうるのか？　この疑問に対し、ジミーじいさんは、それは、このジュンダガルが大地から立ち現れ、そして西へと移動していくうちに地形や、人々や、カントリーの法を創造していったからだと説明する。ジミーじいさんいわく、

「ジュンダガルはたくさんのことを知っている。ジュンダガルはお前に正しい道を教えてくれる。ジュンダガルは人々のボスだ。彼が唯一のボスだ。この法を踏みにじってはいけない。法は、彼からくる。彼が法を創り、人々を創り、すべてを創ったんだ」。

ジミーじいさんはまた、ジュンダガルの法は、大地の法であると説明する。ジュンダガルは大地から立ち現れた。そして、この大地そのものが生きている。

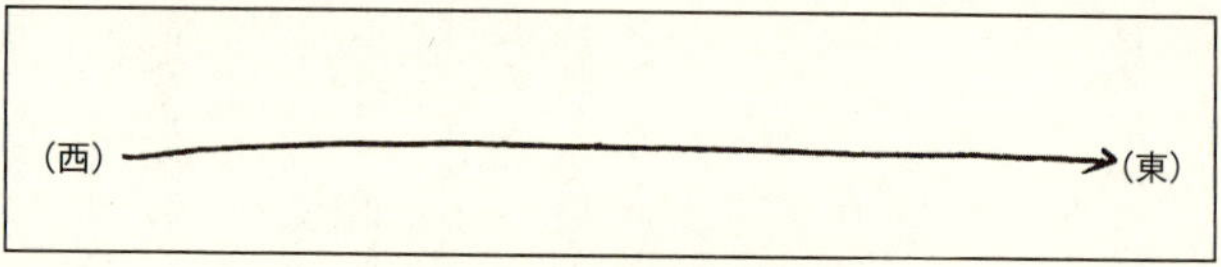

図4-2　正しい道・大地の法

「我々は、みな土からやってきた。大地はお前や私と同じように生きている。なんでも、すべてのものは、すべては大地からやってくる。お前は大地から生まれる。大地は知ってるんだよ……お前にはわからないかな、大地はお前に教えてくれる。だからお前が生まれたんだ」。

次のように、ジミーじいさんの教えを理解してはどうだろうか。この生命をともない、意識をもった大地に、移動が生じた。移動は大地から生まれ、大地の表面に生じた。ジュンダガルは正しい。なぜなら、彼は大地から立ち現れ、人々に法をもたらしたからである。このジミーじいさんによれば、「西から東への移動」を表す砂絵の一本の線（図4-2）こそが、世界の存在論的で倫理的な次元を切り開く最初の動きである。この移動の瞬間に、倫理的世界が形づくられたのだ。

私は「瞬間」と言ったが、この瞬間は、持続する瞬間である。世界の創造は、過去に生じた一回限りのできごとではない。そうではなく、世界の創造は、この瞬間にも行われている。というのも、ジュンダガルの（そしてそれ以外の数多くのドリーミングたちの）移動は、連続しているからである。第二章で確認したとおり、ドリーミングの移動は、世界の起源であるだけでなく、そこで創造された倫理性は存続するこの今現在の世界において維持され続けている。

　こうしたジミーじいさんの視座に立った場合、空間的な方向・移動と倫理・法とのあいだに区別はない。大地、ジュンダガル、あるいは西から東への移動は、歴史的で存在論的で倫理的な世界の起源である。私たちは大地の法のもとで生まれ、存在し、死ぬ。ジュンダガルが「正しい道」を示してくれるのは、ジュンダガルの法がジュンダガルの移動をつうじて大地からもたらされたからである。というわけで、「正しい道」とは、地理学的なドリーミングの道跡《トラック》であると同時に、倫理的態度でもあることがわかる。ジミーじいさんの哲学において、「正しい道」には、物理的と形而上的という区別が存在しない。「正しい道」は、地理学的な景観であるとともに、大地の法でもある。大地、ドリーミング、法は、お互いに切り離すことができない。

　このジミーじいさんの聖なる倫理地理学において、ジュンダガルこそが法を創り、存在者たちを創り、そして世界を創った。すべてはジュンダガルの移動によってもたらされたし、今ももたらされ続けている。第二章でも紹介したとおり、類似した世界観は、ほかのアボリジニの人々によっても表現されている。あるキンバリーのアボリジニは、大地は「巨大なバッテリー[16]」と表現したし、ヤラリンのホブルス・ダナイヤリは、「すべては大地からやってくる。言語、人々、エミュー、カンガルー、草、それが法だ[17]」と説明した。オーストラリア各地において、カントリーに生命をもたらすのは、究極的には大地である[18]。ジュンダガルの道跡《トラック》が「正しい道」であるのは、その西から東への移動をつうじて、ジュンダガルが地形や生物や法など、大地からもたらされるすべてを創造したからである。

4　正しい道を「歩む」

まだまだ問われるべき疑問がある。次の問いは、正しい道を「歩む」とはいかなる意味なのか、ではなかろうか。「正しい道」を空間的で地理学的な道跡《トラック》と理解したならば、正しい道を「歩む」とは、物理的にドリーミング地理学におけるジュンダガルの道跡《トラック》を歩むことになるだろう。儀礼的場面において、この説明は正しい。とはいえ、ジミーじいさんが「正しい道を歩みなさい」というとき、それは、必ずしも儀式の場面だけを想定しているわけではない。むしろ、この「歩む」は、倫理的な態度を指していることが多いのである。この場合、「正しい道」は、地理学的な道跡《トラック》というよりも倫理的態度を指す言葉として使用されている。ジュンダガルは、夢をつうじて私たちに「正しい道」を教えてくれる。

ジミー　眠ったときは、このことを決して忘れちゃいかん。ジュンダガルが話しかけてくるし、わしもジュンダガルと話をする。電話みたいなもんだ。
保苅　ジュンダガルと話をするんですか？
ジミー　あぁ、電話みたいなもんだ、夢みたいなもんだ。
保苅　ジュンダガルは正しい道を教えてくれますか？

ジミー　あぁ、彼は正しい道を教えてくれる。目が覚めると、夢を見ていたとわかる。電話みたいなもんだよ。お前は学校で勉強する。紙に文字を書くことを教わる。先生が教えるんだろう。これとおんなじだ。同じことだよ。

保苅　僕も正しい道を知ることができるかな。彼は、僕にも正しい道を教えてくれるかな。

ジミー　あぁ、だからお前に話をしてるんだよ。お前は学校で、高校とかで勉強する。それとおんなじだ。正しい道を学ぶんだよ。

私たちが電話を使用するように、ジュンダガルは夢をつうじて「正しい道」を教えてくれる。彼はまた、ジュンダガルと話をするためには、学校で学ぶように、学ぶことが必要だという。さて、こうした説明から、ここでいう「道」は、地理的な道跡《トラック》というよりは、むしろ人々の倫理的態度を指していることがわかるだろう。ということは、ジミーじいさんは「道」という語を二つの意味に使い分ける、と言ってもよいのだろうか。ひとつは、ジュンダガル・ドリーミングの地理的な道跡《トラック》のことであり、もうひとつは、大地の法がもたらした倫理的態度のことである、と。

しかし、この結論も早急すぎる。ジミーじいさんによる以下の砂絵を検討してみよう。ジミーじいさんは、この大地の法を「高次の学校(high school)」と呼ぶことがある。そして、「白人《カリヤ》の学校」と「アボリジニ《グンビン》の学校」の違いを説明するのである。

ジミーじいさんは、二本の線を西から東に向かって引く。線(A)は、白人《カリヤ》の学校であり、線

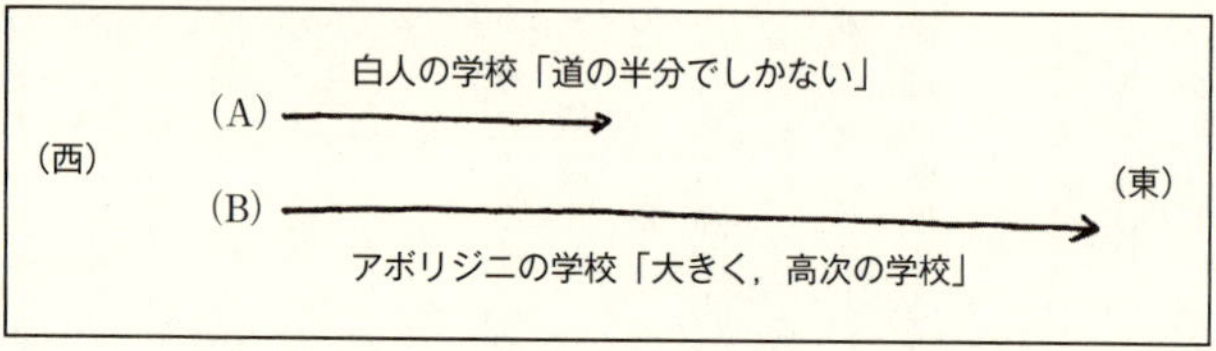

図 4-3　アボリジニの学校と白人の学校

(B)は、アボリジニ《グンビン》の学校だ(図4-3)。ジミーじいさんは、自分は線(B)、すなわちアボリジニの学校で教育を受けたという。彼はこれを「大きく、高次の学校」と呼ぶ。それに比べて白人《カリヤ》の学校は「道のたった半分でしかない」。なぜ、白人《カリヤ》の学校は、半分しかないのだろうか。ジミーじいさんの説明を私なりにまとめると以下の三点が強調されている。

1　白人《カリヤ》の学校は、書物に基礎づけられている、しかしアボリジニ《グンビン》の学校は、大地に基礎づけられている。

2　白人《カリヤ》の学校は卒業までに十年ほどしかかからないが、アボリジニ《グンビン》の学校は生涯学び続ける必要がある。

3　アボリジニ《グンビン》の学校は物理的に白人《カリヤ》の学校より大きい。

白人《カリヤ》の学校では、本とペンを使用する。ジミーじいさんは、本やペンは大地の法とは無関係だと説明する。「私の本は、この大地だ……私は鉛筆なんか絶対使わない。私はこの大地でたくさんの経験をしてきたんだ」。たとえ、読み書きができたとしても、大地の法を知らなければ、それは道の半分でしかない。ジミーじいさんにとって、白人《カリヤ》の学校は読み書きを教わるところであり、それはそれで便利な技術だとしても、大地の法を知ることに比べればずっと価値の低い教育なのである。大地の法を学ばなければ、教育は完結しないのだ。

ここから、二つ目の理由が導き出される。白人《カリヤ》の学校は、教育期間があまりに短いのだ。白人《カリヤ》の教育は五歳のころに始まり、一五〜一七歳くらいでほとんどが終了する。(19) もし、この期間を、すべての通過儀礼を経たアボリジニ《グンビン》の長老になるまでにかかる期間と比べれば、アボリジニ《グンビン》の学校はまさに生涯教育である。私の調査当時、もっとも影響力のある若手の長老の一人であったビリー・バンターは、「自分はまだまだ三〇年、四〇年学び続けなければならない。長老たちに比べたら、自分なんかまだまだ子供だ。長老たちは、たくさんの歌と踊りを知っている。私なんか盲目だよ」と語ってくれた。こうした視座に立つと、アボリジニ《グンビン》の学校が「大きな学校」で、白人《カリヤ》の学校が「道半分の学校」であることがわかるだろう。

そして、さらに注目すべきなのは、第三の点、すなわちアボリジニ《グンビン》の学校は、単にその教育期間というだけでなく、学校そのものの物理的な大きさが、白人《カリヤ》の学校よりもはるかに大きいという点である。ジミーじいさんは、アボリジニ《グンビン》の学校は白人《カリヤ》の学校よりもずっと大きいと主張する。なぜならば、白人《カリヤ》の学校である校舎よりも、大陸を西から東に横断するジュンダガルの道跡《トラック》としてのアボリジニ《グンビン》の学校は、はるかに大きいからだ。アボリジニ《グンビン》の法は、大地の法である。そして、アボリジニ《グンビン》の学校は、大地、すなわちドリーミングの地形であり、彼らのカントリーそれ自体である。ドリーミングの地理的な道跡《トラック》それ自体が、

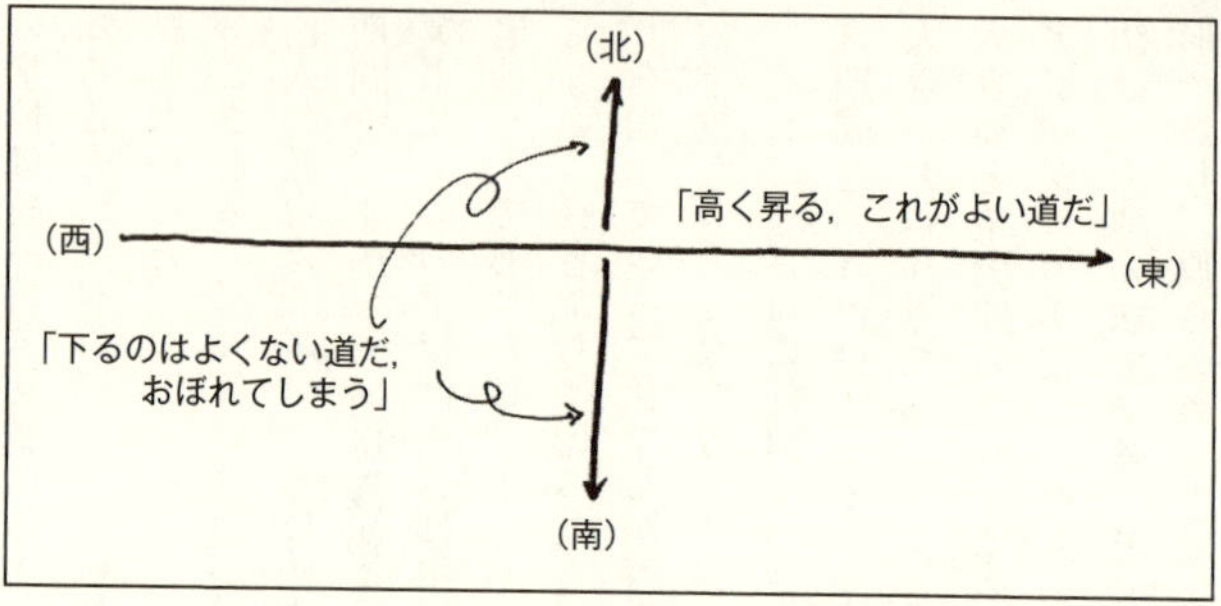

図 4-4　よい道，わるい道

アボリジニ《グンビン》の学校なのだ。ジュンダガルの道跡《トラック》としての学校の巨大さに比べれば、白人《カリヤ》の学校である校舎がいかに小さいかは一目瞭然であろう。要するにジミーじいさんによれば、地形(場所)と教育(倫理)は、分離されない概念なのである。倫理と場所・空間は、二つの異なる概念ではなく、切り離しがたく結びついていることがわかる。

このいわば、倫理の空間的次元について、もうひとつの例を紹介したい。ジミーじいさんは、西から東へ砂絵の線を引き、「我々はこの昇る道に属している……これがよい道だ」と語る。次に彼は南から北にもう一本の線を引き、さらに北から南へと線を引く。そして、「この道は下りだ……落ちてゆく、よくない道だ……この道に行くと、おぼれてしまうんだ(正しい道を見失ってしまう)」と語る(図4-4)。

北や南へ向かう道を、ジミーじいさんは、「わるい道」あるいは「わるい移動」と呼ぶこともある。この道を進むと、正しい道を見失ってしまう。ジミーじいさんはま

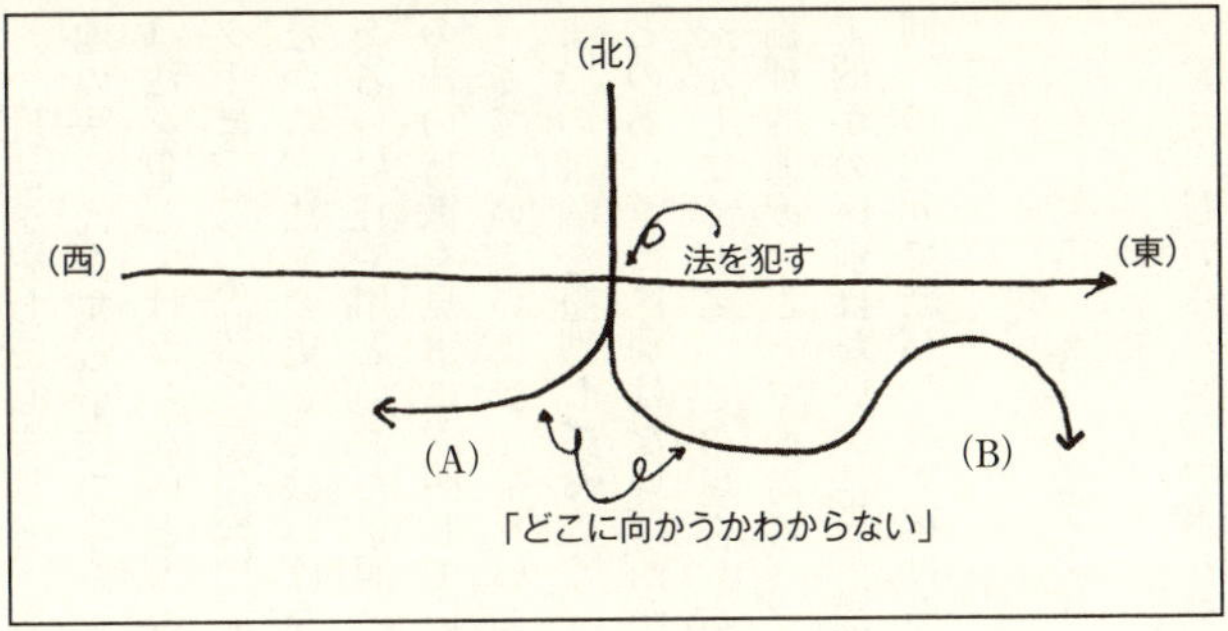

図4-5　法を犯す

た、図4-5を描き、北から南へと向かう道は「法を犯してしまう」と説明した。法を犯してしまうと、その人物は道(A)をたどったり、道(B)をたどったりする。どちらにしても、どこに向かうかはわかったものではない。

ジミーじいさんはまた、正しい法は木の枝のようだという。彼は小枝を一本ひろい、私の目の前で折って見せた。一度折った枝は、元には戻らない。

ジミー　この枝を見てごらん。たったひとつの道だ。これを折ったら、元に戻すことはできるかね？

保苅　それはできないですね。

ジミー　そうだろう。――枝を放り投げてしまう――。こんなことをしちゃいかん。道をまもらねばならん、壊してはいけないんだ。もし法を犯したら、いったいどうすればいい？　だからこそ、正しい道を行かなければならないんだ。

一度法を犯してしまうと、もはや正しい道を歩むことはできない。道を失ってしまう。大地の法を代表する小枝(なぜなら、小枝は大地からもたらされる)を使うことで、ジミーじいさんは法を犯してはならないと力説した。景観・場所も、アボリジニの法である。ビリー・バンターは、「アボリジニの法は、あの丘だし、この川だ。丘や川を移動させることはできない。だから、法を変更してはいけないんだ」と説明する。枝のような自然の一部を利用したり、あるいは丘や川といった景観・場所を利用することで、グリンジの長老たちは、アボリジニの法の特徴を見事に説明しているのである。

さて、いよいよジミーじいさんの植民地史分析に入る前に、「正しい道」についてのこれまでの議論を整理しておこう。ジミーじいさんの視座に立つと、空間的方向・移動と倫理性とのあいだに区別はない。西から東へというジュンダガルの移動は、私たちに「正しい道」を示してくれる。この場合、「正しい道」は、ドリーミングの地理的道跡《トラック》であると同時に、倫理的態度のことでもある。ジミーじいさんの哲学において、「正しい道」に物理的か形而上的かの区別はない。「正しい道」とは空間的であり倫理的である。景観・場所と倫理は、同一の次元で結びつき、溶けあっているのである。

5　キャプテン・クックはどの方角から来たか

ジミーじいさんは、アボリジニの法《グンビン》についてだけではなく、白人《カリヤ》の法、植民地主義の特徴

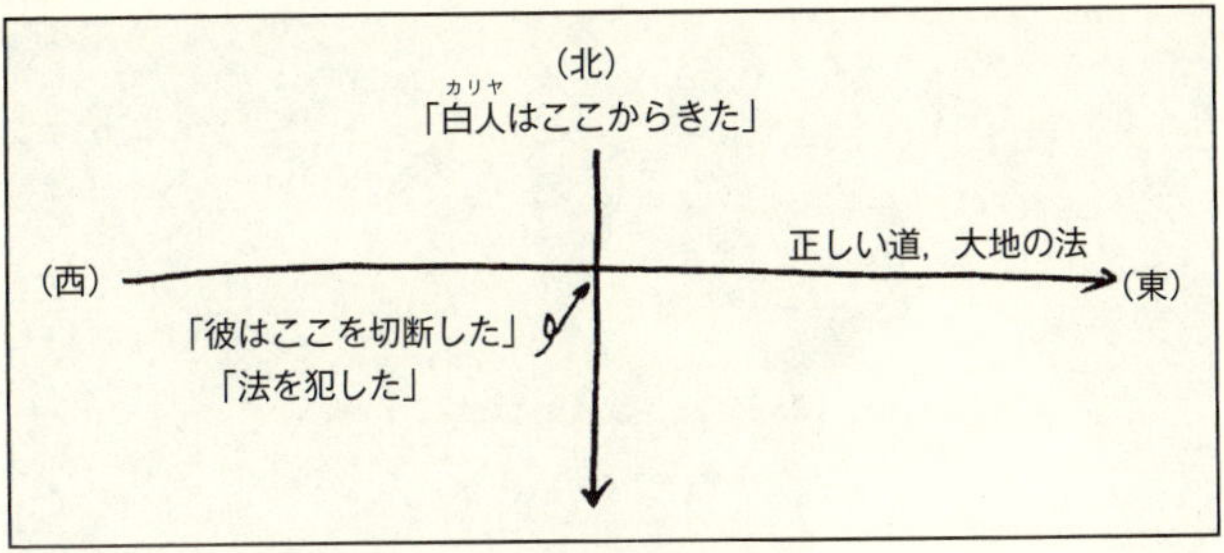

図4-6　白人入植者の移動

についてもさまざまな分析を私に示してくれた。ジミーじいさんは、空間的かつ倫理的な視座から植民地主義分析を行う。彼はここでも、砂絵の技法を使い、オーストラリアの植民地史にアプローチする。以下では、ジミー・マンガヤリというアボリジニの歴史家によるオーストラリア近代史分析を具体的に見てゆきたい。

ジミーじいさんによれば、白人《カリヤ》は北方からやってきた。彼は、砂上に線を北から南に引き、「白人《カリヤ》は北からやってきて、正しい道を切断して行った……彼らは法を犯したのだ」と説明する(図4-6)。すでに見たように、ジミーじいさんにとって、倫理は空間的方角と密接な関係にある。

キャプテン・クックは、ダーウィンに現れ、アボリジニの大地に侵略を開始した。キャプテン・クックは、ダーウィン湾に到着すると南に向かって進行を開始したのである。こうして、キャプテン・クックは、西から東へと進むジュンダガルのドリーミング道跡《トラック》を切断する。キャプテン・クックは、間違った方角(北)から現れ、間違った方角(南)に向かって進行したのである。こうして、キャプテン・クッ

写真 4-2　砂絵を描くジミーじいさん．1999 年(著者撮影)．

クは、大地の法である「正しい道」を破壊した。この説明の中で、入植者の地理的な移動の方角が、そのままオーストラリア植民地主義の不道徳性の説明となっている点に注目したい。

　ジミーじいさんにとって、北か南かはそれほど重要ではないようだ。むしろ重要なのは、白人《カリヤ》の国である「イングランド」が、「正しい道」上にないという点である。白人《カリヤ》は、オーストラリアにやってくると、「正しい道」を垂直に横切ることで、大地の法を犯したのである。

　図4-7において、ジミーじいさんは円(A)を描き、「たぶん、イングランドはここにある」と、言う。彼はまた、別の円を「正しい道」の上に描き、「これが我々の国だ」と、言う。次にジミーじいさんは線(a)を南のイングランド(A)から北のオーストラリア(B)に向か

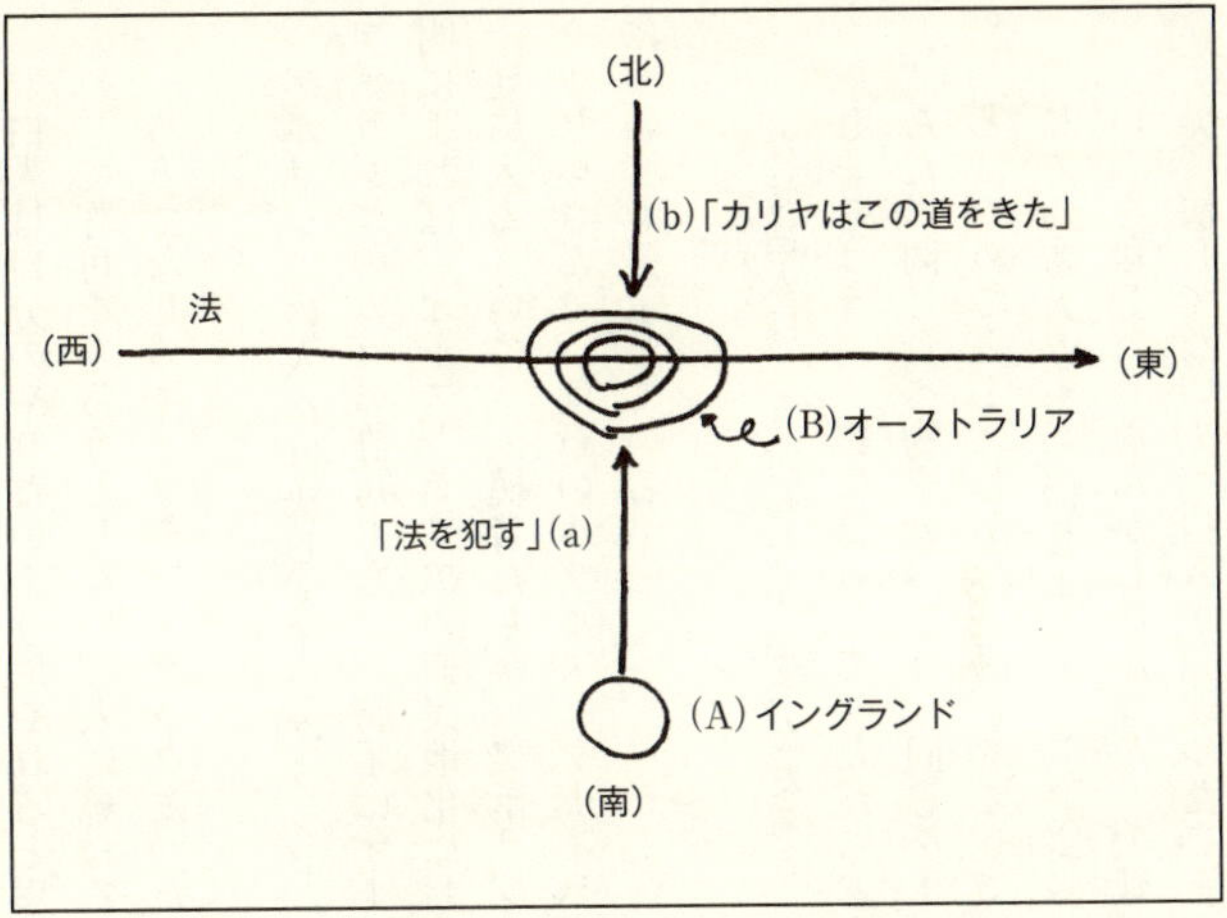

図 4-7 「イングランド」の位置

って引き、このようにして白人《カリヤ》が大地の法を犯したと主張する。彼はまた、もう一本の線(b)を北から南に引き、白人《カリヤ》はこの方角から来たと説明する。北と南という地理的方角が、明らかに倫理的次元を含みこんでいるのがわかる。

入植者たちの移動と態度は、大地の法に照らし合わせて、どちらも不道徳である。繰り返すが、ジミーじいさんの分析において、空間・地形と倫理的態度は同一の次元に位置づけられている。つまり、植民地主義の特徴は、入植者たちの空間移動の方角とその移動そのものを通して解釈されるのである。ジミーじいさんは次のように怒りをあらわにする。

「白人《カリヤ》は決して理解しない。彼らはアボリジニ《グンビン》が馬鹿だと思ってるんだ。

白人《カリヤ》は自分のやりたいようにやれると思っている。これはひどいことだ。……白人《カリヤ》は決して許可をとろうとしない。人に尋ねることをしない。こんな発想をもたらしたのは、ろくでなしのキャプテン・クックだった……」。

アボリジニ《グンビン》の人々は決してイングランドに行かなかった。しかしキャプテン・クックはアボリジニ《グンビン》の人々の許可もなく、勝手にオーストラリアにやってきた。ジミーじいさんの説明によれば、オーストラリアの植民地化におけるもっとも重大な不道徳性は、アボリジニの土地に入るさいに、入植者たちが、アボリジニの人々に許可を求めなかったことにある。ジミーじいさんは、前章のホブルス・ダナイヤリ同様、本来そうあるべきだった、共存の方法についても提示している。

「なぜ白人《カリヤ》はこう言わなかったんだろう。「やぁ、友人たちよ、あなたと私で一緒に暮らしましょう。一緒に暮らして、友だちどうしだ、……友だちどうしだよ。一緒に暮らすんだ。同じ食べ物を食べよう。同じテーブルで。一緒に材木を運ぼう。お互いに争うことはやめて……」しかし、決してこうではなかったんだ。白人《カリヤ》はそのカントリーに暮らしている人々を一掃しようとしたんだ。アボリジニ《グンビン》はイングランドに出かけていって白人《カリヤ》を殺したりなんかしなかった。大戦争をおっぱじめて、人々を殺したりなんかしない。決してない！　白人《カリヤ》が間違ったことをしたんだ。アボリジニ《グンビン》の人々を皆殺しにしよ

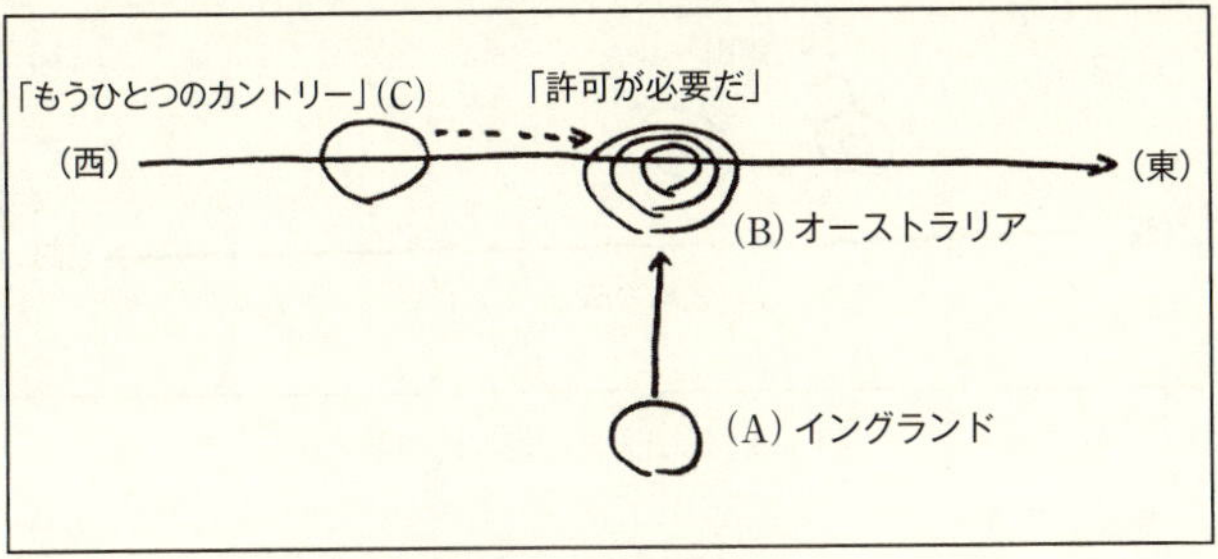

図 4-8 「許可が必要だ」

うとした。そんなのはひどい話だ。白人《カリヤ》が事態をひどいものにしたんだ」(20)。

ジミーじいさんは、上記の説明を以下の砂絵で表現する（図4-8）。

円(C)は、「もうひとつのカントリー」である。そして、もうひとつのカントリーから私たちのカントリーを訪問するためには、「許可をもらうことが必要だ」。キャプテン・クック、あるいはその後の白人《カリヤ》たちは、決してアボリジニの人々の許可をもらわずにアボリジニのカントリーにやってきた。この場合、「もうひとつのカントリー」は、必ずしも地理的にジュンダガルの道跡《トラック》上に位置する必要はない。ジミーじいさんの倫理地理学においては、そのカントリーの人々が倫理性を維持している限り、砂絵上では「正しい道」の上に、そのカントリーが位置づけられる。一方で不道徳のカントリーであるイングランドは、大地（の法）に基礎づけられていないために、「正しい道」上には描かれないのである。

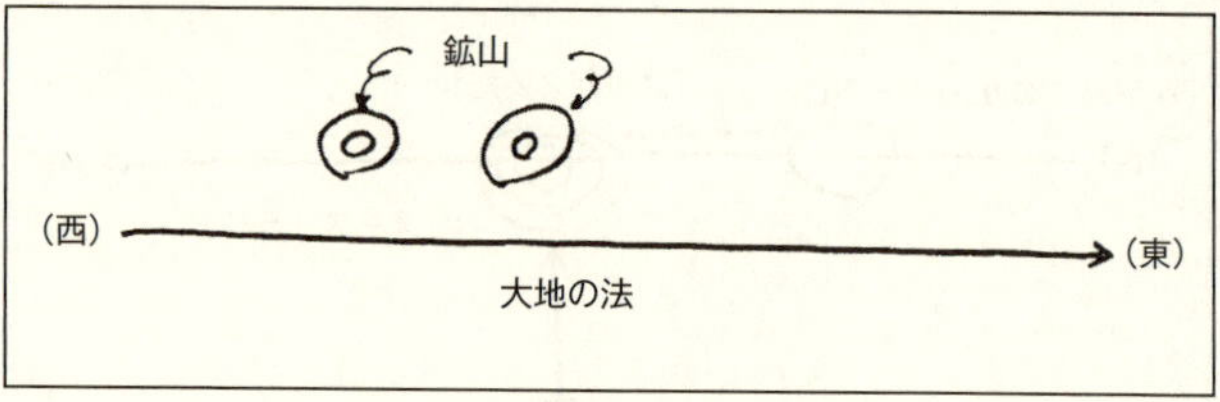

図 4-9　鉱山開発の倫理地理学

同様に、不道徳的な態度も「正しい道」上には描かれない。これは、入植者たちによる、アボリジニのカントリーへの侵入だけではない。ジミーじいさんは、鉱山業の展開に対して、白人《カリヤ》は大地をも盗むと批判する。とはいえ、まずなによりも、その土地の人々に許可を求めるか否かが重要だ。「白人《カリヤ》は、そのカントリーの(アボリジニの)ボスに尋ねなければいけない。……ボスは、鉱山開発を許可するかもしれないし、許可しないかもしれない。……白人《カリヤ》の好きなようにやれるわけじゃないんだ」。こう説明しながら、ジミーじいさんは、鉱山開発の倫理地理学を砂絵で表現する(図4-9)。鉱山を表す二つの二重の円は、「正しい道」上にはない。ジミーじいさんいわく、

「鉱山をみつける。金鉱山だな。そして、大地を掘りまくる。大地を奪う。大地からお金を取り出すんだ。そしたら大地の上でどうやって生きる?　何をつくる?　ここに大地があるんだ。それを盗むみたいに大地を掘る。大地を奪っちまう。鉱山は大地を奪うんだ」。

このように、ジミーじいさんは、カントリーの景観・場所観を砂絵で表現しながら、さまざまな倫理的問題を空間上に配置する。彼自身のカントリーや、「もうひとつのカントリー」など、倫理性を保ったカントリーは、大地の法である「正しい道」上に位置づけられる。その一方で、倫理性を欠いたカントリー(イングランド)や倫理性を欠いた行為(鉱山開発)は、「正しい道」上には描かれない。なぜなら、白人《カリヤ》の法は大地に基礎づけられていないからである。異なる人々、異なるカントリー、異なる行為は、ジミーじいさんの砂絵を使った倫理地理学のうちに、正確に配置されるのである。

6　倫理の世界地図

次の点を確認しておきたい。ジミーじいさんに限らず、グリンジ・カントリーやその周辺に暮らす多くのアボリジニの人々にとって、「イングランド」は、不道徳な場所をさしている。ということはつまり、もしある人物が「よい白人《カリヤ》」ならば、その人物は「イギリス人」ではない。ここで言う「イギリス人」とは、アボリジニ《グンビン》のカントリーを侵略した不道徳な白人《カリヤ》のことであり、「イングランド」とは、こうした白人侵略者たちのカントリーのことである。このことを、ジミーじいさんは、以下の砂絵で表現する。

ジミーじいさんは、図4-10を描きながら、次のように話した。

ジミー　この話も聞かせてあげよう。アボリジニ《グンビン》の人々はここだ――大きな円を描く――

そして、これ、これ、これ、これ、これ、これ。

――六個の小さな円を描く。そして、それぞれの円を指しながら――

これが日本、これがアフガン、これがジャワ、これがインド、これが労働組合、これが(もうひとつの)島だ。

――ここまでに描いた(A)をすべて消し去り、その上に線(B)を西から東に引きながら――

これらは全部この大地に由来する。我々はみなひとつの法のもとにある。だが、私はイングランドを知らない。イングランドが何に由来するのかは知らない。

――土を手にすくい上げる――

我々はこの大地からやってくる。この大地からくる。

保苅　私たちは大地からくるんですね。

ジミー　そうだ。我々は大地からくる。しかしイギリス人は大地からはこない。我々にはわからんのだ。私にはわからん。いったいイギリス人は何に由来しているんだか。

保苅　でも、ジミーじいさんは、たったいま、これも、これも、これも、これもすべて大地に由来するって説明したでしょ。

ジミー　そのとおり。どこの土地であっても、同じだ。全部大地からくる。みなが異なる果物を食べる。異なる土地では異なる果物がとれるからな。それぞれに異なる土地だ。しかしね、それはすべて同じ大地の上にある。さぁ、もうわかっただろう。異なる果物、

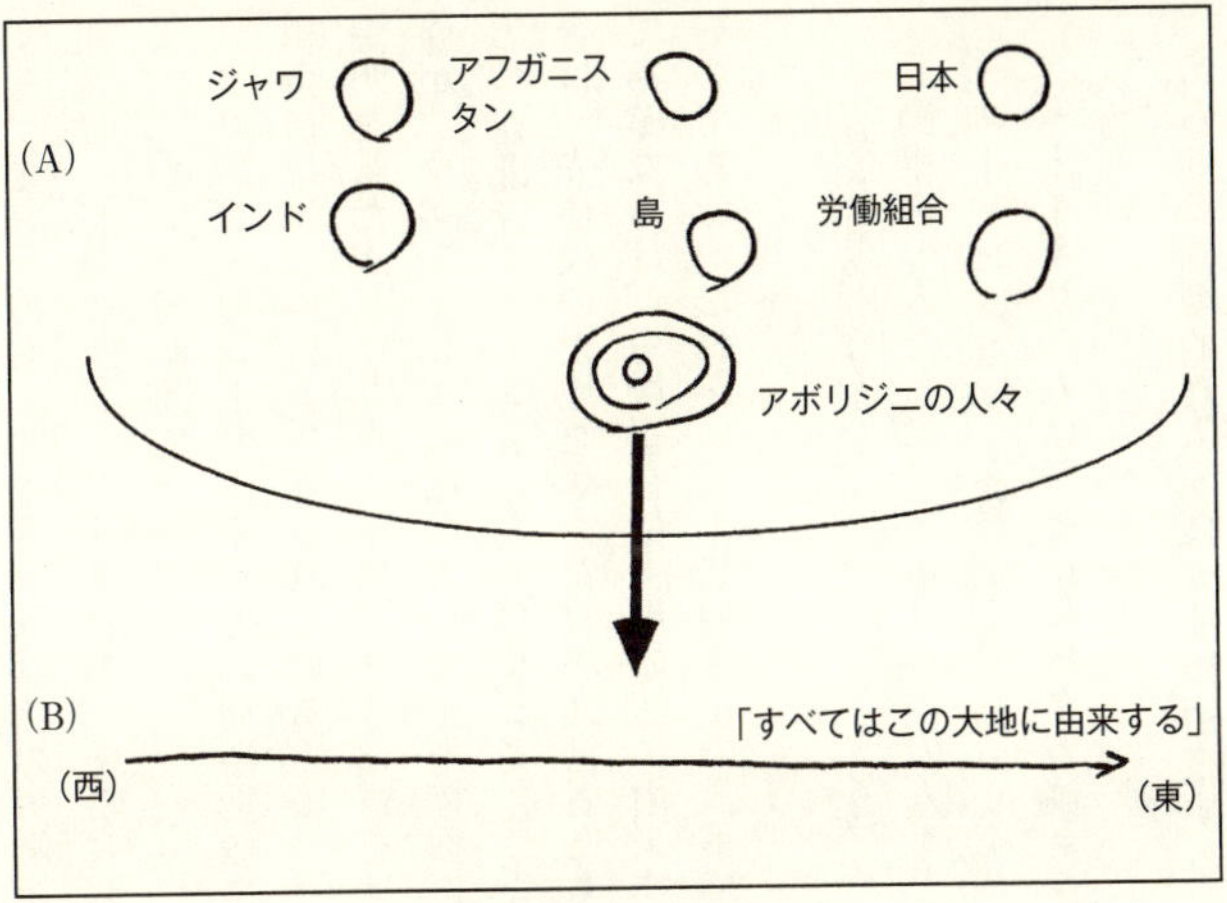

図 4-10　倫理の世界地図

異なる果物、異なる果物、異なる果物、でもそれはすべて同じ大地からくるんだ。

図4-10においても、大地の法を表す西から東への一本の線が倫理を示していることがわかる。さまざまな人々はそれぞれ異なるカントリー、異なる島々に住んでいる。しかし、すべての人々はみな「ひとつの大地の法」の上にある。たったひとつの例外をのぞけば。その例外が「イングランド」だ。というのは、ジミーじいさんの分析によれば、キャプテン・クックがイングランドからもち込んだ法には、大地の法が保持しているはずの倫理が欠如しているからである。

その一方で、「労働組合」がひとつのカントリーとして描かれているのは注目に値する。というのも、オーストラリアの労働組合員はそのほとんどが白人だからである。労働組合は、自身のカントリーを持ち、そこに暮らす労働組合員たちは、大地の法に由来している。これはどういうことか?

グリンジ・カントリーや、その周辺地域に暮らす多くのアボリジニの人々にとって、労働組合員は「よい白人《カリヤ》」とされている。第一章でグリンジ・カントリーについての簡単な背景説明をしたが、一九六六年に、グリンジをはじめとするアボリジニ牧場労働者たちとその家族が、ウェーブヒル牧場を去って土地権獲得の運動を始めたとき、これを支援した組織のひとつが北オーストラリア労働組合(North Australian Workers Union)だったのである。労働組合は、先住民の土地を奪った牧場経営者たちに対決し、アボリジニの人々を支援してくれた。労働組合であるならば、労働組合は大地の法に由来する。労働組合員は「イギリス人」ではありえないのである。これをジミーじいさんの言葉で聞いてみよう。

「労働組合の人たちとキャプテン・クックは、違うカントリーからやってきた。……労働組合の人たちは、アボリジニ《グンビン》の人々を助けてくれる。土地を奪い返したんだ。……トニー・ビンセント(牧場退去運動のリーダー)、労働組合の人たち、みな正しい人々だ。……イギリス人は、そんな我々とはまったく違うんだ」。

あらゆる倫理的な人々は大地に由来する。そして不道徳な人物は大地の法を無視するイングランドから来ている。ジミーじいさんは、次のように言うこともある。「イギリス人の白人《カリヤ》は、それ以外の白人《カリヤ》とは違う」。であるならば、たとえ、ジミーじいさんの世界地図において「日本」が大地の法の上に描かれているとしても、他の人々のカントリーを侵略し植民地化した日本人は、「イギリス人」とみなされるべきであろう。ジミーじいさんが、ここで人種論を展開しているわけではないのは、あきらかだ。

7　場所を志向する歴史

まとめよう。ジミーじいさんは、倫理の空間的次元を熟知しており、さらにそれを砂絵にして描くことができる稀有な思想家である。この倫理的かつ地理的な砂絵の技法によって、オーストラリア植民地主義の歴史分析がなされた。大陸を横断するジュンダガル・ドリーミング（の道跡《トラック》）によってもたらされた倫理の地理的方角を基礎に、ジミーじいさんは、この同じ地理上に不道徳性の方角をも見出す。この倫理の空間的次元を援用することで、ジミーじいさんは、ドリーミングの景観・場所観のうちに、オーストラリア植民地史を分析し、「可視化」することに成功した。アボリジニの景観・場所観は、植民地化の歴史を見事に取り込んだといえるだろう。時間が空間に従属するように、歴史は場所を志向するのだ。

歴史家としてのジミー・マンガヤリが傑出しているのは、ドリーミングの倫理地理学上に歴史経験の「空間的位置・方角」を見出すことに成功した点にある。ジュンダガル・ドリーミングの道跡《トラック》という、(学術的歴史学者からみれば)きわめてローカルで断片的な分析視座に立ちつつ、ジミーじいさんは、異なる人々、異なるカントリー、異なる倫理的態度の空間的位置、移動の方角を次々に明らかにしていく。この過程で、歴史的な事件や経験は、具体的な解釈を与えられ、倫理的な評価を受けとり、物理的かつ形而上的な景観・場所のうちに配置されるのである。

とはいえ、いうまでもないことだが、この章で展開したオーストラリア植民地史についてのジミーじいさんによる分析が、グリンジ社会の歴史観を代表しているわけではない。ましてや、オーストラリア先住民全体の歴史観を代表しているわけでもない。本書は、たとえば「アボリジニの歴史観」といった一般化の欲望からできうるかぎり距離をとろうとしている。私は、ジミー・マンガヤリという洞察力に満ちたひとりの傑出した思想家・歴史家による植民地史分析をここで紹介したのであって、グリンジ・カントリーに暮らす多くのアボリジニの人々がジミーじいさんのように砂絵を使った歴史分析を日常的に行っているわけではない。砂上に西から東へ一本の線を引くことによって始まるジミーじいさんの歴史分析は、彼個人の方法であり、彼独自の歴史実践のありようだとも言えるだろう。学術的歴史学者が、それぞれ独自の対象へのアプローチ、方法的視座をもっているように、アボリジニの歴史家たちも、それぞれに独自の歴史実践を行っているのである。

ただしその一方で、ここで紹介したようなジミーじいさんの歴史分析が、グリンジ・カントリーに暮らす人々から無視されているわけでも孤立しているわけでもなく、むしろ広く傾聴され、受け入れられていることも強調しておきたい。ジミーじいさんが話をすると、周囲に座っている老人たちが、「それはいい話だね、長老さん」と相槌を打つことがしばしばある。ジミーじいさんの歴史分析の独自性は、グリンジ・カントリーで広く行われてきた歴史実践のネットワークのうちに基礎づけられていることは疑いの余地がない。

歴史家としてのジミーじいさんの関心は、「景観の歴史」ではなく、むしろ「歴史の景観」だった。歴史は場所を志向する。ジミーじいさんにとって、歴史的事件は、時間志向的なできごと(time-oriented event)というよりは、場所志向的なできごと(place-oriented event)だった。植民地化の歴史は、グリンジ・カントリーとその周辺のドリーミング地理学上に、倫理の空間的次元を設定することで分析され、解釈されたのである。こうして植民地的過去は、景観・場所のなかに取り込まれる。「時間が空間に従属している」世界にあって、歴史は景観・場所になる。さらに大胆に言うことが許されるなら、歴史とは景観・場所のことなのである。

8　グリンジ・カントリーにおける方角の意義

ここで、ダグラグ村でのフィールドワークをつうじて気がついた、グリンジの人々の方向感覚について、若干触れておきたい。私には、ダグラグで暮らすアボリジニの人々が、方角と位置について、私よりもはるかに鋭敏な感覚をもっているように思われた。たとえば、グリンジ語での標準的な挨拶は、「ワンジ　ガウ」であるが、その意味するところは、「どこへ向かっているのですか」だ。ある人物との出会いの最初に確認しあうのは、互いの位置と方角なのである。さらに、グリンジの人々を車に乗せて走っていると、「右へ曲がれ」とか「そこで左だ」とか言うかわりに「北へ曲がれ」とか「そこで西だ」とか方角で曲がる方向を示すことがほとんどである。また、ダグラグ村では、訪問者が、どの方角からやってきたのかを詳しく説明することがしばしば要請される。こうした傾向は、ジミーじいさんに限ったものではないし、老人たちに限った話でもない。ちなみに私は、日本がどの方角にあり、グリンジ・カントリーに到着するまでに海をいくつ渡るのかについて何度も尋ねられた。さらに砂絵で地図を描くときには、その距離感が不正確だったとしても、方角は誰が描いても常に正確だった。グリンジ・カントリーにおいて、場所を志向するのは、おそらく歴史だけではないのだろう。

ジミーじいさんが、紙やカンバスの上に地図や図柄を描くことは、決してない、という点も指摘しておこう。こうした理由のひとつとして、グリンジ・カントリーは、オーストラリア最北部のアーネムランドや大陸中央部の砂漠地帯のように、世界的な市場を持つアボリジニ絵画ビジネスの中心的地域ではなく、ドリーミングの道跡《トラック》をカンバスに描くこと自体がビクトリア・リバー流域ではとくに盛んではない、という事情があげられるだろう。とはいえそれ以上に私が重要だと思うのは、次の発言に見るように、ジミーじいさんが、紙は大地に由来しない、と明言している点である。

「(筆者のフィールドノートを指しながら)なぁ、君は、こんな地図を持っている。でも、我々の地図はこの大地なんだ。……我々はカントリーを見る。我々はけっして紙を使わない。違いがわかるだろう。君たちは紙を使うが、我々は大地に描く」。

もしも地図を紙の上に描いてしまったら、その地図の方角は失われてしまう。なぜなら紙上では、北がつねに地理上の北を指しているとは限らないからである。紙上に描かれた地図は、空間的方角を維持できないのだ。

この事実から、ジミーじいさんは、白人《カリヤ》の法が倫理を欠いているのは、それが紙の上に書かれた法だからだと推察する。白人《カリヤ》は紙の上に法を書き込むが、その法が気に入らなくなると、すぐに破り捨てて新しい法をつくる。「白人《カリヤ》の法は、毎年かわっちまう」。しかし、アボリジニ《グンビン》の法は、大地の法であるために、決して変更されることはない。「大地の上では、法は変わらない……それはいつだって、そこにある」。

ジミーじいさんはまた、白人《カリヤ》の法は、ハエのようだと表現する。それは空間上でいつだって方角を変えている。白人《カリヤ》の法は、紙に書かれているために倫理的空間の方角が定まらないのだ。時代がかわり、政権がかわり、年がかわるごとに、アボリジニ政策を二転三転させてきたオーストラリア行政府のありようを見れば、こうしたジミーじいさんの分析が、ローカルな視座に立ちながらも、いかに正確で洞察力を持っているかがわかるだろう。

9　白人《カリヤ》の法は、どこに由来するのか

ところでジミーじいさんは、白人《カリヤ》の法、キャプテン・クックの法が何に由来しているのかについては、よくわからない、と話していた。私は、もし白人《カリヤ》の法が大地に由来していないならば、いったいそれはどこからもたらされたのか、とジミーじいさんに何度か尋ねた。そんなときの、ジミーじいさんの返事は、たいていの場合「私にはわからない」だった。

保苅　白人《カリヤ》がどこから来たのか知っていますか？　白人《カリヤ》はどこから来たんでしょう。
ジミー　白人《カリヤ》が何を信じているかなんて、私にはわからない。我々は彼らの大地を知らんのだ。なんにも知らないよ。
保苅　なんにも知らないんですね。
ジミー　我々は何も知らない。
保苅　白人《カリヤ》については、なんにも？
ジミー　いったい何が、何のために白人《カリヤ》を育てたのか。
保苅　何が白人《カリヤ》を育てたのか、わからないんですね。
ジミー　うーむ。
保苅　どう思いますか？　何か考えはないんですか？　どうです？　本当に知らないの、そ

れとも……。

ジミー　なんにも知らないね。
保苅　何の考えもないと。
ジミー　なぜなら、白人《カリヤ》の発想はすべて我々にはわからないんだよ。
保苅　白人《カリヤ》の発想はすべてわからないんですね、なるほど、なるほど。

ジミーじいさんは、イングランドが倫理地理学のうちに位置していないことを知っている。また、イギリス人の白人《カリヤ》が不道徳な方角からアボリジニの大地に侵入してきたことを知っている。しかし、「何が白人《カリヤ》と彼らの法を生み育てたのかは、わからない」と答える。不道徳性は大地の法には由来しない。であるならば、白人《カリヤ》の法は大地に由来しないのか、そうでなければ、白人《カリヤ》の大地はほかの人々の大地とは異なる大地だということになるだろう。しかし、こうした私の質問に答えるかわりに、ジミーじいさんはしばしば「私にはわからない」を繰り返した。そこで、私は、ジミーじいさんの「私にはわからない」は、それ自体が十分な回答であると理解するようになった。「それがなんであれ、すべては大地からもたらされる」はずだ。ならば、この大地の法から外れた存在の起源や理由を問うことは、そもそも不可能な問いではないか。とはいえ、ここでもまた私は結論を早急にだしすぎたようだった。

というのも、その後何ヶ月もジミーじいさんとつきあってゆくにつれ、ジミーじいさんの「私にはわからない」は、じつのところ、白人《カリヤ》の法がいかに大地の法から無縁で、不道徳性に満ちているのかを強調するときに繰り返す言語使用であり、必ずしも文字どおり「わからない」を意味しているわけではなかったのである。じっさいダグラグ村に滞在してしばらくすると、ジミーじいさんやそのほかの長老たちは、白人《カリヤ》の起源や、彼らの不道徳な法の由来についての歴史的知識を少しずつ私に説明し始めたのである。それは上記の会話をジミーじいさんとしてから二ヶ月ほどたってからのことだった。グリンジの長老たちによる、白人《カリヤ》の起源と白人《カリヤ》の法の不道徳性についての歴史分析、それが次章の課題である。

注

(1) Bertrand Russell, *The ABC of Relativity*, London: Allen & Unwin, 1958, Chap. 8.

(2) 本章は、Minoru Hokari, "Images of Colonialism: Interpretation of Colonial Landscape by an Aboriginal Historian", in Henry Stewart, Alan Barnard, and Keiichi Omura eds., *Self- and Other-Images of Hunter-Gatherers*, Senri Ethnological Studies, no. 60, Osaka: National Museum of Ethnology, 2002, pp. 153–169. を翻訳の上、大幅に加筆修正したものである。

(3) たとえば以下を参照のこと。T. G. H. Strehlow, *Aranda Traditions*, Melbourne: Melbourne University Press, 1947.; C. P. Mountford, *Ayers Rock: Its People, Their Beliefs, and Their Art*, Honolulu: East-West Center Press, 1965.; Mircea Eliade, *Australian Religions: An Introduction*, Ithaca: Cornell University Press, 1973.; David Biernoff, "Safe and Dangerous Places", in L. R. Hiatt ed., *Australian Aboriginal Concepts*, Canberra: AIAS, 1978, pp. 93–105.; Fred R. Myers, *Pintupi Country, Pintupi Self: Sentiment, Place and Politics Among Western Desert Aborigines*, Canber-

ra; Washington: Australian Institute of Aboriginal Studies; Smithsonian Institution Press, 1986.; Nancy D. Munn, *Walbiri Iconography: Graphic Representation and Cultural Symbolism in a Central Australian Society*, Ithaca: Cornell University Press, 1986.; Howard Morphy, *Ancestral Connections: Art and an Aboriginal System of Knowledge*, Chicago: University of Chicago Press, 1991.; Howard Morphy, "Landscape and the Reproduction of the Ancestral Past", in Eric Hirsch and Michael O'Hanlon eds., *The Anthropology of Landscape: Perspectives on Place and Space*, Oxford: Clarendon Press, 1995, pp. 184-209.; Robert Layton, "Relating to the Country in the Western Desert", in Hirsch and O'Hanlon eds., 前掲書, pp. 210-231.

(4) たとえば以下を参照のこと。Philip A. Clarke, "Adelaide as an Aboriginal Landscape", *Aboriginal History*, vol. 15, no. 1, 1991, pp. 54-72.; Howard Morphy, "Colonialism, History and the Construction of Place: Politics of Landscape in Northern Australia", in Barbara Bender ed., *Landscape: Politics and Perspectives*, Providence: Berg, 1993, pp. 85-106.; Tony Swain, *A Place for Strangers: Towards a History of Australian Aboriginal Being*, Cambridge; Melbourne: Cambridge University Press, 1993.; デボラ・バード・ローズ『生命の大地——アボリジニ文化とエコロジー』保苅実(訳)、平凡社、二〇〇三年、Fiona Magowan, "Crying to Remember: Memory and Identity in Yolngu Landscape and Seascape", paper presented for the conference, *Northern Landscape in Story and History*, Darwin: Museum and Art Gallery of the N.T., 1997.

(5) Swain, 前掲書。

(6) スワインの分析への同様の批判として、以下を参照。Ian Keen, "Ubiquitous Ubiety of Dubious Uniformity", *The Australian Journal of Anthropology*, vol. 4, no. 2, 1993, pp. 96-110. また、『異

邦人たちのための場所』の再評価のシンポジウムの模様を、*Social Analysis* 誌（一九九六年、第四〇号）に収録された下記の論文から知る事ができる。Diane J. Austin-Broos, "What's in a Time, or a Place?: Reflections on Swain's Hypothesis", *Social Analysis*, no. 40, 1996, pp. 3-10.; Jeremy Beckett, "A Comment on Tony Swain's *A Place for Stranger: Towards a History of Australian Aboriginal Being*", 前掲誌、pp. 11-19.; Andrew Lattas, "Colonialism, Aborigines and the Politics of Time and Space: The Placing of Stranger and the Placing of Oneself", 前掲誌、pp. 20-42.; John Morton, "A Place for Strangers and a Stranger out of Place: Towards a History of Tony Swain's Aboriginal Being", 前掲誌、pp. 43-50. Tony Swain, "Play and Place", 前掲誌は、これらへのスワインの応答である。

（7） John Rudder, *Yolngu Cosmology: An Unchanging Cosmos Incorporating a Rapidly Changing World?*, PhD Thesis, Canberra: Australian National University, 1993. の第六章を参照。

（8） Morphy 1995, 前掲論文、p. 188.

（9） Swain, 前掲書、p. 2.

（10） Morphy 1995, 前掲論文。

（11） Peter Sutton, "Myth as History, History as Myth", in Ian Keen ed., *Being Black: Aboriginal Cultures in 'Settled' Australia*, Canberra: Aboriginal Studies Press, 1988, pp. 251-268.

（12） たとえば以下を参照。Howard Morphy and Frances Morphy, "The 'Myths' of Ngalakan History: Ideology and Images of the Past in Northern Australia", *Man*, vol. 19, no. 3, 1984, pp. 459-478.; Jeremy Beckett, "Aboriginal Histories, Aboriginal Myths: An Introduction", *Oceania*, vol. 65, 1994, pp. 97-115.; Alan Rumsey, "The Dreaming, Human Agency and Inscriptive Practice", *Oce-*

ania, vol. 65, 1994, pp. 116–130.

（13）　Erich Kolig, "Captain Cook in the Western Kimberleys", in Ronald M. Berndt and Catherine H. Berndt eds., *Aborigines of the West: Their Past and Their Present*, Nedlands, W.A.: University of Western Australia Press, 1980, pp. 274-282.; Deborah B. Rose, "The Saga of Captain Cook: Morality in Aboriginal and European Law", *Australian Aboriginal Studies*, no. 2, 1984, pp. 24-39.; Deborah B. Rose, "Remembrance", *Aboriginal History*, vol. 13, no. 2, 1989, pp. 135–147.; Deborah B. Rose, *Hidden Histories: Black Stories from Victoria River Downs, Humbert River and Wave Hill Stations*, Canberra: Aboriginal Studies Press, 1991. の第三章、また、Deborah B. Rose, *Dingo Makes Us Human: Life and Land in an Aboriginal Australian Culture*, Cambridge; Melbourne: Cambridge University Press, 1992. の第一一章、Chips Mackinolty and Paddy Wainburranga, "Too Many Captain Cooks", in Tony Swain and Deborah B. Rose eds., *Aboriginal Australians and Christian Missions: Ethnographic and Historical Studies*, Bedford Park, S.A.: Australian Association for the Study of Religions, 1988, pp. 355–360.

（14）　特に以下を参照。Rose 1984, 前掲論文。

（15）　ジュンダガル・ドリーミングの具体的な内容は、成人男性のみに許された秘密の知識なので、ここで公開することは許されていない。

（16）　本書第二章、六八ページ参照。

（17）　Rose, *Dingo Makes Us Human*, 前掲書、p. 57.

（18）　ローズ『生命の大地』前掲書、九ページ。また、Rose, *Dingo Makes Us Human*, 前掲書、第三章を参照。

(19) グリンジ・カントリーにおいて、西洋式の初等義務教育はダグラグ村内で行われる。その後、近くの町キャサリンの高校に通う若者もいるが、それ以上の高等教育はダーウィンといった大きな街に出かける必要があり、現実的にはこうした高等教育を受ける若者は少ない。ジミーじいさんの白人教育観は、こうした事情を背景になされていることを断っておく。

(20) Rose 1991, 前掲書、p. 265.

第五章　ジャッキー・バンダマラ[2]
——白人の起源を検討する——

父上がかつてわたしに言われたことは、真実を尊敬することこそ、すべての道徳の根底に迫ること。「無から何かが生じることはあり得ない」と、父上は言われた。もし、〝真実〟がどれほど不安定なものであり得るかを理解しているなら、これは深遠な考えというべきである。

（フランク・ハーバート『デューン　砂の惑星』より[1]）

アボリジニに関するオーラル・ヒストリー研究では、そのほとんどが、インフォーマントの歴史的起源――それはドリーミング的起源の場合もあり、インフォーマントが生まれた経緯、あるいは彼らの(祖)父母が生まれた経緯の場合もある――から、彼らの現在の植民地経験までの時期を記述している。しかし、管見の限りにおいて、ヨーロッパの歴史的起源に関するアボリジニの歴史的知識については、あまり注目されてはこなかった。その理由はおそらく、アカデミックな歴史学者が、次のように考えがちだったからではないか。すなわち、先住民オーストラリア人が自分たちの神話的起源や、植民地化の過去に関する歴史的知識を保持しているとしても、彼らはヨーロッパの歴史についてはよく知らないのだ、と。しかし、私のフィールドワークの成果から主張させてもらうならば、これは学術的歴史学者たちの偏見と誤解以外のなにものでもない。というのも、少なくともグリンジの歴史家たちは、ヨーロッパ人入植者の歴史的・存在論的起源の歴史的分析を行ってきていたのである。

「白人《カリヤ》がどこから来たか」
「彼らはなぜ、オーストラリアを植民地化したか」
「白人《カリヤ》の法がよりどころとする、(不)道徳性の基盤とは何か」

こうした問いは、グリンジの歴史家たちによって、長い年月をかけた日常的な歴史実践のなかで検討されてきた。そこで採用された歴史分析の枠組みを、ここでは、「方法としてのドリーミング」と呼びたいと思う。本章では、「方法としてのドリーミング」を駆使しながら、ヨーロッパ人の歴史的起源を模索してきた、グリンジ・カントリーの歴史実践の妥当性、学術的歴史実践との関係性、接続・共有可能性を検討したい。

1　オーストラリアにやってきた最初のイギリス人

キャプテン・クックの到着以前に、オーストラリアに上陸し、アボリジニの人々と遭遇したイギリス人がいた、と述べたら、驚く人が多いのではなかろうか。私はここで、一六世紀ころからナマコ漁などを通じてオーストラリア北部沿岸のアボリジニと交易・交流のあったマカサンの人々や、一八世紀以来オーストラリア北岸を訪れていたオランダ人探検者のことを述べているのではない。彼はイングランドからやってきたのである。彼の名はキーン・ルイス。彼はまた、より一般的には、そのアボリジニ名である「ジャッキー・バンダマラ」として知られている。この物語を、ジミー・マンガヤリやトーマス・ムンガなどの長老たちから聞いたとき、私は、このイギリス人が本当に、「キャプテン・クックより以前に」オーストラリアにやってきたのかを、何度も確かめざるを得なかった。

ジミーじいさんとトーマスとの、ジャッキー・バンダマラについての最初の会話は、以下のようなものだった。

ジミー　奴は、オーストラリアでそれを始めたんだ。キーン・ルイス、キーン・ルイスだよ。
保莉　キーン・ルイス？
ジミー　キーン・ルイスだ。
保莉　誰ですか？　キーン・ルイスって？
ジミー　このオーストラリアに最初に来た奴さ。
保莉　なるほど。
ジミー　キーン・ルイス。
保莉　キーン・ルイス。
ジミー　そうだ。白人《カリヤ》は奴をキーン・ルイスと呼び、我々はジャッキー・バンダマラと呼ぶ。
保莉　ここでは、ジャッキー・バンダマラと呼ぶのですか。
ジミー　そうだ。それがあの男だ。あの男は、このカントリーにやってきた。そして、奴は（オーストラリアを）自分のものだといった。……奴はこのカントリーにやってきた。なんで奴は、アボリジニ《グンビン》に許しを請わなかったんだ？
［………］
保莉　それで、その男はいつ、ここにやってきたのですか？

ジミー　ああ、奴はこのカントリーにやってきた。このカントリーにやってきたんだ。
アボリジニ《グンビン》がこのカントリーに暮らしていたのに、そのカントリーに、奴はやってきた。
たぶん、イングランドかどこかからだ。イギリス人、イングランド。オーストラリアに、
アボリジニ《グンビン》のカントリーにやってきた。なんで奴は、アボリジニの人々に許しを請わな
かったんだ？

保苅　アボリジニ《グンビン》に許しを請わなかった。

ジミー　そう、決して許しを請わなかった。

保苅　ジャッキー・バンダマラはアボリジニの人々に、決して許しを請わなかった。

ジミー　決してなかった。我々がこのカントリーにいるのは、我々がこのカントリーに暮らしているからだ。(ジャッキー・バンダマラは)この私のカントリーを(自分のものだと)主張した。キーン・ルイスだ。キーン・ルイス。ジャッキー・バンダマラ。そうだ。

保苅　ジャッキー・バンダマラ、なるほど。それで、その男がここにやってきた最初の白人《カリヤ》なのですか？

トーマス　そうだよ。

ジミー　最初の白人《カリヤ》だ。

トーマス　最初の白人《カリヤ》だよ。

［………］

ジミー　キャプテン・クックがこのカントリーにやってきて、そう、(それで)アボリジニの

人々を撃ち殺し始めた。

保莉　キーン・ルイスはどうですか。キャプテン・クックと同じでしたか？

ジミー　そう、奴がやってきた、奴が最初だ。キーン・ルイスが最初だ。

保莉　キーン・ルイスが最初なんだ。なるほど。

ジミー　キャプテン・クックはそのあとだ。

保莉　キャプテン・クックは、そのあと。なるほど……あ、それじゃ、キーン・ルイスが最初に来て、そのあとに、キャプテン・クックがここに来た。そして、アボリジニの人々を撃ち殺し始めた？

ジミー　奴は、アボリジニの人々を撃ち殺したんだよ。

保莉　アボリジニの人々を撃ち殺した。なるほど。

ジミー　そう、奴はここにいた。奴は、決して私を好きにならない。君のことだって好きじゃない。イギリス人は、決して我々を好きにならないんだ。

いったい、ジャッキー・バンダマラとは何者なのか。彼はイングランドで何をして、オーストラリアで、何をしたのか。そして何よりも、私たちはいかにして、ジャッキー・バンダマラの歴史をグリンジの人々と共有できるのか。本章では、こうした課題を追究したいと思う。

私が親しくつきあったグリンジの長老たちの多くが、ジャッキー・バンダマラをオーストラリアにやってきた最初のヨーロッパ人だと知っていたが、実際に彼について語ってくれたのは、ほんのわずかな人々であった。長老たちの多くは、しばしば、キャプテン・クックがオーストラリアに来た最初の白人《カリヤ》だと語る。しかし、私がジャッキー・バンダマラについて尋ねると、彼らの誰もが、その男がキャプテン・クックよりも前にオーストラリアにやってきたと認めた。しかし、そのあとに彼らはジミーじいさんを指し、こう言うのである。「あの長老に尋ねなさい。彼がその男について、もっとよく知っているから」。そのうえ、人々はジミーじいさんを私の主な師であるとみなしていた。こうして私は自然と、ジャッキー・バンダマラについて多くのことをジミーじいさんから学ぶことになった。というわけで、ジャッキー・バンダマラについての以下の議論は、主にジミー・マンガヤリの歴史分析に基づいていることをあらかじめ明記しておきたい。とはいえ、私とジミーじいさんとが二人きりで話をすることなどめったになく、たいていは周囲にほかの老人や若者も座って話に耳を傾けていたから、ジミーじいさんによるジャッキー・バンダマラの話が、ダグラグで共有されていることは間違いあるまい。歴史は突然捏造されたりはしない。歴史は、日常的な歴史実践の中で何度も再現され、交換され、メンテナンスされるのである。

さて、ジャッキー・バンダマラは、いくつかの独特な特徴をもっており、また、地理学的・系譜学的な独自の背景をもつ。以下、ジミーじいさんの歴史的知識を紹介する中で、ジャッキー・バンダマラのこうしたいくつかの特徴的な側面について明らかにしていきたいと思う。しばらくのあいだ、ジミーじいさんの物語りについての、私自身による解釈を最小限に留めるつもりだ。とはいえ、読者がこの物語りを限られた紙面で理解しやすいように、分類、要約、いくつかの情報の付加を避けがたく行ったことを断っておく。また、一九八〇年代に、ジミーじいさんはジャッキー・バンダマラの物語りを、デボラ・ローズに対しても短く語っている。このローズによる報告も、適宜付け加えたい。

2　ジャッキー・バンダマラは「猿」から進化した

私が、もっとも興味深いと感じたのは、ジャッキー・バンダマラの祖先が四つか五つの腕(または足)をもった怪物であったという点である。ジミーじいさんは、ある特殊な産み増やし方をつうじて、ジャッキー・バンダマラは生まれたと説明し、この起源は「猿(monkey)」という動物だと語った。

ジミー　奴[ジャッキー・バンダマラ]はこのカントリーに現れた。そして、どんどん産み増やし、産み増やし、産み増やし、産み増やした。ある特殊な産み増やし方だ。二本の腕がここにあって、それからここにもう二本の腕がある……。
　――自分の身体を指し示す――
　特殊な産み増やし方だよ。
保苅　なるほど、産み増やし、産み増やし、産み増やしたと。

ジミー　二本の腕、四本の腕、ぜんぶおなじ腕だ。それで、猿は産み増やした。
保莉　そいつはここで産み増やした、ここで産み増やしたんですね。
ジミー　そうだ。奴はこのカントリーじゅうで産み増やしたんだ。長いあいだをかけて、子供をたくさんつくった。奴がしたことを、君も見ることができるよ。奴が、ほら。奴は、奴は、猿から生まれた。猿を知ってるかね？
保莉　猿？　ええ。猿も、彼は猿も撃ち殺したんですか？
ジミー　そうやって、奴は産み増やしたんだ。そうやって、白人《カリヤ》が生まれた。
保莉　あぁ、そうやって白人《カリヤ》は生まれたんですね。猿、なるほど。じゃ、ジャッキー・バンダマラは猿を産んだんですね。
ジミー　ある種の人間の次に出てきた。たぶん、五つの足か、四つ足か、もっといっぱい足があるか。そうやって奴は生まれた。それは、それは大きな頭と小さな身体だった。そういう、そういう特殊な動物の産み増やし方だよ。

ジミーじいさんは、おそらく、私たちが通常思い描くところのいわゆるサルを見たことがない。彼にとって「猿」とは、ミステリアスな動物であり、四つの腕、もしくは四つか五つかそれ以上の足をもつ奇妙な怪物なのだ。かのイングランドで、この猿、あるいは「ある種の動物」は、ジャッキー・バンダマラへと進化するまで、何度も産み増やされた。その後、ジャッキー・バンダマラもまた、多くの白人《カリヤ》を、「このカントリー」すなわちオーストラリアで産み増やしたのである。この会話では、私はジャッキー・バンダマラと猿との関係をよくつかめないでいることがわかると思う。読者は、「彼は猿も撃ち殺したんですか？」とか、「ジャッキー・バンダマラは猿を産んだんですね」などといった私の言葉が、見事に脱線しており、ジミーじいさんの物語りを追いきれていないことに気づかれただろう。しかしながら、以下の物語りの続きを追っていただければ、この関係はよりはっきりする。

保苅　ジャッキー・バンダマラが猿を産んだんですか。それとも、猿がジャッキー・バンダマラを産んだんですか？
ジミー　そりゃ、奴が猿から生まれたんだよ。
保苅　なるほど。
ジミー　猿、すべての忌まわしいイギリス人が猿から生まれた、君にもわかるだろう。……猿からきたんだ。
保苅　猿からきた。イギリス人は猿からきた。
ジミー　そうだ。やっとわかってきたかな。あの猿を見てみろ。そう、あれは友達に違いない。
保苅　それでは、猿は……？
ジミー　同じ種族だ。
保苅　同じ種族。たぶん友達。

ジミー　そのとおり、友達だ。

この物語から、私はジャッキー・バンダマラが猿から生まれたと、確認することができた。ジミーじいさんは、猿とジャッキー・バンダマラは、同じ血統であり、「友達」だと説明する。それゆえ、イギリス人は猿と、系譜学的に近い関係があることは明らかである。すなわち、ジャッキー・バンダマラが猿から生まれて、そして、最初のイギリス人、もしくは白人《カリャ》になった。ジャッキー・バンダマラはオーストラリアに来た最初のイギリス人である。しかし、実際には、彼はすべてのイギリス人とイングランドの歴史の、祖先・起源でもある。

ジミー　ああ、奴はイングランドからやってきた。
保莉　イングランドから。
ジミー　なぁ、わかるだろう。……それが奴が白人《カリャ》を産み増やした理由だ。
保莉　それが、彼が白人《カリャ》を産み増やした理由。
ジミー　奴がそうしたんだ。ジャッキー・バンダマラが。
保莉　ジャッキー・バンダマラ。
ジミー　さぁ、これでわかったかな。奴はすべての白人《カリャ》を人間になるまでつくったんだ。わかるかい。それが白人《カリャ》の由来だ。これが白人《カリャ》の歴史だよ。それがジャッキー・バンダマラだ。奴があのカントリーで生まれたんだ。

ジミーじいさんが、ジャッキー・バンダマラが白人《カリヤ》を産んだと言っているのは明らかである。そしてこれが「白人《カリヤ》の歴史」である。ジャッキー・バンダマラの物語は、間違いなくヨーロッパ史を表象している。ローズによれば、ジャッキー・バンダマラはのちに、ロンドンを建設している(3)。

ジャッキー・バンダマラは、さらに多くの本を書きのこした。

保苅　キーン・ルイスはもう死んだのですか、それともまだ生きているのですか？

ジミー　なに？

保苅　キーン・ルイスは、ジャッキー・バンダマラは。

ジミー　死んだよ。

保苅　そうですか。彼は死んだのですね。

ジミー　……君は奴の本を知っているか。わしは、こんな本をまだ持っている[覚えている]。ほかの本も。すべての本。

保苅　彼は本を書いたのですか？

ジミー　奴はたくさんの本を書いた。

保苅　へぇ。ジャッキー・バンダマラは、彼は、たくさんの本を書いたんだ？

ジミー　そうだ。書いた、書いた……。

ジャッキー・バンダマラはたくさんの本を書いた。しかし、なぜ？　ジミーじいさんの答えは次のようなものだ。

ジミー　イングランドで、奴は生まれた。奴は生まれて……そしてこのジャッキー・バンダマラは老いた。それで、奴は本を書いたんだ。すべてを、その本のなかに書きのこした。
保苅　すべてを、その本に書きのこした。何を？　どんなことを、書きのこしたのですか？
ジミー　本を手に入れろ。なあ。奴は何種類かの本を書いた。奴は仲間に教えた。すべてを、仲間に教えた。悪いことをしたもんだ。奴は……。すべてを、すべての愚かな考えを教えた。
保苅　すべての愚かな考えを。なるほど。
ジミー　そうした考えは、すべてジャッキー・バンダマラが教えたのだ。

ジャッキー・バンダマラは本を書いた。その本には、「すべての愚かな考え」が書かれていた。そして彼はこうした考えを、白人《カリヤ》――彼の子孫――に教えたのである。それでは、ジャッキー・バンダマラが生み出し、本に書き記して白人《カリヤ》に教え広めたという、「愚かな考え」とはいったい何だったのだろう。

3　ジャッキー・バンダマラの植民地主義

ジャッキー・バンダマラが生み出した「すべての愚かな考え」のうちでも、もっとも愚かなものは、おそらく植民地主義という思想ではなかろうか。この思想は、ジャッキー・バンダマラが他者のカントリーを植民地化するための道具を進化させたことと関係している。当初、ジャッキー・バンダマラは、シャンハイ(パチンコ)[4]以外の道具をもっていなかった。

ジミー　だから、奴はどんどん、産み増やしたんだ。奴は最初、何ももっていなかった……バンダマラは、奴はライフルをもっていなかった。奴は長いあいだ、あれで暮らしていたんだ。……あのシャンハイを知っているかい？

保苅　シャンハイ。

ジミー　そう。子供はそれをシャンハイと呼んでいる。鳥を撃ち殺すんだ。石をはさみ込んで、殺す。こうやって。

——シャンハイの使い方を示しながら——

保苅　それじゃ、ジャッキー・バンダマラは、ライフルを使っていなかったんですね。

ジミー　そうだ。

保苅　彼はあれを使った。なんだっけ？

ジミー　シャンハイ。なるほど。
保莉　奴は石なんかを使って、……こうやって、……人間にも撃ちつける。
ジミー　あぁ、なるほど。それじゃ、彼はこのシャンハイを使って、動物を殺したり、人間を殺したりするんだ。
保莉　そうだ。奴は人も殺した。奴は人も殺した。それが、奴の、バンダマラの生き方だ。
ジミー　それが、ジャッキー・バンダマラの生き方。

ジャッキー・バンダマラが、シャンハイを使って、動物と同様に人間も殺したことは、注目に値する。それが、「ジャッキー・バンダマラの生き方」だった。ところで、別の機会に、ジミーじいさんは、ジャッキー・バンダマラは弓矢も使ったと言った。図5-1は、ジミーじいさんが、その弓の形を説明するために砂地に書いた絵の写しである。

ジャッキー・バンダマラはその当初、シャンハイや弓を使っていた。ところが、ジャッキー・バンダマラはどうやら、新しい技術を学ぶためにアメリカに渡り、そこでライフル銃を発明したらしいのである(5)。この新しい道具を開発したのち、ジャッキー・バンダマラはオーストラリアの植民地化に着手する。まずジャッキー・バンダマラは、オーストラリアにやってきて、そこを自分のカントリーだと宣言した。彼は、先住のアボリジニの人々の許可を得ようとはせず、キャプテン・クックに、先住民を殺戮してその土地を植民地化するように命

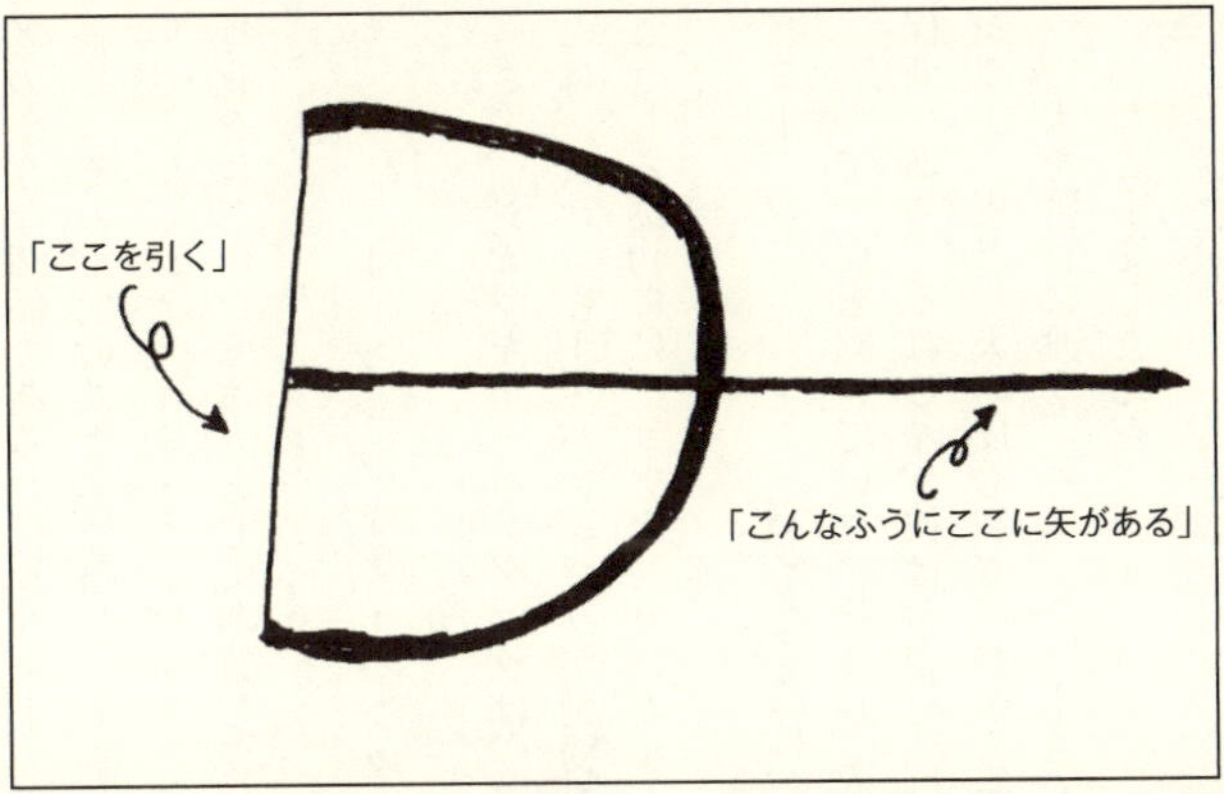

図 5-1　ジャッキー・バンダマラの弓

令したのである。

ジミー　あいつだよ。［ジャッキー・バンダマラは］自分をこのカントリーの主にした。奴は自分こそがボスだと思ったんだ。奴が何をしたか？　奴は我々に、なんの許可も求めなかった。そうだろう？　奴は決してアボリジニ《グンビン》に尋ねたりしていない。そして、奴はキャプテン・クックを遣わしたんだ。

保苅　彼はキャプテン・クックを遣わした。

ジミー　キャプテン・クックはこのカントリーにやってきた。オーストラリアに。奴は人々を撃ち殺し始めた。皆殺しだよ。

ジミーじいさんの歴史分析は、私たちにジャッキー・バンダマラとキャプテン・クックは、イングランドの同じ一族の出身であることを教えてくれる。二人の関係は、思想家とその実践者のような関係である。ジャッキー・バンダマラは、自分がオーストラリアの主であると主張し、その土地の人々を侵略し、撃ち殺すためにキャプテン・クックを遣わした。ジミーじいさんは、ジャッキー・バンダマラとキャプテン・クックの両方を、オーストラリアの植民地化をはじめた張本人として非難しているのである。

4　ジャッキー・バンダマラの生き方

さて、ジャッキー・バンダマラは、どのような暮らしをしていたのだろう。ジミーじいさんは、ジャッキー・バンダマラが動物を殺し、その皮を剝いでお金を稼いでいたと説明する。こうした動物には、ゴアナ、カンガルー、トカゲ、犬などがいた。

ジミー　奴［ジャッキー・バンダマラ］は、たぶんゴアナ、カンガルー、いくつかのトカゲを狩って、皮を剝いでいた。そうして金を稼いでいたんだ。

保苅　あぁ、それじゃ、彼はお金を稼いでいたんですね。皮を剝いだりして……。

ジミー　皮だ、犬の皮も剝ぐ。わかるかい、だから白人《カリヤ》はこのカントリーにやってきたんだ。犬を警官に渡す。そう、そうすると、すべての金が稼げる。そう。金を稼ぐためにそんなことをしたんだ。

ということは、ジャッキー・バンダマラは、ディンゴ[6]やクロコダイルの猟師として金を稼いでいたようだ。そのことの意味はのちに検討するとして、ジャッキー・バンダマラの個人的生活に関するもうひとつの物語で、ジミーじいさんが頻繁にもちだすエピソードは、ジャッキー・バンダマラが自分の妻を殺害した事件である。ジミーじいさんはその事件を、子供のころに新聞で知ったのだという。

保苅　ジャッキー・バンダマラ、キーン・ルイス。奴は危険な男だったんですね。危険だった。

ジミー　危険な奴だった。新聞でもそれがわかるよ。

保苅　新聞で？

ジミー　ジャッキー・バンダマラは妻を娶った。……そして、おぞましいことに、こうした。こんなふうに。

——妻の頭を殴るしぐさをしながら——

保苅　殺した？

ジミー　そうだ。本当さ。

保苅　本当に？　彼は妻を殺したのですか？

ジミー　そうだ、そうだ。そうとも、それが奴のやったことだ。

保苅　彼はそんなこともやったんだ。どうして？

ジミー　理由など知らない。このカントリーの新聞で、そのことが載っていたよ。
「……」
ジミー　そう。そんなことがあったんだ。なあ……奴は妻を殴った。髪の毛を引っ張って、こん棒でぶったたいた。
保莉　妻を殺した。
ジミー　そうさ。

ジャッキー・バンダマラがどのようにして自分の妻を殴り殺したのかを私に示してみせるさい、ジミーじいさんは、それを新聞の写真(挿絵?)で見たと説明した。彼は、なぜジャッキー・バンダマラが自分の妻を殴り殺したのかは知らなかった。しかし、別の機会にジミーじいさんは、白人《カリヤ》のあいだでは、こうした妻への殴打はよくあることだと話している。

保莉　あなたは、ジャッキー・バンダマラに会ったのですか？　会ったか、彼のことを聞いたか……。
ジミー　いいや。わしは幼い頃、奴を新聞で見たんだ。
保莉　あぁ、あなたが幼い頃、それを新聞で見たのですか？
ジミー　そうだ。見たよ。そう……見たよ。新聞で見たんだ。奴は、自分の女を叩きのめした。髪の毛を引っ張って、こん棒でぶったたいた。

――女性の頭を、手に持ったこん棒で叩く仕草をしながら――

それは、すべての白人《カリャ》がやっていたことさ。

保苅　昔のこと……。

ジミー　昔のこと。それは、すべて歴史上のことさ。

ジミーじいさんは、こうした妻への殴打は、「すべての白人《カリャ》がやっていたこと」であると言った。どうやらジミーじいさんは、こうした妻への殴打や女性一般に対するドメスティック・バイオレンスの起源として、ジャッキー・バンダマラを非難しているようである。さらに、ジミーじいさんは、白人男性によるアボリジニ女性への性的交渉も、ジャッキー・バンダマラが思いついたのだと主張する。

ジミー　すべては、老ジャッキー・バンダマラが考えたことだ。奴が死んだとき、死ぬ前に自分の考えをすべてものにした。そして奴はそのすべてを、すべてを、産み増やし、産み増やし、産み増やした。［……］すべてのイングランドの白人《カリャ》を。奴はアボリジニの女性と白人《カリャ》を結婚させたんだ。

保苅　イングランドの白人《カリャ》が、アボリジニの女性と結婚した？

ジミー　そうだ。アボリジニの女と。こうして、すべての混血児が生まれた。

保苅　混血児が生まれた。

ジミー　そう、それはすべて、ジャッキー・バンダマラが考えていたことだ。
保苅　すべて、ジャッキー・バンダマラから。
ジミー　すべての考えは奴のものだ。

5　すべての悪い思想はジャッキー・バンダマラに由来する

ジャッキー・バンダマラの歴史が、少しずつ明らかになってきただろうか。実際、この最初のイギリス人・ヨーロッパ人は、すべての悪い思想の起源なのである。別の例として、ジミーじいさんは、ジャッキー・バンダマラがオーストラリアにアルコールをもちこみ、アルコール問題をアボリジニの人々のあいだにもたらしたと語る。

「すべての悪い考えは、キーン・ルイスのものなんだ。奴はすべての悪い考えを産み増やした。キーン・ルイスはこの土地にグロッグ［アルコール］をもたらした。……グロッグを飲んで、みんなをけんかさせて、よいことなんか何ひとつなかった。……キーン・ルイスの来る前、私たちはうまくやっていたんだ。グロッグもなく、けんかもない。……みんなちゃんとしたものを食べていた。野生の果物やカンガルー。我々は牛や馬は食べなかった。カンガルーやフルーツを食べていた。今じゃ、我々は白人《カリヤ》の食べ物を食べている」。

殺人や妻への殴打、飲酒、植民地主義などの、すべての否定的な実践はジャッキー・バンダマラの思想にその由来があるのだ。

ジャッキー・バンダマラの歴史から、私たちは、イギリス人が、他の人類とはまったく異質な人々なのだということを知ることができる。なぜなら、イギリス人は、ジャッキー・バンダマラという、道徳的なドリーミングを起源としない、「猿」と呼ばれる「ある種の動物」から生まれたからである。その上イギリス人は、「愚かな考え」の詰まったジャッキー・バンダマラの本によって教育されたから、道徳的に間違っているのである。ジミーじいさんは、「すべての悪い考えはキーン・ルイスの本にあるんだ」という。

ジミー　こいつ「ジャッキー・バンダマラ」のせいで、イギリス人は、我々とは違うんだ。
保苅　なるほど、イギリス人は僕たちとは違うんだ。
ジミー　ほかの誰とも違う。
保苅　誰とも違う。なるほど。
ジミー　奴らはジャッキー・バンダマラから生まれた。
保苅　奴らはジャッキー・バンダマラから生まれた。……
ジミー　そう、奴らはジャッキー・バンダマラから、すべての悪い思想を受け継いだんだ。

6　多元的な歴史時空へ……そして共有の可能性は？

本書を読む多くの読者は、ジミーじいさんの歴史語りをそのまま受け入れたり、それに同意したりすることは困難なのではなかろうか。ジャッキー・バンダマラは、グリンジ・カントリーだけでなく、ビクトリア・リバー流域におけるその他のコミュニティの人々にとっても、歴史的知識の一部である。しかし、ジャッキー・バンダマラの物語は、あまりにも不可解で、そういった人物が実在したと信じるのは難しい。一見したところ、私たちには、ジャッキー・バンダマラの歴史をグリンジの人々と共有することは不可能なように思えてしまう。それならば、歴史学者は、この物語を、「これは間違った歴史である」として否定したり無視したりすべきだろうか？

私がここで断固として拒絶したいのは、「我々は正しい歴史を知っている」、「彼らは間違った歴史を語っている」といった、歴史学者による安易な独断である。グリンジの歴史家たちが私たちに語ることに、注意深く、忍耐強く耳を傾けてほしい。そもそも、私たちはグリンジ・カントリーで行われている歴史実践をほとんど何も知らないではないか。

アカデミックな歴史学者が、先住民の声をその歴史記述に導入するために、オーラル・ヒストリーの手法を用いることはより一般的になってきている。しかし、こうしたオーラル・ヒストリーを、それぞれの地域で行われている歴史実践の諸形式を把握したうえで理解する努力がどれほどなされてきただろうか。私がここで指摘したいことはきわめて単純である。アボリジニのオーラル・ヒストリーは、単に「学術的な歴史実践」を補完する史料として用いられるべきではなく、アボリジニの歴史実践の内部から認識される必要がある。ただしその一方で、私たちは、学術的な歴史実践と先住民族の歴史実践とのあいだの差異を強調しすぎることに、注意深くなくてはなるまい。というのも、よほど注意深くないと、私たちは、たちまち文化相対主義の悪しき罠に陥ってしまうからである。私たちは、確かにジミーじいさんの話に耳を傾けることはできる。しかし、もしそれで異文化尊重の努力がそれだけでおしまいとなるならば、導き出される結論は「アボリジニの歴史は、学術的な「歴史性」とはまったく矛盾する。だから、アカデミックな歴史学者とアボリジニの歴史家たちのあいだで、歴史が共有される余地はない。私は、喜んで彼らの信念を尊重するが、それは私の信念とは何の関係もない」というものになるだろう。そして、アカデミックな歴史学者はジャッキー・バンダマラの物語を、「歴史」というよりも「神話」として分類し、歴史は歴史学者によって分析され、神話は人類学者の関心であると主張することになるだろう。まさにこの瞬間に「尊重」という美辞麗句に装われた「排除」の装置が、(ときには無意識に)作動する。歴史学者は、この物語を人類学者に託し、「ここに、あなたにふさわしいアボリジニの神話がありますよ」というべきなのだろうか？

学問における「分業」問題について詳細を論じることは、この本の射程外である。しかし、ジミーじいさんにとっても、多くのグリンジの人々にとっても、「神話」と「歴史」のあいだに違いなどないのだということを、ここでもう一度はっきりさせておきたい。私が学んだ限り、ドリーミングの物語と植民地化の物語は、両方とも現実の歴史である。もしも人類学者と歴史学者の分業が、依然として必要であるのなら、ドリーミングの物語の研究は人類学者の仕事であり、植民地化の物語の研究は歴史家の仕事である、というべきではなかろうか。

つまるところ、本書の目的は、アボリジニの歴史家たちから歴史分析を学び、西洋近代に出自をもつ学術的歴史実践と、先住民グリンジの歴史実践とのあいだのコミュニケーションの可能性を考察することにある。これこそが、私たち――アボリジニと非アボリジニの人々――がともに共有できる、歴史経験への真摯さを探索する適切な方法だと、私は信じているからだ。

7　白人《カリヤ》は猿から、アボリジニ《グンビン》はドリーミングから

ジャッキー・バンダマラの歴史分析に戻ろう。第一に、ジミーじいさんや他のグリンジの人々が、おそらく進化論の基本的な考え方に慣れ親しんでいると推測するのは、妥当ではなかろうか(7)。ジャッキー・バンダマラが「猿から生まれた」という物語をよく考えてみると、入植者たち――学校の教師かもしれない――がグリンジの人々に、人類は霊長類から進化したのだと説明したと推測できる。グリンジの歴史家たちは、これをヨーロッパ人の起源を理解する基盤として受け入れた。

グリンジの歴史家たちが、進化論を自分たち自身の起源には適用せず、ヨーロッパ人だけに適用したことは重要である。グリンジの人々は、自らの起源については十分な知識を持っている。彼らはドリーミングの法に従って創造され、それに護られてきたのである。ドリーミングこそが、彼らの存在論的起源である。彼らの知らなかったこと、それは、白人《カリヤ》の歴史的・存在論的起源だった。進化論の知識を援用した彼らの歴史分析は、アボリジニ《グンビン》はドリーミングから発生したが、白人《カリヤ》は「猿」から生まれたとの結論を導き出したのである。

アボリジニの人々とヨーロッパ植民者とのあいだで系譜学的な差異を明確にすることは重要である。というのも、白人《カリヤ》は論理的基盤に欠けるが、アボリジニ《グンビン》は論理的な起源に基礎づけられているという認識がこうして傍証されるからである。植民者は道徳性が欠けているから、ドリーミングからは発生しえない。なぜならドリーミングは常に倫理的だから。ジミーじいさんは、白人《カリヤ》とその法以外のあらゆる存在は、すべて大地から発生したと考える。大地から発生したものは、ドリーミングに基づく倫理を必ず持ちあわせているはずである。ところがグリンジ・カントリーには、「猿のドリーミング」は存在しない。猿を起源とする白人《カリヤ》は、ドリーミングや倫理、大地の法を伴わない。おそらく、ジミーじいさんは猿を見たことがないので、彼のもっている「猿」のイメージを考えるにあたって、私たちの知っているあのニホンザルのような動物を思い描くべきではないだろう。ジミーじいさんにとって、猿は四つ足か五つ足の、不可解な化け物なのである。ジャッキー・バンダマラは、「猿」と呼ばれる怪物から生まれた、というジミーじいさんの考えは、白人《カリヤ》が非倫理的な人々であるという理論を補強する。白人《カリヤ》はドリーミングから生まれたのではなく、猿から生まれたのである。

8 北部海岸からの伝承

ジャッキー・バンダマラの物語は、進化論と一致するだけでなく、オーストラリア植民地化の初期段階において、入植者がとった多くの行動とも一致している。たとえば、ジャッキー・バンダマラこそが、白人《カリヤ》の男がアボリジニの女《グンビン》を盗むことを思いついた。これは、ビクトリア・リバー流域だけでなく、牧場開発地域に広範に見られた、白人牧場労働者とアボリジニ女性とのあいだの性的関係と一致する。(8) さらに私たちは、ジャッキー・バンダマラが動物(ゴアナやトカゲ、犬)を殺し、皮を剝いで売っていたことを教わった。この物語は、ビクトリア・リバー流域でのディンゴ狩猟者の活動と関係しているだけでなく、おそらくオーストラリア北部沿岸における、ヨーロッパ植民以前から交流のあったマカサンの活動や、二〇世紀初頭のオーストラリア北部(トップ・エンド)におけるクロコダイル狩猟者とも関連しているだろう(9)。

グリンジの人々が北部海岸のアボリジニの人々と、血縁関係や儀礼上のネットワークを通じてコミュニケーションを保ち続けていたことは明らかである。その背景をここで簡単に紹介しておこう。グリンジの人々が一九六六年に牧場退去運動をはじめる以前、ビクトリア・リバー流域の多くのアボリジニの人々が、牧場で働いていた。オーストラリア北部の牧場地帯においては、牧閑期となる雨期には仕事がほとんどなく、アボリジニの労働者は牧場を離れ、カントリーを巡る「ウォーカバウト(walkabout)」に出かけた。このウォーカバウトの季節は、狩猟や儀礼などの活動を継続するためにきわめて重要であった。アボリジニの人々はこの時期に、他の牧場に暮らす周辺地域の人々と密接な連絡を取る機会を得たのである。歴史学者リン・リデットが言うように、この時期は他の地域に暮らすアボリジニの人々に会い、牧場での日常生活や労働環境、婚姻や儀式のとりきめを話しあう機会であった。(10) 彼らが開拓者の行動についてのさまざまな情報を交換し、白人《カリヤ》の性質や法律、彼らの故郷や起源についても熱心に議論していただろうことは、想像に難くない。

こうしたアボリジニ諸社会の広域情報ネットワークを決して過小評価すべきではない。たとえば、人類学者であるロナルド・バーントとキャサリン・バーントは、一九四四年にウェーブヒル牧場でフィールドワークを行っているが、そこで暮らすほとんどのアボリジニは、近隣の牧場に、少なくとも一人以上の、近い親戚がいることを指摘した。(11) 儀礼の季節に情報がもっとも集中的に交換され、こうしたアボリジニの情報ネットワークが、おそらく何千年にもわたって、大陸じゅうを巡っていたことは多くの人類学者や考古学者が強調しているところである。(12)

こうした、儀礼と血縁のつながりによるグリンジ・カントリーからのコミュニケーションの連鎖は、北部海岸のカントリーから南の砂漠のカントリーまで、やすやすと達している。これは、現在でも同様である。私がダグラグに滞在したとき、グリンジの人々は北方のティ

写真 5-1　北部海岸からとどいた槍．1997 年(著者撮影)．

ンバー・クリークとヤラリンのコミュニティから、交易・交換用の竹の槍を受け取っていた。これらの槍は北部海岸で作られ、ダリ・リバー・カントリーを経由して運ばれてきていた。これらの槍の大半は、さらに南方の砂漠のカントリーにもたらされ、そのいっぽうで、グリンジの人々は互いの産物を交易すべく、ブーメランや盾を南部のワルピリ・カントリーから運んでいたのである。

これらの交易ルートは同時に、情報ルートでもあった。ここから先は、私の憶測に過ぎないが、ビクトリア・リバー流域のアボリジニの人々は、こうした儀礼・血縁ネットワークを通じて、オーストラリア北部沿岸のマカサンやオランダ船の活動、あるいは二〇世紀初期のクロコダイルやバッファロー狩猟者の物語、また異なる地域における初期の探検者のエピソードなどの活動をひろく伝え聞いたのだろう。このネットワークを通じて、こうした物語の多くはアボリジニ諸社会の歴史実践のありように応じて、歴史化していったのではあるまいか。イギリス人がオーストラリアの植民地化をはじめる前――それは「キャプテン・クックの前に」ということだが――に、白人《カリヤ》の探検者たちがオーストラリア北部に現れたという歴史も、ジャッキー・バンダマラの物語につながったのかもしれない(13)。

以上から、「ジャッキー・バンダマラ」という名前の由来についても、推測をめぐらすことができる。たとえば、次の推測が言語学に基づいているわけではないことは承知の上だが、「バンダマラ(Pantamarra)」という名前は、インドネシア語とアーネムランドのアボリジニのいくつかの言語で「ヨーロッパ人／白人」を意味する「バランダ(Balanda)」から来たのではないかという推測はどうだろう(14)。さらに、最初の白人《カリヤ》が「ジャッキー」と呼ばれた理由も考慮に値する。「パディ」がアイルランド性を意味するのと同様に、「ジャッキー」もしくは「ジャッキー・ジャッキー」は、植民地オーストラリア社会において一般にアボリジニ性を意味した。たとえば、エドワード・ケネディの遠征をガイドしたアボリジニの男性であるガルマラ、あるいは警察に見つかることを避けるために顔を黒く塗ったウィリアム・ウェストウッドはともに、「ジャッキー・ジャッキー」と呼ばれたという(15)。「ジャッキー」という語は入植者たちのあいだで、アボリジニの男性に対するステレオタイプで差別的な用語として使われていたのである。最初の白人《カリヤ》を「ジャッキー」と呼ぶことで、ビクトリア・リバー流域のアボリジニの人々は大いなる皮肉をもって、この用語を植民地入植者たちに返上したのではあるまいか[16]。

イングランドで猿から生まれた最初の白人《カリヤ》は、ヨーロッパ風の名前を持っていた。「キーン・ルイス」である[17]。しかし、アボリジニの人々は彼のアボリジニ名《グンビン》を「ジャッキー・バンダマラ」とした。「バンダマラ」は、キャプテン・クック以前にオーストラリア北部に来ていた白人《カリヤ》がいたという情報に由来するのではあるまいか。さらに、「ジャッキー」という言葉は、その差別的な含意のゆえに、最初のヨーロッパ人に与えられたのではなかろうか。すべては推測だ。でも、そう的外れでもないように思うのだが……。

9　ヨーロッパ人の形成

ヨーロッパ／イングランドの歴史が、グリンジ・カントリーの歴史実践の中で構築されたありようを理解するため、ジャッキー・バンダマラとキャプテン・クックの関係を検討することも重要だろう。

ジャッキー・バンダマラとキャプテン・クックは、異なる役割を果たしている。ジャッキー・バンダマラは植民地主義の立案者であり、キャプテン・クックはその実行者だ。人々は、ジャッキー・バンダマラがオーストラリアに来た最初のイギリス人だと語ったが、具体的なオーストラリア侵略に関する詳細な物語りの多くは、ジャッキー・バンダマラではなくキャプテン・クックに由来している。ジャッキー・バンダマラの主な役割が、すべての「愚かな考え」の創始者である、ということは明らかだ。ジャッキー・バンダマラは、すべての悪い思想を生み出し、それを本(法)に書きのこした。

グリンジの人々が植民地的過去を構築するさいに、キャプテン・クックの行った不道徳的な行為の根拠《いい》を模索したのは、あまりに当然ではなかろうか。なぜ、キャプテン・クックはアボリジニの人々の許しを請わずに、オーストラリアにやってきたのだろうか？　なぜ、キャプテン・クックの法はあれほど不道徳的なのだろうか？　この法はそもそも、どこからやってきたのか？　白人《カリヤ》の法は、ドリーミングを起源とするものではありえない。そうであるならば、何がこのような愚かな考えを生み出したのだろうか？　あるいは、より一般的には、ヨーロッパ人植民者たちの起源はいったい何なのだろうか？　キャプテン・クックと入植者たちの不道徳的な態度を理解するために、アボリジニの人々はヨーロッパ法の起源と、彼らの思考枠組み、そしてヨーロッパ人の起源について、歴史的分析をする必要があった。この白人《カリヤ》の起源を発見するという企てにとって、進化論を援用する手法は、際立って成功したといえるだろう。白人《カリヤ》から聞き知った理論を受け入れつつも、その理論の応用可能性を見事に展開・転回させることによって、グリンジの人々は、植民者であるヨーロッパ人と彼らの法の、歴史的・存在論的起源の発見に成功したのである。

＊　　＊　　＊

グリンジの歴史家たちによるヨーロッパ史分析には、植民地的過去における彼ら自身の経験も反映されている。

あらかじめ断っておきたいが、アボリジニの牧場労働者が、入植者の牧場経営によって搾取されて、ただひたすら暴力的抑圧を受けていただけだったのか、それとも、彼らは牧場労働者であることに誇りを持ち、仕事を楽しんでいたのかということについては、さらなる検証と議論が必要だろう。[18] とはいえ、牧場での生活において、アボリジニの労働者と白人経営者／労働者とのあいだに物理的な分離主義が定着していたのは確かである。私は以前、グリンジの人々のウェーブヒル牧場における生活は、植民地的分離主義の典型例であったことを示したことがある。第一に、牧場労働では、経営者やヘッド・ストックマン（牧夫頭）といった高い地位は白人労働者によって独占され、アボリジニ労働者はストックマンや非熟練労働者といった、低い地位のみが与えられた。第二に、住宅における日常生活では、居住地が物理的に分離していたため、ヨーロッパ人がアボリジニのキャンプを訪れることはまれであった。第三に、雨期の牧閑期にはこの分離はさらに深まった。すでに指摘したように、アボリジニは牧場を去って「ウォーカバウト」に出かけたからである。[19] こうした社会的かつ物理的分離が、アボリジニの人々の牧場での生活を快適にしたのか不快にしたのかについては議論の余地があるが、この人種に基づく分離は、おそらくアボリジニの人々の白人についての歴史分析に大きく影響を与えたことだろう。

ベイン・アトウッドの『アボリジニの形成』は、オーストラリア植民地における人種的分離主義について、フーコー的洞察を我々に示してくれた画期的な研究書だった。アトウッドは、「アボリジニ」という概念は、主流文化である白人オーストラリア人意識による歴史的構築物だと論じる。オーストラリアの入植者たちは、先住民を観察し、研究し、そして物理的かつ知的に支配を及ぼそうとしてきた[20]。牧場における人種分離の考えは、明らかにヨーロッパ中心主義的優越性に基づいている。

しかしアトウッドは論じていないが、その一方で、こうした入植者たちの人種的分離主義が、まさにその反動としてアボリジニの人々によるアボリジニ流の分離主義を導いたと想像するのは、さほど難しくはない。ジャッキー・バンダマラは、反植民地主義の実践の中で起こった「ヨーロッパ人の形成」の産物なのである。グリンジの人々は、植民地主義者たちとその土地の起源と性質を観察し、研究し、分析した。入植者たちの文化が、劣等人種としての「アボリジニ」という概念を構築したのと同じように、アボリジニの人々も、不道徳な「イギリス人」という概念を構築していったのである。グリンジの人々がヨーロッパ中心主義的分離主義に直面したとき、彼らはヨーロッパ中心主義を受け入れずに、人種的分離主義のみを受け入れたともいえるだろう。

アボリジニの人々による「分離主義」は、先住民オーストラリア人が入植者たちとは本質的に異なっていると主張する。アボリジニ《グンビン》は白人《カリヤ》とは異なった起源を持ち、異なった道具を使い、異なった法を持つ。しかしながら、彼らの理解の中では、アボリジニの人々は入植者たちよりも決して劣ってはいない。反対に、ヨーロッパ人入植者とその法の創始者である、ジャッキー・バンダマラの性質を分析することにより、グリンジの人々はアボリジニ《グンビン》の法を倫理的な法であるとして正当化し、白人《カリヤ》の法――ジャッキー・バンダマラの本――を、オーストラリアを侵略することを彼らに認めた有害な思想を含むものとして、その不道徳性を暴露し、軽蔑したのである。

英国の囚人収容所として始まったオーストラリア史を考える場合、ヨーロッパ社会がオーストラリアを「囚人の国」とみなしたのに対し、先住オーストラリア人がイングランド(ヨーロッパ)を「不道徳の国」と理解したのは、あまりに皮肉ではなかろうか。「アボリジニ」が入植者たちの思想と実践の構築物であったのと同じように、「白人《カリヤ》」もグリンジの思想と実践の構築物であった。これらのアイデンティティは、オーストラリア植民地主義の二重の産物なのである。

10　方法としてのドリーミング

ジミーじいさんは、ジャッキー・バンダマラはすでに亡くなったと認めているので、ジャッキー・バンダマラの歴史は、ただ過去にのみ属していることは明らかである。とはいえ、通常の学術的歴史観からすると、ジャッキー・バンダマラが異常に長いあいだ生きていた事実を受け入れるのは、ほとんど不可能だろう。一人の人間が霊長類から進化し、その祖先としてヨーロッパ人を産み増やし、シャンハイからライフルまで技術を発展させ、キャプテン・クックにオーストラリアを植民地化するよう命令し、オーストラリアでは猟師として金を稼ぎ、その上ジミーじいさんの少年時代の新聞に掲載される、というようなことがどのようにしたら可能だというのか？

ジャッキー・バンダマラは、過去のどの時点にも出現することができる。このジャッキー・バンダマラに特有な時間的性質を理解するために、ドリーミングにおける時間概念と比較してみることが有益だろう。すでに論じたようにドリーミングは、直線的な時間概念に基づいていない。むしろ、ドリーミングのできごとは、すべての時間において発生しているといえそうだ。人類学者W・E・H・スタナーによる、ドリーミングの時間構造に関する有名な定義は、「あらゆるとき(everywhen)」というものであった(21)。また、やはり人類学者であるA・P・エルキンは、アボリジニの人々にとって、「過去は……現在であり、ここにあり、今である」と論じている(22)。より近年の研究では、デボラ・ローズが「すべてのドリーミングは、すべての時間に存在する」とし、よってドリーミングは「同時発生的な一連のできごとであり、継続するものである」と述べた(23)。第四章で見たとおり、宗教学者のトニー・スワインは、ドリーミングにおけるいかなる時間概念をも否定し、それを「持続するできごと」と呼ぶことを提案している(24)。

ジャッキー・バンダマラの歴史は、ドリーミングと同様の時間構造を共有している。ジャッキー・バンダマラは、ある特定の時点に拘束されない。ジャッキー・バンダマラは、ドリーミング(アボリジニの人々の起源)と同じような意味で、ヨーロッパ人の起源なのであり、またジャッキー・バンダマラは、過去のどの時点においても現れ、活躍する。ジャッキー・バンダマラは「持続する人物」なのであり、「あらゆるとき」に「継続する」。グリンジの歴史家たちは、ヨーロッパ植民地主義者たちの歴史的起源を探究するにあたって、ドリーミングの時間構造を適用したのである。

しかしながら、グリンジの人々によるヨーロッパ人の起源の分析がドリーミングの宇宙観を反映していたとしても、ジャッキー・バンダマラは決して、ドリーミングの一部にならないことに注意を払わなければならない。第一に、ジャッキー・バンダマラはすでに死んだ人間である。ジャッキー・バンダマラは現在には存在しない。彼は過去のどの瞬間にも、「持続的」であるが、しかし彼は過去にしか存在しない。ドリーミングが、すべての時間に発生する永続的なできごとであるのに対して、ジャッキー・バンダマラは、現在や未来には決して存在しないのである。私はこれを、グリンジの歴史家たちの願望であると理解している。オーストラリアの「植民地主義」は、いまでは終わっている――いや、終わっているべきである。植民地の法はこれ以上「継続」してはならない……。

第三章で紹介した、ホブルス・ダナイヤリの歴史分析も、これと同様の指摘で終わっていたことに気づかれただろうか。再度ここに引用したい。

「そう、以前は、
キャプテン・クックがたくさんの残虐なことをしたものだった。
わかるだろう。

でも、いまなら
いまなら、私たちは友達になれる。
私たちは愛しあうことができる。
私たちは、友達同士になれるんだ。
それはとてもいいことだ。
諍いよりもずっといい。
いまや、私たちは、みんなで一緒に集まって、そして仲間になる。
白人だろうが、黒人だろうが、混血だろうが
ただ、ここに一緒に暮らす限り、そんなことは関係ないんだ」。

＊　　＊　　＊

ジャッキー・バンダマラが、ドリーミングではないもうひとつの理由がある。彼は、倫理地理学にその位置を占めることができない。ドリーミングは、倫理的で聖なる地理上にその存在が位置づけられていなければならない。第四章で論じたように、ドリーミングは時間的・歴史的できごとというよりも、空間的・地理的なできごとによって構成されている。ドリーミングは、特定の場所や風景との強い結びつきを常にもっているのである。ローズの言を借りれば、ドリーミングは「共時性にその強力な特性をもち、そしてまた、固有名をもっ

た場所に存在する」[25]。そのため、歴史についても、時間的次元よりも空間的次元を基盤とした歴史観を構成している。繰り返し確認してきたように、アボリジニの世界観において、時間は空間に従属しているのである。

ドリーミングの倫理的で聖なる地理において、ジャッキー・バンダマラには存在論的基盤が欠如している。ジャッキー・バンダマラの地理的出自は「イングランド」である。ジミーじいさんに限らず、グリンジの人々は、イギリス人と彼らの法には倫理が欠如しているという理由で、イングランドを倫理的で聖なる地理の一部とすることを決して受け入れない。ビクトリア・リバー流域のアボリジニの人々にとって、イングランドは不道徳な白人《カリヤ》たちの島である。この意味において、「イングランド」と呼ばれるこの不道徳なカントリーは、グリンジをはじめとするビクトリア・リバー流域のアボリジニの人々の思想的枠組みのなかで営まれてきた、オーストラリア植民地主義についての歴史分析の構築物だといえるだろう。

いうまでもなく、このことは、アボリジニの人々の歴史理解が誤りであることを必ずしも意味しないはずだ。ここで私が行おうとしていることは、グリンジの人々が理解するイングランドについて、その歴史的事実性(historical factuality)を論駁することではなく、彼らと「歴史への真摯さ(historical truthfulness)」を共有するために、イングランドについての「現実性(reality)」が構築されるあり方を探究することである。その過程が、かぎりなく人類学的解釈学になりかねないことを懸念しながらではあるが。

さて、白人《カリヤ》の祖先であるジャッキー・バンダマラは、ドリーミングではない。ジャッキー・バンダマラ（あるいはイギリス人・ヨーロッパ人）の存在論的基盤は、ドリーミングの地理に根ざしたものではない。そうではなく、ジャッキー・バンダマラは、イングランドで「猿」から生まれた最初のヨーロッパ人であり、すべての悪い思想を生み出し、広めた張本人である。この呪われたカントリー「イングランド」は、グリンジの人々のドリーミングが創造したアボリジニのカントリーからは、地理的かつ倫理的かつ聖的に、かけ離れた位置にある。

白人《カリヤ》の存在論的・地理学的起源は、イングランドと呼ばれる不道徳なカントリーに位置しており、そこで実践されていた植民地法制の本質は、ジャッキー・バンダマラの教え、特に彼の本から生まれたものである。この見方は、グリンジの倫理哲学と一致する。すでに見たように、ジミーじいさんだけでなく、他の多くのグリンジの長老たちも、アボリジニ《グンビン》の法と白人《カリヤ》の法を明確に区別していた。彼らは、白人《カリヤ》の法が大地から派生せず、紙に「書かれて」いるがゆえに不道徳であると指摘する。これまで、ビリー・バンターがアボリジニ法をひとつひとつの川や丘として説明することや、紙に書かれた法と大地の法の違いについてのジミーじいさんの考えについても言及してきた。もうひとつ、ヤラリン村に暮らすジョック・シミラーの説明をここで紹介しておこう。彼は、アボリジニ《グンビン》の法と白人《カリヤ》の法がいかに異なるかを次のように示してくれたのである。ジョックはまず、紙切れをちぎって落とし、それが風で飛ばされてしまう様子を私に見せた。これが白人《カリヤ》の法である。白人《カリヤ》は法を紙に記すが、その紙を手放すと、それがどこに向かうのかはわかったものではない。彼はつぎに石を落とす。その石は、真っ直ぐ地面に落ちる。これがアボリジニ《グンビン》の法である。彼は、「アボリジニ《グンビン》の法は石の法だ。変わらず、ここに留まる」と簡潔に語った。

　このことと、ジャッキー・バンダマラが、彼の「愚かな考え」を、本を書くことによって末裔たちに伝えたということとは偶然ではなかろう。ジャッキー・バンダマラの教えや白人《カリヤ》の法は、大地から派生したものではない。そのどちらが先なのかを問うことは、おそらく無意味である。ジャッキー・バンダマラの教えは、それらが書かれたものであるがゆえに不道徳であり、また不道徳であるがゆえに書かれているのだ。同様に、白人《カリヤ》は不道徳であるがゆえにイングランドに生まれ、またイングランドから来たために不道徳なのだ。

　最後に、グリンジの歴史家によるジャッキー・バンダマラの分析は、白人《カリヤ》、つまりヨーロッパ人入植者に関する彼らの分析とも密接な関係にある。この点にも注目しておこう。ジャッキー・バンダマラの歴史は、アボリジニの人々と入植者たちの根源的な差異について考えるさいに適切な情報を提供してくれる。というのも、たとえばジャッキー・バンダマラは、シャンハイや弓矢やライフルを使ったが、ブーメランや槍や盾といった、伝統的なアボリジニの道具を決して使うことがなかった。こうして、たとえば使用する道具ひとつとってみても、ヨーロッパ史とオーストラリア先住民史が、明確に区別されているのがわかるだろう。私は、一般的にいって、グリンジの人々は、アボリジニ《グンビン》と白人《カリヤ》について、その類似性より差異を強調することが多いことに気がついた。たしかにグリンジの人々は、アボリジニ《グンビン》も白人《カリヤ》も同じ「人間」であることを、それゆえ両者が平等に扱われるべきであることを主張するが、彼らが歴史分析を行うさいには、むしろアボリジニ《グンビン》と白人《カリヤ》の違いをことさらに際立たせる場合が多い。それは、両者の出自(ドリーミングかジャッキー・バンダマラか)、場所(オーストラリアかイングランドか)、法制(倫理的か不道徳か)にかかわる、根源的な違いとして再三再四、確認されるのである。

＊　＊　＊

グリンジの人々は、自分たちのカントリーで、そして、周辺のカントリーとの交流を通して長いあいだ営まれてきた歴史実践をつうじて、自分や自分の祖先が経験した植民地体験とその歴史をメンテナンスし、オーストラリアで起こった植民地主義の歴史分析を続けてきた。自分たちのカントリーが植民地化に直面して以来、グリンジの人々は、入植者たち白人の法の特徴を参照しながら、ヨーロッパ人の存在論的起源や植民地主義の本質について、彼ら自身の探求を行ってきた。過去を探索、分析、構築するアカデミズム歴史学の方法が、近代歴史学の体系を反映しているように、グリンジの人々による過去へのアプローチも、彼ら自身の知識体系や実践を反映している。「方法としてのドリーミング」は、グリンジの歴史家が白人《カリヤ》の歴史的・存在論的起源を探求するための理論枠組みを提供したのだった。

一九六八年に、人類学者スタナーがアボリジニの植民地経験に関する歴史学からのアプローチの欠如を「オーストラリアの大いなる沈黙」として批判するまで[26]、アボリジニは、アカデミズムにおいては人類学的関心ではあっても、歴史学の研究対象としては無視され続けてきた。一九七〇年代以降今日に至るまで、年々盛んになるアボリジニ社会への歴史学的な動態的アプローチが、静態的な人類学的分析とは異なる、新たな地平を切り開くことに成功したことは、明らかである。

しかし、アカデミックな歴史学者はいまや、あらたな方法論的問題に直面しているのではなかろうか。それは、アボリジニの過去にたいして、西洋近代的概念としての「歴史」(のみ)を適用させる根拠は何か、という、より根源的な問いである。実際、少なくともアボリジニ史学のあいだでは、アボリジニの過去に関する歴史分析の妥当性にたいしてさまざまな疑問が提出されている[27]。そして、サバルタン研究といった国際的・学際的場でもそれは同様ではなかろうか。

ポストコロニアル批判が盛んになって以降、研究者のなかには、歴史についてのアボリジニの経験を議論することを避けて、安易な他者表象論に安住の地を見出し、「ただアボリジニについてのヨーロッパ側の表象の批判的研究のみを行い、ときにそのようなテーマによって、アボリジニの著述家を仲間に入れて、彼らと共同作業を進めるというあらゆる責務から解放されたと考える」者たちがいる、とアン・マックグラスは批判する[28]。たしかに、他者性をめぐる表象論的アプローチは、植民地主義の本質が現在においても継続していることを見事に暴いてみせる。しかし、この点に関しても、マックグラスは、「「彼らについての我々による表象」を再検証することは、「我々」と「彼ら」の境界を強化する可能性があり、知のアパルトヘイトの一形態となるおそれがある」とも、指摘している[29]。私はこの点について、マックグラスとほぼ同じ見解をもっている。至極乱暴な言い方をすれば、表象論は批判理論としてきわめて強力だが、それは我々(表象する側とされる側の両方)を檻にとじこめてしまい、どこにも連れ出していってはくれないのである。

自己批判的であることは、支配的なポストコロニアル・パラダイムにとって根本的に重要である。それを過小評価する意図は私にはまったくない。しかし、それは、植民地主義を審問するさいの、最終的なゴールであるべきではない。理論的のみならず、実証的、あるいはそれ以上に経験的な意味で、歴史的実践の異なる様式のあいだの、ギャップを超えたコミュニケーションの方法を探ることが、いまこそ何よりも肝要なのではあるまいか。

そのためにこそ、アカデミックな歴史学者は、もう少し謙虚になる必要がある。我々は、歴史的知識の生産を独占しているわけではない。それは不可能だし、私見では理想的ですらない。近代歴史学の歴史実践をアボリジニの過去に強要するのではなく——百歩譲っても、それだけをするのではなく——アカデミックな歴史学者は過去とむすびつくさまざまな実践様式を学び、多様で多元的な歴史実践のありようと相互に交流する術を模索しなければならない。それが、過去へと向かう異なるアプローチの、開かれて可変的なコミュニケーションを切り拓く道筋である、と私は信じている。

ジャッキー・バンダマラは、多元的な歴史時空のどこかで、たしかに実在したのだ。

注

(1) フランク・ハーバート著、矢野徹(訳)『デューン　砂の惑星』第三巻、ハヤカワ文庫、一九七三年、二四ページ。

(2) 本章は、筆者の博士論文第四章"Jacky Pantamarra: The Origin of the European Colonialists", pp. 99-125. と、保苅実「アボリジニが語った白人の起源――グリンジの歴史実践にみるリアリティー」『オーストラリア研究』第一一号、一九九九年、四八―六一ページ、をもとに、翻訳のうえ、大幅に加筆修正したものである。多忙の中、博士論文からの下訳作成を快諾していただいた、木村真希子、川端浩平、辛島理人、塩原良和の諸氏に心から感謝する。

(3) Deborah B. Rose, *Dingo Makes Us Human: Life and Land in an Aboriginal Australian Culture*, Cambridge; Melbourne: Cambridge University Press, 1992, p. 186.

(4) Y字型の小枝にゴムひもをつけて、小石などを飛ばす道具、玩具。

(5) Rose, 前掲書、同ページ。

(6) オーストラリアの野犬。

(7) Rose, 前掲書、同ページ。

(8) ウェーブヒル牧場における、こうした性的関係の状況については、筆者の修士論文『アボリジニ部族経済と牧場労働――先住民の経済史』一橋大学経済学研究科、一九九六年、五七―六〇ページ、を参照のこと。マックグラスは、この「問題」について、アボリジニの女性のあいだには別の見方があると指摘している。Ann McGrath, *Born in the Cattle: Aborigines in Cattle Country*, Sydney: Allen & Unwin, 1987. の第四章を参照のこと。

(9) マカサンとアボリジニの交易・交流については、たとえば、Campbell C. Macknight, *The Voyage to Marege: Macassan Trepangers in Northern Australia*, Carlton: Melbourne U.P., 1976.; Keith Cole, *A History of Oenpelli*, Darwin: Nungalinya Publications, 1975, pp. 8-9.; Keith Cole, *The*

Aborigines of Arnhem Land, Adelaide: Rigby, 1979. の第六章を参照のこと。クロコダイル狩猟者については、たとえば、Tom M. Ronan, *Once There Was a Bagman: A Memoir*, Melbourne: Cassell, 1966.; Tom Cole, *Hell West and Crooked*, Sydney: Collins, 1988. を参照のこと。

(10) Lyn A. Riddett, "Aboriginal Employment in the Pastoral Industry (N.T. 1930–1966)", in Deborah Wade-Marshall and Peter Loveday eds., *Employment and Unemployment: Collection of Papers*, Darwin: Australian National University North Australia Research Unit, 1985, p. 206.

(11) Ronald M. Berndt and Catherine H. Berndt, *End of an Era: Aboriginal Labour in the Northern Territory*, Canberra: Australian Institute of Aboriginal Studies, 1987, p. 58.

(12) Deborah B. Rose, *Hidden Histories: Black Stories from Victoria River Downs, Humbert River and Wave Hill Stations*, Canberra: Aboriginal Studies Press, 1991, p. 8.; Frederick D. McCarthy, "Trade in Aboriginal Australia, and Trade Relationships with Torres Strait, New Guinea and Malaya", *Oceania*, vol. 9, no. 4, 1939, pp. 405–438; vol. 10, no. 1, pp. 80–104, no. 2, pp. 171–195.; Donald F. Thomson, *Economic Structure and the Ceremonial Exchange Cycle in Arnhem Land*, Melbourne: Macmillan, 1949.; Derek J. Mulvaney, "'The Chain of Connection': The Material Evidence", in Nicolas Peterson ed., *Tribes and Boundaries in Australia*, Canberra: Australian Institute of Aboriginal Studies, 1976, pp. 72–94.

(13) イギリス人入植以前のオランダ人探検者に関する研究には、A. T. Yarwood and M. J. Knowling, *Race Relations in Australia: A History*, North Ryde, NSW: Methuen Australia, 1982. の第11章、また、Derek J. Mulvaney, "The Australian Aborigines 1606–1929: Opinion and Fieldwork", in Susan Janson and Stuart Macintyre eds., *Through White Eyes*, Sydney: Allen & Unwin, 1990,

pp. 2-7. などがある。

(14) Keith Cole, *The Aborigines of Arnhem Land*, Adelaide: Rigby, 1979. の第七章参照。

(15) Graeme Davidson, Stuart Macintyre and John Hirst eds., *The Oxford Companion to Australian History*, Melbourne: Oxford University Press, 1998, p. 355.

(16) Rose, *Dingo Makes Us Human*, 前掲書, p. 186.

(17) また、この名前の綴りは、'Kin Loos' ないし 'King Louis' とも考えられる。しかし、ジャッキー・バンダマラの英語名の起源について、これ以上検討するだけのしっかりした情報は得られていない(ただし、本書第八章で、査読者の一人がこの点に触れているので参照されたい)。

(18) Minoru Hokari, "Reading Oral Histories from the Pastoral Frontier: A Critical Revision", *Journal of Australian Studies*, vol. 72, 2002, pp. 21-28.; 保苅実「カントリーの生命を維持するために——牧場開発とアボリジニ」スチュアート ヘンリ編『「野生」の誕生——未開イメージの歴史』世界思想社、二〇〇三年、一六二—一八七ページ。

(19) 保苅実「アボリジニ部族経済と牧場労働——グリンジ族土地所有権運動の歴史的背景」『オーストラリア研究』第八号、一九九六年、一四—二八ページ、および同修士論文『アボリジニ部族経済と牧場労働』前掲書、を参照。

(20) Bain Attwood, *The Making of the Aborigines*, Sydney: Allen & Unwin, 1989. また、Bain Attwood and John Arnold eds., *Power, Knowledge and Aborigines*, Bundoora, Vic.: La Trobe University Press, 1992.; Bob Reece, "Inventing Aborigines", *Aboriginal History*, vol. 11, 1987, pp. 14-23. も参照のこと。

(21) W. E. H. Stanner, *White Man Got No Dreaming: Essays 1938-1973*, Canberra: Australian

National University Press, 1979, p. 24.

(22) Adolphus P. Elkin, *The Australian Aborigines: How to Understand Them*, Sydney: Angus and Robertson, 1964, p. 234.

(23) Rose, *Dingo Makes Us Human*, 前掲書、p. 205.

(24) Tony Swain, *A Place for Strangers: Towards a History of Australian Aboriginal Being*, Cambridge; Melbourne: Cambridge University Press, 1993, pp. 22–28.

(25) Rose, *Dingo Makes Us Human*, 前掲書、p. 205.

(26) W. E. H. Stanner, *After the Dreaming: Black and White Australians — An Anthropologist's View*, Sydney: Boyer Lectures, ABC, Crows Nest, 1968.

(27) Ann McGrath, "Contested Ground: What is 'Aboriginal History'?", in Ann McGrath ed., *Contested Ground: Australian Aborigines Under the British Crown*, St. Leonards, N.S.W.: Allen & Unwin, 1995, pp. 361-362, p. 386.

(28) McGrath, 前掲論文、p. 389.

(29) McGrath, 前掲論文、p. 389.

第六章　ミノのオーラル・ヒストリー(1)

——ピーター・リード著『幽霊の大地』より——

ミノル・ホカリは、一九七一年生まれ、日本人青年である。東京から北西四〇〇キロメートルのところ、無神論の家庭で育った。彼の両親は、家を新築するときに神棚を置こうとしなかったが、ミノの祖母がどうしてもと言うので神棚をつくったという。彼の最初の学位は、彼自身が合理主義‐実証主義と呼ぶところの経済学だった。修士課程の頃はまだ日本にいたが、オーストラリア・アボリジニの伝統的な移動型の(歩行巡回する)食糧生産の経済について研究した。博士課程に入ると、彼はグリンジの人々に会いに行った。「ウェーブヒルの牧場退去」で有名なかれらの歴史を学びに出かけたのである。

到着して数日もすると、ミノは人類学のあるテキストが彼に教えていたことを理解しはじめた——霊性(スピリチュアリティ)に向きあわなければ、かれらの歴史を書くことはできない。彼の主要な教師となったジミー・マンガヤリは、なぜ彼がそこにやってきたのかを尋ねた。ミノは「アボリジニのやり方(Aboriginal Way)を学ぶため」と答えた。ジミーはこう返答する。「カントリーがお前をここに呼んだんだよ。お前の記憶、お前の感性は死んでいる。ここでそれらを目覚めさせないといけない」。ミノは先住民の教育を受けはじめた。彼はその様子を博士論文の中で次のように描写している。「私は、自分の博士号のためにリサーチをしているのだということは分かっていた。しかし、この時までには、私の動機はもはやアカデミックなそれを超え出ていた」。最初の数週間は老人たちが、その後は若者たちも、彼をカントリーに紹介した。三ヶ月後、彼は初めて儀式に招待をうけた。まだ新参者だったミノは、霊的に生まれ変わる(spiritually transformed)こと以上に、儀式に招待されたことを名誉に感じた。彼自身が通過儀礼を受けたわけではなかったが、彼はすぐに男性の秘密の儀式に参加するよう招待を受けた。彼がその儀式の内容を公表することは許されていない。

それから何ヶ月ものあいだ、ミノは、この土地が彼を呼んだという、ジミー・マンガヤリの考えと格闘することになる。この土地はどうやって彼のことを事前に知っていたのだろう?　すべては、あらかじめ運命づけられていたのだろうか?　彼の合理的判断は、この発想に対立した。彼は論理的な反駁も見いだした。身体的にそこにいること(physical presence)、実際そこにいることこそが、アボリジニの人々を霊的かつ文化的に理解するさいの鍵であるようだ。それならば、彼はそこにいなかったではないか。私はミノに尋ねた。

——カントリーが君を呼んだっていうことを、どう考えている?

——その言葉と格闘していますね。そうとしか言いようがない。その言葉を僕が無視することができなくなっているっていうことは、一〇〇％確かなことです。それは、いつだって僕に問いかけてくるんです。——お前はいったいどのくらい真剣なんだって。でも、はっきりとした答えはありません。

——そこ［グリンジのカントリー］にいないときよりも、そこにいるときのほうが、より真実な感じがするっていうことは？　ローカルな真実なのかな？

——それは、ある時の真実でもありますね。ここ［キャンベラ］にいるときでも、僕はときどき「それが道なんだ・それでいいんだ(that's the way)」って本当に信じるときがあります。見方って変わります。変わるのかな、それとも、二つの異なる見方が同時にあるのかな？

——君がカントリーに戻ると、カントリーは君のことを覚えているだろうか？

——えぇ、カントリーは僕のことを知っていますよ。うん。


その後、彼がいつグリンジのカントリーに戻っても、ジミーの主張がもっとも影響力のあるものだったようだ。ローカルな真実を強いる、ローカルな場所の力は、ミノのリアリティの知覚をゆがめはじめた。

言語学者イアン・グリーンは、中央砂漠やダリー川のアボリジニの人々と仕事をしたが、それはミノの場合と似たような霊的な旅だった。『帰属』(2)のなかで、彼は、長老たちと数ヶ月過ごした後に、ミノと同様に、リアリティの知覚がいかにして不可解にも変化しはじめたかを話している。アボリジニの男性たちは、デビル-デビルと呼ばれるものが、平原から丘に向かって走っているのを見たと報告したのである。かれらは、幻覚を起こしたりはしていなかった。イアンは、彼自身の理解力を超える何かを、かれらが見たり経験したりしていたと確信する。おそらく、彼がデビル-デビルたちを見なかったからといって、デビル-デビルがそこにいなかったことにはならない。アボリジニによって霊化された土地の力は、他のどの場所になくても、ここにはある。この力は、その同じ場所を共有した者であれば、それを否定することは不可能であるようだ。彼は私に次のように話した。

男たちは、生命力(life force)について、つまり特定の岩や木々の精霊について、あまりにパワフルな感性をもっています。そして、それはかれらの確信であり、ビジョンであり、あまりに強くパワフルなので、懐疑的になることができないんです。「我々の科学的な術語において、そこには何もない」と、言うことはできます。でも、たった今そこで起こっていることについて、そんな発言は完全に見当違いです。そんなもの、こすれ落ちてしまう。公然と疑うことなど、できなくなってくるんだ。そういったものごとに軽蔑的な態度がとれなくなってくる。アングロ‐ケルト中心主義ではなくなってくる。信じることはできないとしても、自分では感じとることができないとしても、ひとつの可能な信念、ひとつの可能な世界として、それを見るようになるんです。

ジミー・マンガヤリや、その他の長老たちは、ミノをさらなるグリンジの神秘へといざなった。六ヶ月もたつと、ミノは、もし彼のトラックが路上で止まってしまったら、それはカントリーがそれ以上進まないように彼に警告しているのだということを理解し受け入れるようになった。ヘビを見つけると、彼はその毒性よりも、それが表している男性の秘密である、パワフルなヘビ・ドリーミングを恐れた。最初にカントリーが彼を呼んだのかどうかはともかく、ミノは、彼がカントリーに到着してからのある時期に、カントリーと彼とが形而上的につながったことをもはや疑わなくなった。彼は、洪水の川を泳いで渡るとき、カントリーに庇護を求めた。「そのとき、僕は真剣だったんです。異文化を尊重するなんてことじゃぜんぜんなかった」。彼は、カントリーが彼を知っていると確信していた。彼は、自分と個人的、儀礼的に関係のあるドリーミング聖地において、ときには日本語で、あいさつを送るようになった。ダリー川の水場や特別な場所で、イアン・グリーンもまた祖先創造者を呼び、敬意を示し、庇護をもとめた。そうしなければ、何か災いがふりかかると彼が信じたからではない。そうではなく、「そこに出かけると、それはあまりに力強いんです。そうすることは、あたりまえであり(automatically)、必要なのです。重要な聖地でそうしないことなど考えられないのです。そうしたことを、学んでいく(absorb)んです」。

カヤについて、ミノは懐疑と確信のあいだを行き交う。

カヤは、犬に似た形態をした幽霊である。これと類似した存在はアボリジニのオーストラリアではほとんどいたるところでみられる。グリンジがカヤを恐れるのは、それが危険だからだ。カヤは、骸骨の姿で現れることもあるし、暗闇の中で目だけが光ることもある。私は尋ねた。

――ミノ、カヤを見たことある？

――いや、ないな。

――先々見ることがあると思う？

長い沈黙。

――あるだろうという答よりは、ないだろうという答に近いな。でも、絶対にない、とはいえない。ときどきカヤは家のドアを開けようとするんですよ。ある夜、アボリジニの人たちが、今、カヤが扉を開けようとしていると教えてくれたんです。かれらは、カヤが入ってこられないように、ドアノブのところを針金で厳重に縛ってましたよ。カヤについてのすごい話は、ベスティーの時代[3]のアボリジニのコックさんの物語だな。彼はコックだったから、いつも肉の近くにいたんです。で、カヤは肉を盗む。ある晩、彼は朝食を用意しようとして早く起きすぎちゃったんです。そこでカヤは彼を連れ去ってしまった。それから数日間、みんなで彼のことを捜しました。結局、彼は巨木のてっぺんにぶら下がって発見されたそうです。

　カヤについてどう思うかですか？　いい質問ですねぇ。僕はカヤをリアルだと思ったんだろうか？　そのときはそう思わなかったですね。最初の二ヶ月くらいは、かれらのそういった体験に興味はもっていたけど、自分のリアリティの一部としては受け入れていなかったな。今言わせてもらえば、僕はアボリジニのリアリティのうちのいくつかを真剣に受け入れているし、そうでないものもありますね。
こう言ってもいいですよ。僕はカヤが実在することを知っています。でも、それは僕に影響を及ぼさない。べつに怖くないんです。

——じゃあ、なんで君はカヤを見たことがないの？

——だって、そういった怪物たちは、ピーター・リードが実在するように、客観的に実在するわけじゃないから。かといって僕の頭の中にだけ実在するわけでもない。そうじゃなくて、ある次元に実在してるんですよ、それはリアルなんです。僕は、最近になってそんなふうに考えるようになったんです。カヤは僕の頭の外側に実在していますけど。でも客観的に実在してるってわけじゃない。そう考えると、そのリアリティと比較的簡単に関係をもつことができますね。カントリーに慣れ親しめば親しむほど、このリアリティがそこにあるとますます理解するようになりますね。

これは、ゲートについてのイーツの女性たちに近いし、インドの家庭神棚についてのディペッシュ・チャクラバルティに近い。あるいはイアン・グリーンの「あまりに強くパワフルなので、懐疑的になることができないんです」に近い。これは、ゴア・ヒル墓地を何時間も歩き回った後の私自身の考えにも近い。

もし私に十分な感受性があり、精霊を信じる環境で育ったなら、私は精霊たちをはっきりと見たことだろう。私が精霊を見たことがないという事実は、私が知覚しないひとつのリアリティに、精霊たちがいないことを意味しない。

この主張に反対する人は、本書のなかではほとんどいない。かれらのあいだで意見の違いを見るのは、霊化されたカントリー(inspirited country)と人間主体(human agent)との関係である。『ローカルの魅惑』で、ルーシー・リッパードは、現代アメリカにおけるほとんどの非キリスト教系の霊性(スピリチュアリティ)の特徴が、人間中心的であると非難している(4)。

霊的なつながりをうながすのは、土地なのか、それとも人間なのか? とはいえ、このような二極化は単純すぎる。狐の妖精についての「ここに精霊がいると思うんです」と、ジャクリーン・ロウの叔母が言った「オーストラリアには幽霊はいませんわ」とのあいだに、地場力をつなぐ(channel)ことができてもそれを方向づける(direct)ことはできない中国人魔術師がいる。ヒンドゥー教の司祭は、望ましからぬ精霊にたいして、立ち去るように強要することはできないが、説得することはできる。ベネディクト会の修道士は、彼のことを知らないカントリーに立ちながら、無限・神と結合する。

私は尋ねた。「ミノ、どっちが先なんだろうか、カントリーかな、人々かな?」彼の返答。「カントリーが活動的であるためには、人間たちが必要ですね。真剣にカントリーを大切にするなら、その人物がカントリーの管理人だとは限らないけど、カントリーは生きていけますよ」。これは、フリントとスティール・ビーチについてのデヴィッド・スミスの考えに近い。「俺はここに静穏を見いだしてる。あぁそうだ。俺がここにいると、何かが現れるようなんだ。他の人たちと同じで、俺もそれを自分で持ちこんでる」。それは、リッキー・メイナードにも近い。「我々は、我々自身がここに現れることで土地にしるしをつける。そして物語をその場所に運びもどすんだ」。

もうひとつ、別の関係がある。それは、死者の精霊たちと、死者の精霊たちが歩き回る土地とのつながりである。博士論文を審査のために提出する前に、ミノはウェーブヒルにもどり、ジミー・マンガヤリにその内容を説明した。ジミーはこれを承認する。しかし、それからまもなく、二つのパワフルな事件が起きた。ジミーの死、そして大洪水である。しかし、ミノが到着する以前から彼を呼んでいたかもしれないカントリーから、ミノの到着後数ヶ月して、まちがいなく彼を知ったカントリーまでの連続性は、ミノだけのものではなく、私のものでもある。三年前にこの調査をはじめたとき、私は世界を合理的世界と非合理的世界に分けた。しかし、この調査の旅をしてゆくなかのあらゆる会話とあらゆる経験が、こうした西洋的経験主義の前提に反対したのである。たくさんの予期しないことが起きた。クライレ・ミルナーとメイブルックを旅する前、私は、皆が私と同様に自分たちの経験を正常（ノーマル）と超常（パラノーマル）に分けていると思っていた。しかし、そうではなかった。私は、ニュー・ノーシアの僧侶たちが、自分たちの土地が一六〇年間の霊的勤行によって霊化されたと感じていると、予想していた。しかし、そうではなかった。私は、仏教徒たちはローカルな霊性を理解しないと予想していた。しかし、それも違っていた。インタビューをテープに録音する以前から、私はミノとたくさんのインフォーマルな会話をしていたのだが、私はミノがジミーの教えをすべて受け入れていると予想していた。しかし、そうではなかった。

私の予想どおりだったことなど、ほとんどない。本書全体を通じて、ほとんど全員が、分割することのできない連続性を指摘した。それは、迷信的なものにはじまり、超自然的、霊的、説明不可能、直感的、気味悪い、詩的、奇妙、風変わり、偶然、多分偶然、大体説明可能、検証可能、合理的、反復可能、立証可能、科学的に正確、にいたった。私は詩的な視点を好んだ。つまり、メタファーである。野原と道路、光と闇、小説家テア・アストレイの現在と過去が平行する時間進路。セント・マリーとセント・ヨセフの聖堂を遺産登録しようとする人々のように、連続性のうちに文化的なものさしを挿入することで、世俗的で測定可能で実証的なものに安全を見いだしていた。それから三年、私は、今ではミノの第三の次元に魅力を感じている。それは私たちの頭のなかの空間でもないし、客観的なリアリティでもない。私たちは大地から進化した。私たちはその電気化学的構造を共有している。どうして、それから完全に区別された自分たちのイメージを持ち続けなければならないというのだ？

とはいえ、すべてはアナロジーである。すべてはメタファーだ。中国の仙山の数々もそうだ。それは、熟練した風水師によって「洞天」と考えられたのだ。こうした山々は、ちょうどドクター・フーのタイム・マシン、ターディスのように、中は無限に広いと考えられていた。こうした山々のうちでは、時間は時間の外に存在する。クライレの前に現れたビジョンは、もしかしたら、そんな次元だったのかもしれない。

サイバースペースは、部分的にはエネルギー・フィールドであるし、また部分的には曲線的時空であるが、これもまた私たちが便利に使うメタファーによって操作されている。電子サイトには、境界がない。しかし、境界はある。そこに客観的なリアリティはない。が、そこに客観的リアリティはある。母親であるホープとアイリスの前に現れたキム・チャップマンとベナード・メルハドの霊たち、あるいは、北シドニーの砂岩峡谷に住まう先住民の精霊たちは、サイバースペースや「洞天」と類似した次元のうちで操作されているのかもしれない。サイバースペースを想像することで、それはリアリティをもちこみ、存在となる。測定することのできない洞天において、空間は無限であり、時間は止まる。しかし、それぞれの仙山には、確定した境(bounded exterior)があり、その外側では時間が過ぎ、実際の生活が営まれ、季節がめぐる。

詩的な真実もここに属している。ヴァン・ゴッホの「星空」にある星たちは、私たちがそれを見ることができる限りにおいて、あらゆる場所、あらゆる夜に旋回し、渦巻く。ロス・エドワーズの大地の低音、デビー・ローズのエネルギーのつながり、アニタ・メイナードのエコーする貝、ペインテッド・レディー、ファヌー諸島のアフター・サウンドも、私たちは知覚することができるのかもしれない。クーニャの割れた爪、ケープ・バレン島の逃げ砂を引っかく「ブラック・ガール」は、正確な意味で発明でもないし、物質でもない。詩人の直観的な洞察は、アボリジニの人々にとって、あるいは詩人自身にとって、ある暴力的に殺された女性の霊がその場所に残っている、ということを別の言い方で伝えているのである。私はかつて、詩的と超自然的は、二つの異なるリアリティ概念だと考えていた。しかし私は、今となってはそれら二つは同じ次元を共有しているのではないかと思っている。

こうして私たちは、――私にとっては――この研究の予想されなかったサブ・テクストだった場所にもどってきた。それは、ローカルな場所の力と現前である。私がインタビューをした、アボリジニのカントリーでの経験を持つ十数人の言語学者や人類学者たちは、ほとんど全員が、アボリジニのカントリーに、その土地のアボリジニの管理者たちと奥深く分け入ったとき、非西洋的な思考がもっとも説得的だったと断言した。経験論的な論理はあまり重要ではなくなり、不適切でさえあった。異なるリアリティの数々、異なる世界理解の諸様式は、これまでは唯一確かな解釈だと思われていた、ただ一つのリアリティや世界理解と共存することが可能であるようだ。ミノの場合がそうだった。問題だったのは、ミノが霊化されたカントリーの力をあらゆる場所で受け入れるということではなかった。そうではなく、彼の霊感は、特定の人物と特定の場所とのあいだの結び目に焦点があたっていたのである。幽霊や精霊は、聖地やカントリーを感じる人々と結びついているようだ。これは、クライレ・ミルナーに近い。

かれらは、「我々もここに帰属しているんだ」といって私に話しかけているんです。私たちはこの土地を所有してなんかいない。私は深く、深く、そう感じています。私は本当に、本当に、そのことを意識しているんです。この時、この空間において、私はその一部です。かれら(アボリジニの精霊たち)は、自分たちを私に見せてくれました。なぜなら、私が、そのことに開いていたからです。私は、かれらがそのことを知っていると感じています。かれらは、ただ素通りしたりはしないのです。存在するためには、尊重されなければならない。

イアン・グリーンの言葉。「そこに行くと、それは、あまりにパワフルなんです」。カヤやレインボウ・サーペントを、そこに自分たちが属しているカントリーで暮らす人々は、見ることができる。そこ以外の場所では見られないし、その人々以外は、見ることができない。一般的にいって、かれらの物語は、そのカントリーに属しており、それが、物語であれ、音であれ、リズムであれ、パルスであれ、ビジョンであれ、それらは、カントリーの独自性によって変化(inflect)する。ロス・バントのアフター・サウンドは、メドロウ・バースのディーバのように、ローカルな陰影をもつ。ロス・エドワーズのパール・ビーチにみられる親密なリズムには、オーストラリアに語りかける特別な何かがある。バイオリン－霊によって表象されるオーストラリアの大地の震動は、ある特定の何かを世界に伝える。エドワーズによる南星たちの交響曲は、その特定の何かを宇宙に伝える。足跡をたどって戻ってみれば、私たちは、パール・ビーチに戻り、メドロウ・バースやモルヤに戻り、バララット、ナウラ、アリス・スプリングス、ディクソン、ウェリントン、ケープ・バレン島、ガラー、ゴアヒル、ウェーブヒルに戻り、そしてオールドマン・バレーに戻る。誰にでも共有される時間だが、それは私たちの現実的な(actual)瞬間である。誰もの宇宙だが、それは私たちの視線(line of sight)であり、私たちの特定のビジョンであり、私たちのローカルな場所である。

ローカリティが重要だ。『無に戻る』(5)において、私は次のように主張した。タスマニアのペダー湖のように脅威を受けたことのあるローカルな場所は、もしも、その土地の代弁者が、そのローカルな美しさの数々の特徴や、共有され強調された自然の普遍的な特性を説明するなら、世界遺産の地位を獲得する最高のチャンスがある。しかし、私たちは、これと同じような仕方で、郊外や街を説明することができない。というのも、こうした場所には、親密で、特定の、生活された、ローカルな破壊から救いだすための、言語や言説がないからである。シドニーのビークロフトにあるマハーズ通りが破壊され跡形もなくなっていくのを見ながら、た私は、ローカルな場所は、実際に保存するだけの価値があると理解した。なぜなら、こうした破壊が住民たちに強烈な痛みを引き起こすから。なぜなら、かつて愛されていたありふれた家は、そこの価値を見いだす人がいる限りにおいて、特別な場所になっているから。なぜなら、詩人のダグラス・スチュアートが言うところの、ミステリーとパトスは、人々が愛し合い、生まれ育ち、争いあった場所では、どこであっても大地からしみだし、水面に気泡となって現れるから。ロス・バントは、こう主張した。「そこに居座ることだ。そこに一番長く居座った人が、その場所の管理人にふさわしい。その場所にどのくらい長くいたのかが、尊重されないといけない」。

そしていまや、ローカルな場所の価値に加えるべきなのは、(それが詩的にであれ、宇宙内在的に(immanent)であれ、超自然的にであれ、異次元的にであれ)人と場所とのあいだに生まれ育つ霊的な力だ。聖地は、その始まりからそれ自身の霊化作用を保持してきた。こうした聖地は、人間によってエネルギーを与えられてきたかもしれないし、自然界全体からかもしれない。こうしたエネルギーは、儀式によって強められたり生み出されたりしてきたかもしれないし、瞑想の副産物として蓄積されてきたかもしれない。しかし、本書に登場した人々は、著作であれインタビューであれ、かれらの経験の根本的特徴を、霊化された場所が個別的であることと、ローカルであることに見いだしていた。私たちがどのように場所への愛着を形成し維持するかについてのさまざまな研究書は、私たちの価値観、感情、あるいはまさに意識そのものを形づくるローカルな場所の力の研究でもあった。本書では、霊化された場所が、ローカリティの意味と価値でもあるということを明らかにした。身体的、感情的、霊的に親しみをもったローカリティは、迫りくるグローバルな画一化と瓦解しつつある国民国家という二つの極とは異なるオルターナティブなのである。

注

（1）本章は、Peter Read, *Haunted Earth*, Sydney: UNSW Press, 2003, pp. 247–255. の拙訳である。ただし、本章のタイトルは保苅による。また、［　］で示した注記は翻訳者である保苅による補足。翻訳の掲載を快諾していただいたピーター・リード氏に心から感謝したい。*Haunted Earth* の最終章であるため、これまでの章で登場した人物たちが多数再登場している。そのため、前後の脈絡がわかりにくく、若干読みづらいことをあらかじめお断りしておく。

ピーター・リードは、オーストラリア国立大学教授、オーストラリアを代表するオーラル・ヒストリアンである。アボリジニを代表する政治運動家チャールズ・パーキンスのオーラル・ヒストリーを出版したことで知られる。また、一九三〇年代から七〇年代の同化主義政策の一環として行われたアボリジニ親子強制隔離政策の被害者たちを「盗まれた世代(stolen generation)」と呼び、その本格的なオーラル・ヒストリー調査を行った歴史学者でもある。Peter Read, *Charles Perkins: A Biography*, Ringwood, Vic.: Viking, 1990.; *A Rape of the Soul so Profound: The Return of the Stolen Generations*, St Leonards: Allen & Unwin, 1999. など参照。

(2) Peter Read, *Belonging: Australians, Place and Aboriginal Ownership*, Cambridge; Melbourne: Cambridge University Press, 2000.

(3) ウェーブヒル牧場での労働生活を強いられていた時代のこと。「ベスティー」は、ウェーブヒル牧場をはじめ、オーストラリア北部の多数の牧場を経営する英国系の大畜産企業。

(4) Lucy Lippard, *The Lure of the Local*, NY: New Press, 2000.

(5) Peter Read, *Returning to Nothing*, Melbourne: Cambridge University Press, 2000.

第七章　歴史の限界とその向こう側の歴史

——歴史の再魔術化へ——

アボリジニのあらゆる情報システムにおいて、知識とは特定の場所と人々にかかわっています。別の言い方をすれば、アボリジニの知識体系で最も重要なのは、知識を普遍化しないという点です。知識が特定化されて地方化しているという事実は、その知識が価値をもつための鍵なのです。

——デボラ・B・ローズ(1)

「自分を(部分的にであれ)殺さずに他者とともに生き抜くことは出来ないね、多分」。

——M・T(2)

ディペッシュ・チャクラバルティは、アカデミズムにおける歴史叙述が絶対に避けて通ることができない二つの条件を提示している。一つは、その歴史物語を語ることができるか否か、つまり歴史の制作可能性の問題。そして二つめに、制作された歴史物語《ストーリー》が理性に照らして擁護可能か否か、つまり歴史の公共性の問題である。この二つの問いに肯定的な回答を与えることができる限り、歴史学者はその歴史物語を「よい歴史」として歓迎する。[3]歴史家の関心は、結局のところ「特定の過去を誰が所有しているかという問いではなく、よい歴史とわるい歴史の区別」[4]なのである。本章は、チャクラバルティの「ヨーロッパの地方化」論に依拠しながら、西洋出自の〈普遍的〉歴史学が直面する歴史の限界、そしてその向こう側に広がる普遍化を否定する歴史の数々、いわば「危険な歴史」の位相をオーストラリア先住民アボリジニのオーラル・ヒストリーをもとに明らかにする。

かつては〈大きな物語り《マスターナラティブ》〉に抵抗を試みていたはずの「マイノリティの歴史」が、マスター・ナラティブ自身の軌道修正によって、〈もう一つの大きな物語り《オルターナティブ・マスターナラティブ》〉に図らずも包摂されてしまうメカニズムについては、ナショナル・ヒストリー批判の文脈で以前にふれたことがある。[5]しかし「よい歴史」が生み出す歴史の包摂的メカニズムを批判する作業は、ナショナル・ヒストリーの産出構造を解体するという限定された課題にとどまらない。そこには歴史学のディシプリンをより根底的に不安定にする深刻な問題がつきまとっているのである。本章が目標としているのは、「地方化された」あるいは「超自然的な」歴史物語《ナラティブ》りを基盤に営まれているアボリジニの植民地史分析の事例を検討することで、「よい歴史」と「危険な歴史」とのあいだのギャップを可視化することにある。さらにこうしたギャップを引き受けつつも、多元的な歴史時空におけるコミュニケーションを放棄しないために必要な歴史叙述の方法を模索する必要を訴えたい。

1　歴史の相対性について

E・H・カーが提出した「歴史とは何か」(6)という問いが、あらためて議論されて久しい。実際のところ、歴史学のディシプリンをめぐって行われたいわゆる「ポストモダン論争」は、おおよそ終結しつつあるといってよかろう。

目的論や史実性を基礎にした「歴史」を一九世紀西洋の発明として歴史化する作業は、ミシェル・フーコーに多くを負っていることは言うまでもない(7)。だがその後、いわゆる言語論的転回が歴史家に突きつけた問いは、「歴史とは何か」というよりは、むしろ「そもそも歴史研究は可能なのか」(リチャード・J・エヴァンズ)であった(8)。ポスト構造主義の諸理論、特にソシュールからデリダへと展開された脱構築論は、歴史家が過去を探索し構築することは根源的に不可能であり、「歴史とはいつでも言説的な形態でしか私たちの前に姿をあらわさない」(パトリック・ジョイス)と主張したからである。[9] こうして現実的とは言説的と同意になり、それゆえ歴史と文学の境界があいまいになった。文書とは現実を置換したテキストなのであってそこに事実はないのであり(ドミニク・ラカプラ)[10]、だから歴史叙述とは結局のところ歴史家の倫理観、あるいは美意識によって基礎づけられたプロットに負っている(ヘイドン・ホワイト)[11]、ということになる。

歴史学におけるポストモダン論争をあらためて取り上げるのが本章の意図ではない。[12] ここで注意を喚起したいのは、以上のように議論された、いわばポストモダニズム的相対主義が、これを逆手に利用した(右派の)歴史修正主義の台頭と、それを警戒して相対主義の行き過ぎを戒めた(左派の)保守化によって、すっかり下火になったという現状である。これは、ホロコーストの表象において脱構築論者が立場の修正・後退(少なくとも慎重な注釈づけ)を余儀なくされ[13]、アップルビィ、ハント、ジェイコブらが、プラグマティズムの立場から「社会の向上にとって運用可能な真実」の探索を訴えたことを指摘すれば十分であろう。[14] 現在多くの歴史(理論)家は、アン・カーソイズとジョン・ドッカーが示した立場に近いはずである。すなわち、文学と歴史とのあいだには境界が存在するが、この境界は以前考えられていたほどには明瞭ではない。[15] 歴史学は、過去の事実に基づいた学問であるが、とはいえある程度までは想像力を必要とする。この若干退屈ではあるが、反論しづらい主張を歴史学におけるポストモダン論争の帰結として、さしあたり受け入れることにしよう。

さて以下では、歴史の相対性をめぐる議論を、言説としての歴史から文化としての歴史に移行したい。「歴史とは過去を理解するための数ある様式のひとつに過ぎない」とする主張は、何も目新しいものではない。たとえばその古典的な研究として、レヴィ＝ストロースの『野生の思考』[16]やエリアーデの『永遠回帰の神話』[17]を挙げることができる。神話(あるいは「野生の思考」)は、歴史とは異なる仕方で過去を構成する。歴史の方法は、文化的(レヴィ＝ストロース)あるいは歴史的(エリアーデ)に神話の方法と対比される。こうしたいわば「歴史と神話」論の特徴は、神話を歴史よりも劣った様式であるとは認めず、歴史と神話とは文化的・歴史的に異なる起源をもつ、異なる過去の構成法に過ぎないと主張する点にある。

一九八〇年代以降さかんになってきた「歴史と記憶」論も、歴史を相対化しようとするもう一つの試みといえるだろう[18]。ここでは歴史のかわりに記憶が過去を探索するための異なるアプローチとして強調されている。方法は様々である。ピエール・ノラのように記憶と歴史を対立概念として示す場合が多いが[19]、歴史を記憶の一様式と規定する者もいる[20]。あるいは歴史と記憶の相互依存関係を強調する議論もある[21]。いずれにせよ、記憶をめぐる諸理論によって、歴史の〈普遍性〉にあらためて疑問が投げかけられたことは疑いえない。

ポストモダン論争、「歴史と神話」論あるいは「歴史と記憶」論が試みてきたこと、それは素朴実証主義に基づいた伝統的学術実践のなかの歴史を言説的、歴史的、文化的に相対化する作業であった。アカデミックな歴史学が、「西洋における歴史記述の西洋性(the Westernness of Western historical writing)」[22]にがんじがらめに取り押さえられていることが、こうして頻繁に指摘されるようになっている。歴史は、一九世紀ヨーロッパ近代の産物として歴史化され、地方化された。こうして歴史の普遍性は疑われ、過去を探索する数ある様式の一つとして相対化されたはずだった。

にもかかわらず、チャクラバルティが指摘するように、「よい歴史」を志向する歴史学の伝統はゆるぎなく保持されている。なぜか。ポストモダニズムの挑戦は、厳然たる「史実」と「真実」のまえに挫折した。「ホロコーストはなかった」とする歴史修正主義者の主張が認められないのは、結局のところ歴史学者が言説よりも史実を優先するからである[23]。あるいは歴史に記憶や神話を対置したところで、学究としての〈歴史の普遍性〉は依然として無傷のままである。神話や記憶の研究は、歴史以外の何かを研究しているというまさにその理由によって、歴史学を脅かす存在にはならない。換言すると、歴史学が暗黙に保持する西洋性をどんなに指摘したところで、歴史学の普遍性は、神話や記憶と容易に共存できるのである。歴史が普遍性を失い、相対性を受け入れたのは、単純に過去を表象する方法の多様さに関してだけであり、知の権力関係において、歴史は依然として歴史学者によって独占され、ディシプリンとしての〈西洋性＝普遍性〉をいかんなく発揮している。

アボリジニのオーラル・ヒストリーによる歴史分析を紹介することで以下に提示したいこと、それは、アカデミックな歴史学とは異なる場所で営まれている多様な歴史実践を、神話や記憶といった歴史の外部へと排除せずに取り上げる試みである。神話や記憶といったオルタナティブを示すことで、歴史のみせかけの相対性を誇張すべきではない。これではアカデミックな歴史の西洋近代性（＝普遍性）に何の影響も与えないだけではなく、ややもするとそれを隠蔽しかねない。ここでの目標は、西洋出自のアカデミックな歴史（普遍的な「よい歴史」）と歴史学が受け入れられない歴史（普遍化されない「危険な歴史」）とのあいだに対話や共奏をうながす可能性を模索することにある。

これまで見てきたように、グリンジの歴史家たちは、オーストラリア植民地史に関する歴史物語りを熱心に筆者に語ってくれた。それは植民地史であって、いわゆるアボリジニの神話ではなかった。[24] さらに、過去を探索し分析するグリンジの歴史実践を単なる記憶と呼ぶこともできないのは明らかだ。にもかかわらず、グリンジの歴史物語りは、決してアカデミックな歴史学者が歓迎するような「よい歴史」ではなかった。以下この点を、「地方化された歴史」と「超自然的な歴史」という二つの視座で整理、検討していきたい。

2　グリンジが語る歴史物語り

オーストラリア先住民族の植民地経験を学ぶために、複数のアボリジニ・コミュニティに訪問許可を求めたのは、一九九六年のことである。多くのコミュニティが私の申請を無視するか、あるいは明確に拒否する返答を送ってきたなかで、オーストラリア北部に位置するグリンジ・カントリーに暮らす人々は、かれらの暮らすダグラグ村への私の訪問を快く受け入れてくれた。

北部オーストラリアの多くのアボリジニの人々にとって、植民地経験とは牧場開発との交渉を意味する。一九世紀中葉以降に北部オーストラリアで本格的に展開した牧場開発者によるアボリジニの土地への侵入パターンは、大きく次のように要約できる。まずホームステッド(牧場の中心となる建物群)を設立するために周辺のアボリジニを土地から追い出し、抵抗がある場合は「報復」の名において殺害も辞さない。そして牧場経営が始まった後も、アボリジニによるゲリラ的抵抗が続く地域では引き続きアボリジニを殺戮し、同時に若い男女を捕獲、あるいは食糧を与えることで誘いだし、現物支給だけの低コストな牧場労働力として利用した。[25]

北部オーストラリアの中央に位置するノーザン・テリトリーに展開した最大級の牧場の一つが、ビクトリア・リバー流域のウェーブヒル牧場である。グリンジの人々のカントリーは、このウェーブヒル牧場地帯とほぼ重なっていた。一九四四年にウェーブヒル牧場を調査した人類学者ロナルド・バーントとキャサリン・バーントによれば、この牧場で暮らすアボリジニが週に受けとっていた食糧は、牛肉の骨とくず肉の他には小麦二〜三ポンド(約〇・九〜一・三キログラム)、砂糖一〜一・五ポンド(約〇・五〜〇・七キログラム)のみである。子供の生残率は六八・四%。[26] もしも、植民地化以降のこうした過酷な生存状況がさらに数十年と続いたならば、グリンジが文字どおり絶滅した可能性も否定することはできない。

労働組合やジャーナリストらの支援を受けたグリンジは、一九六六年、ウェーブヒル牧場での労働を放棄、約二〇キロ離れたダグラグと呼ばれる場所に自営のコミュニティを建設した。そこで自分たちのカントリーを不当に占拠して労働を強いてきた牧場業者に対して、土地をグリンジに返還するよう要求したのである。グリンジの行動は当時のオーストラリア世論を驚かせた。長い闘争のすえ、一九七二年、ウェーブヒル牧場業者は、牧場リース権の一部を分離し、グリンジに移譲することに合意。ついに一九七五年、ダグラグを含む三三〇〇平方キロのリース権がウェーブヒル牧場からグリンジの長老たちに移譲された。こうしてダグラグは、オーストラリア先住民が自営するはじめてのコミュニティおよび牧場となったのである。(27)

文献検索によって得られるグリンジの植民地史に関する知識は、以上のようなものである。そして私はナイーブにも、こうした歴史理解をグリンジの人々自身の語りで肉付けるような、いわば歴史学者にとって「便利な」オーラル・ヒストリーを収集することを期待して出かけていった。

あらかじめ準備した質問項目にそくして「インタビュー」をおこなうことは、かれらも私も望んでいなかった。私の申し出は、「白人がやってきてからのあなた方の歴史を学びたい」という大雑把なものだった。あとは、グリンジの人々が語るに値すると考える歴史を、語りたいときに語ってもらえばよいと考えていたし、そうしたアプローチはグリンジの人々にも歓迎されたようだった。延べ一年を超えるダグラグ・コミュニティでの生活のなかで、グリンジの人々は、木陰に座りながら、食事をとりながら、儀式や集会の場で、狩りや釣りの最中に、四WD車の車中で、キャンプの焚火を囲んで、とにかく機会をみつけては、言葉だけでなく身振り手振りや砂絵なども利用しながら、私が学ぶべきオーストラリア植民地史を聞かせてくれた。ところが、グリンジの長老たちがこうして語ってくれた歴史は、「歴史の公共性」に照らし合わせて擁護不可能な内容が多数含まれていた。それは確かに植民地史であって、アボリジニの創世神話ではなかった。にもかかわらず、グリンジの歴史物語りは、決してアカデミックな歴史学者が歓迎するような「よい歴史」ではなかったのである。[28]

たとえば、キャプテン・クックの歴史について。すでに見てきたように、グリンジ・カントリーに暮らす人々は、異口同音にオーストラリア植民地化の最初期の段階でキャプテン・クック（あるいは彼の部下）がグリンジのカントリーに現れ、アボリジニの人々をライフルで撃ち殺したと証言したのである。あらかじめはっきりさせておきたいのは、学術的歴史学にとって、キャプテン・クック（ジェームズ・クック船長）がエンデバー号に乗って一七七〇年に「発見」したのは、オーストラリア東海岸であり、グリンジのカントリーが位置するノーザン・テリトリー内陸部へ出かけていったという「史実」は存在しない。

キャプテン・クックについて、ジミー・マンガヤリは次のように語ったことがある。

「キャプテン・クック、あいつがやってきた。彼はこのカントリーにやってきて白人をあちこちにおいていった。我々はけっしてそんなことはしない。それはよくないことだ。……なぁ、キャプテン・クックは悪いことをした。奴はアボリジニの人々を撃ち殺し、女を盗んだ。我々はけっしてそんなことはしない。そんなことをするのは白人だけだ。……あいつらはここにやってきて間違ったことをした。だが我々はイングランドに出かけていったりはしなかった」。

とはいえ、グリンジの人々のあいだでも、キャプテン・クックの歴史に関して異なる物語が存在する。たとえばジミー・マンガヤリによれば、キャプテン・クックはノーザン・テリトリー北部のダーウィン沖に現れ、オーストラリアを植民地化するために大陸を南下しながらグリンジのカントリーまでやってきた。別の長老ミック・ランギアリは、キャプテン・クックはまずシドニー湾に現れ、そこに最初の入植地を設け、そこでアボリジニを撃ち殺しはじめたと説明する。その後いったんイングランドにもどると、また多数の白人を引き連れてオーストラリアにもどり、キャプテン・クックの命をうけた他の白人たちがグリンジのカントリーに侵入したのである。あるいはダンディ・ダナヤリによれば、キャプテン・クックはシドニーにボートに乗って現れたが、その後馬に乗って内陸部に侵入し、グリンジのカントリーまでやってきた。

グリンジの歴史実践においては、このように一見相互に矛盾する複数の歴史物語りが共奏することが多い。第二章で詳しく論じたとおり、グリンジの人々が営む歴史は複数性に満ちており、グリンジの歴史を一枚岩的な単一の歴史に収斂することはできないし、グリンジの人々はそのように単一の歴史を構築する意図をもっていない。とはいえ、ダグラグ・コミュニティ滞在時に私が学んだ限りにおいて、キャプテン・クックによるグリンジのカントリーへの侵入を証言し、その不道徳性を分析し批判する点では皆が共通していた。ミック・ランギアリは、この白人によるオーストラリア入植史を「最大の過ち」と呼ぶ。

さて、アボリジニ自身の歴史経験を真剣に学ぼうとする研究者は、こうして決定的なジレンマに陥る。ここには、(素朴実証主義的な)歴史学者の耳にはとどかないサバルタンの語り、「よい歴史」として歓迎されない(あるいは「よい歴史」であることを拒否する)「危険な歴史」がある。グリンジの人々が、キャプテン・クックによるオーストラリア侵略の歴史をどんなに語ったところで、グリンジの歴史が公共性をもつことはありえない。なぜなら、歴史学者はキャプテン・クックがグリンジのカントリーに現れなかったことを知っているからである。

太田好信は、「サバルタンは語れない」という意味について、「たとえサバルタンが死にもの狂いで語ろうとしても、それを聞いてはもらえないということ」というスピヴァクの発言に注目し、「サバルタン状態を産出している知識/パワーの関係を変化させずには、サバルタンは「われわれにとり聞くに値する発話」を行うことができない」と説明している[29]。キャプテン・クックがグリンジのカントリーにやってきてアボリジニを撃ち殺したという歴史は、それが歴史学者の認める史実に基づかないがために、アカデミックな歴史学者が産出する歴史時空に迎え入れられることはないのである。「私はあなたの記憶を尊重するが、それは歴史ではない」という態度も問題の解決にならない。むしろ、グリンジの語る物語りを「歴史」ではなく「記憶」として分類しようとする、そうしたアカデミックな知の権力作用それ自体が問われているのである。以下、この点を詳細に検討していこう。

3 「地方化された歴史」について

いわゆる地方史(local history)は、本章で私が論じたいと考えている「地方化された歴史(localized history)」ではない。地方史とは、つまり地域社会についての歴史であって、それは歴史学の普遍性を揺るがす存在ではない。地方史という〈断片〉は、暗黙の全体を想定しているのであって、こうした断片は、全体の複雑さや多様性を示す指標にはなるが、全体性そのものを脅かすことはない。地方史は、歴史学者が営む公共性をもった歴史時空に還元可能である。一方、「地方化された歴史」という名で私が示そうと考えているのは、全体性を想定しない断片、〈普遍的な〉歴史時空に還元不可能な歴史をさす(30)。それは地域社会の歴史ではなく、地域社会化された歴史である。特定の地域社会《ローカリティ》の文脈では意味をなしていても、普遍化を志向する歴史学者には「間違った歴史」にみえてしまう歴史といってもよい(31)。

グリンジの人々が語る植民地史、それはグリンジ・カントリーにおいて地方化されたオーストラリア史なのであって、アカデミックな〈普遍的〉歴史学によって、おそらくは拒絶される運命にある〈断片的な〉歴史である。これはなにもグリンジの人々に限ったことではない。キャプテン・クックの歴史物語りは、北部オーストラリア各地のアボリジニたちによって、それぞれのカントリーに地方化されている(32)。地方化された歴史は、特定の地方において真なる歴史なのであって、こうした歴史がアカデミックな〈普遍化されたヨーロッパの〉歴史時空に参加していないからといって、それを「間違った歴史」と即断することはできない。むしろ、歴史学者が「その歴史は間違っている」と語るとき、そうした発言がいかなる知識体系に条件づけられているのかを見定めることが重要である。アカデミックな歴史時空からのみ発話する研究者は、はたしてグリンジの語る歴史が正しいか間違っているかを判断できる立場にいるのであろうか。その判断は、いかなる権力・真実の準拠枠のうちになされているのだろうか？

　このようなアボリジニの人々による歴史実践が我々に突きつけているのは、歴史時空の根源的多元性であり、西洋近代を普遍化することに取り憑かれてきたアカデミックな歴史の限界である。こうした「危険な歴史」を「間違った歴史」として排除することは、アカデミックな知の権力が世界にひろがる多様な歴史時空を植民地化してゆく営み以外の何ものでもない。グローバリゼーションと文化的差異が叫ばれている現在、歴史学に求められているのは、自らの普遍性の限界を認識し、その限界の向こう側にひろがる多様な歴史群を排除や包摂によって植民地化することなく、それらとのコミュニケーションの可能性を模索することではなかろうか。この点に関して、人類学者デボラ・バード・ローズの指摘は示唆的である。[33]

(アボリジニによるキャプテン・クックの物語は)キャプテン・クックの航海に関する西洋の知識からは奇妙にみえる。しかしより興味深いのは、こうした差異が重要ではないという点である。侵略は確かに起こったのであり、人々は確かに撃ち殺されたのであり、かれらのカントリーは確かに盗まれたのだ。この(アボリジニの)物語を聞こうとしない者だけが、(白人とアボリジニとのあいだの)キャプテン・クックの物語の差異をことさらに問題視するのである[34][傍点は引用者による]。

ここに、スピヴァクが訴える「自ら学び知った特権をわざと忘れ去ってみる＝ときほぐす(unlearn)[35]」ための契機を見いだすことはできないだろうか。学び知った知識人である歴史学者は、キャプテン・クックがグリンジのカントリーに出現しなかったことを「知っている」。この「知っている」という特権を「わざと忘れ去って＝ときほぐして」みない限り、多元的歴史時空にアカデミックな歴史叙述が自らを開いていく可能性は閉ざされたままである。

この問題をさらに掘り下げるために、近代社会科学としての歴史学が直面するもう一つの歴史の限界を検討したい。それは、歴史物語に登場する超自然的存在についてである。

4　ポスト世俗的な歴史叙述

キャプテン・クックによるグリンジ・カントリーの侵略につづいて起こったのは、白人牧牛業者たちによる牧場開発であった。すでに述べたように、グリンジの人々の多くは、ウェーブヒル牧場を集団退去して土地権獲得運動をはじめるまで、このウェーブヒル牧場での労働に従事した。ところで、このウェーブヒル牧場は、一九二四年二月に起こった大洪水で一度完全に破壊されたことがある。当時の新聞は、この様子を次のように報告している。

ウェーブヒル牧場本部は、洪水によって完全に流された。キッチンや小屋の類が残っているだけである。……牛の様子はわかっていない。しかしストックマン(牧夫)によると、洪水以前には四インチの降水しかなかったため、ほとんどの牛が河川に集まっていた。この洪水ではこうした何百、もしかしたら何千という牛が死亡したかもしれない。(36)

この洪水の後、ウェーブヒル牧場本部は河川から一〇キロ以上離れた地点に移転した。実際この記事を読むだけでも、ウェーブヒル牧場の洪水がいかに大惨事であったかをうかがうことができる。しかし、こうした新聞やその他の報告は、なぜこの洪水が起こったのかについては説明していない。それはもちろん大量の降雨があったからであるが、いったいなぜこの特定の年に、この特定の場所で大量の降雨があったのだろうか？　グリンジの人々はこの問いに対する回答をもっている。それは、ダグラグの長老のひとりであるジョージ・カリビリによると、彼の父親であるディンガーが意図的に雨を降らせたからなのである。以下、主にジョージ・カリビリによる説明をまとめた。

この年、それまでまとまった雨がほとんど降らず、ウェーブヒル牧場の牛や馬たちは牧草がなくなって困っていた。そこで雨を降らせる能力をもったディンガーは、大雨を降らす決心をした。雨を降らせるためには「レインストーン(水晶)」が必要となる。このレインストーンを水に浸すだけでも雨を降らせることができるが、このときディンガーはもう少し込み入った作業を行った。彼は、雨をつかさどる大蛇（レインボウ・サーペント）[37]が暮らす湖に潜ると、この大蛇を見つけだした。ディンガーは、レインストーンを直接大蛇に渡すと大雨を降らせるよう依頼したのである。その翌日から数日間、グリンジ・カントリーに雨が降り続いた。ディンガーは、牛を助けるために雨を降らせたのだが、結局は牛を洪水で流してしまったのである。

このウェーブヒル牧場の洪水物語にも様々なバリエーションがある。グリンジの人々は、ディンガーが洪水を引き起こしたという大筋では一致しているが、その目的に関して様々な歴史分析がなされている。たとえば、ノリーン・モリスによれば、ディンガーが大雨を降らせたのは、白人の牧場主がアボリジニの雨をコントロールする能力を信じなかったからである。別の解釈は、白人が降雨の少なさに困り果ててディンガーに雨を降らせるように頼んだ、というものである。その一方で、ミック・ランギアリは、洪水で白人を押し流すことがディンガーの目的だったと主張している。ここでも、複数の歴史がグリンジ・カントリーで共奏していることがわかる。

このグリンジによるウェーブヒル牧場の洪水についての歴史も、学術的歴史実践に生きる歴史学者を大いに戸惑わせるはずである。なぜなら、「一九二四年にウェーブヒル牧場で起こった洪水は、グリンジの男性がレインストーンを使って降雨を引き起こしたためである」とする歴史解釈、つまり超自然的な現象や存在を基礎にした歴史分析は、アカデミックな歴史学では許されないからである。

ラナジット・グハによるサンタル人の農民蜂起に関する研究について、チャクラバルティは、これと同様の問題に取り組んでいる。それは、反乱が神(タクール)の命に従ったものであると主張するサンタル自身の声を歴史学者が聞き入れることができないジレンマについてである。

反乱者の声を真剣に聞き取りたいと望んでいるにもかかわらず、グハは十分真剣にそれを受け取ることができない。というのは、公共生活を構成するものにたいして近代的な理解を施そうとする限り、神的あるいは超自然的なものを含む出来事には、理性に照らして擁護できる語りの戦略を我々に与えてくれる原理が存在しないからである[38]。

こうしてアカデミックな歴史家は、サンタルの「信仰」[39]を人類学的に解釈してしまい、「体制を破壊する歴史ではなく、「よい」歴史を書いてしまう」。しかし、人類学的解釈をどんなにほどこしても、大蛇が雨を降らしたことを歴史学者が信じ(ようとはし)ないことに変わりはない。当然ながら、この問題は人類学者によっても提出されている。たとえば浜本満は、妖術信仰を説明するための様々な分析を行った後に、こうつぶやかざるをえないジレンマを指摘する。

それにしても私は、この信仰についてほんとうにはわかっていない。というのも、こうした説明をしたからといって、私自身、人びとが信じているようなことを信じられるような気は全くしないし、いかにしてそういうことを信じられるようになるのかもわからないからだ。[40]

そこには「いまだに乗りこえがたい距たりがある」[41]のである。ここでも学術的な人類学・歴史学は、自らの普遍性、公共性に固執せざるをえないがために、その限界に直面する。チャクラバルティは、アカデミックな歴史叙述とサンタルの人々の歴史経験とを同化することが不可能であるという点、まさにこの「還元不可能な多元性」に注意を喚起し、サンタルの声と歴史家の声の双方にたたずみ、そして「そのギャップにたたずむこと(to stay with the gap)」を訴える。[42]

チャクラバルティがいう「ギャップにたたずむ」とはいかなる態度をさしているのだろうか？　これは、筆者が模索している多元的歴史時空におけるコミュニケーションの可能性と密接にかかわってくる。グリンジの大蛇、サンタルの神との関連でいえば、これは世俗主義《セキュラリズム》の限界にかかわる問題である。歴史化という作業に密接にかかわってきた「世界の脱魔術化」は、世界を支配する唯一の原理ではない、とチャクラバルティは主張する。[43]つまり、歴史学者であっても、世俗的で均質な歴史時空とは異なる、神や精霊が行為する時空にもその身を同時において生きているのである。[44]たとえそれが、近代の公共世界から周到に排除され、生活世界の中で〈断片化〉されているとしてもである。

雨の大蛇に限らず、グリンジの人々の語るオーストラリア植民地史には、ドリーミング（アボリジニの創世神話）に存在の起源をもつ様々な超自然的存在が介入してくる。ここで重要なのは、こうした超自然的世界が、近代（植民地化）以前からグリンジの人々の生活世界に存在していたからといって、かれらが近代世界を生きていないことを意味しないという点である。なぜなら、これはミルチャ・エリアーデが繰り返し訴えていたことだが、人間の思考や活動にとって、聖性は過去のものではないからである[45]。雨の大蛇といった超自然的存在が介入するグリンジの歴史分析は、西洋の植民地主義に直面したオーストラリア先住民の近代的思考を体現しているのであって、それを前近代的と呼ぶことはできない[46]。

学術的歴史学は、たしかに超自然的存在を記述する言語をもたない。しかしその一方で、超自然的存在はグリンジやサンタルと同様に我々の生活世界にとって身近である。チャクラバルティは、ここで「二重の意識」に着目する。西洋近代が要請する世俗的時間意識と、超自然的な時間意識は、我々のうちに同時に存在している。人々は、多元的世界を二重の意識によって実際に生きているのであり、両者は矛盾しつつも相互に結びついている[47]。つまりグリンジやサンタルの歴史意識は、我々にとって信じることはできなくとも、我々自身もそうした世界と無縁に生活しているわけではない。こうした超自然的な「危険な歴史」と西洋近代の〈普遍的〉歴史学とのあいだに距たりがあったとしても、それはアボリジニによる歴史実践とそれ以外の歴史実践とのあいだで「ギャップごしのコミュニケーション（communication over the gap)」が不可能であることを意味しないはずである。(48)

これは、歴史叙述におけるポスト・セキュラリズム（ポスト世俗主義）の可能性を示唆している。「ポスト・セキュラリズム」は、近年使用されはじめた言語であり、かならずしも定まった定義があるとは思えない。ここではさしあたり、近代社会が促進した公共世界の世俗化というポリティクスの限界を探るためのアプローチとしてこの概念を使いたい。(49)「二重の意識」が要請する態度は、グリンジやサンタルの超自然的な歴史をいわゆるニューエイジ運動のごとくそのまま単一の歴史時空に普遍化することを意味していない。そうではなく、グリンジの歴史をアカデミックに普遍化（＝世俗化）せざるをえない意識と、こうした普遍化を拒んで歴史時空の多元性を引き受ける意識とを同時に保ちながら歴史叙述を行う態度である。

グリンジの大蛇の歴史物語に関して言えば、我々は一方で、かれらのオーラル・ヒストリーを〈世俗化〉することができる。つまり、この歴史物語をつうじて植民地権力構造を批判しようとするグリンジの意図を見いだすことは、かならずしも困難ではない。グリンジの人々は、白人には及びもつかない能力をもっていることを示すことで、白人がアボリジニに依存しなければ牧場経営ができなかったことを示すことで、さらにアボリジニが白人を溺れさせようとした事例を示すことで、白人の入植以降に経験してきた植民地主義的な権力構造に対する転倒作業を行っていると考えることができる。しかしその一方で、アボリジニが大蛇を使って大雨を降らせたという「危険な歴史」を〈普遍化〉不可能な歴史として、無毒化せずにそのまま引き受け（ようとす）る態度も同時に求められている。この二つの歴史叙述を矛盾しつつも同時に行うこと。これこそが、ギャップを承認しつつもコミュニケーションの可能性を放棄しない態度ではなかろうか。

ウィリアム・コノリーは、『なぜ私は世俗主義者ではないか』のなかで、「深い多元主義」を訴え、次のように記している。「異なる諸空間を横断する多元的な接続線を形成することは、ポスト世俗社会における寛大な参加エートスにとって決定的に重要である」(50)。ポスト世俗主義がめざすのは、超自然的存在あるいは霊性《スピリチュアリティ》と呼ばれているものを、世俗主義者のように公共世界から排除せず、しかし原理主義者のように普遍化もせず、深く多元的な世界の相互交渉を促進する地平を切り拓く作業である。

5　クロス・カルチュラライジング・ヒストリー

本書でこれまで紹介してきたような、アボリジニの語る「危険な歴史」は、確かにこれまでも神話論や記憶論のなかで尊重されつつ熱心に議論されてきたかもしれない。しかし、地方化された歴史や超自然的な歴史を、記憶や神話としてどんなにすくいあげても、歴史としては扱わないというまさにその理由ゆえに、「よい歴史」を志向する歴史学の伝統はゆるぎなく保持されてしまう。つまり「尊重してすくいあげる研究者」と「尊重されてすくいあげてもらうアボリジニ」とのあいだの権力関係は無傷のまま温存されてしまうのだ。これではアカデミックな歴史学の西洋近代性(＝普遍性)に何の影響も与えないだけではなく、ややもするとそれを隠蔽しかねない。アカデミックな歴史叙述がもつ「表象＝代表の作用はいまだに衰えてはいない」(51)(スピヴァク)のである。

ここで、本書が扱っている問題が、いわゆる歴史人類学やエスノヒストリーの課題ではないことを強調しておきたい。本書の試みは、歴史人類学のように、過去の出来事や心性を人類学的分析手法で解釈する作業ではないし、エスノヒストリーという名にしばしば含意される「文明の歴史」と「原住民の歴史」との区別とも無縁である(52)。歴史学者グレグ・デニングは、自らが営むエスノグラフィックな歴史叙述を通常のエスノヒストリーと区別して「歴史の詩学(a poetic for histories)」と呼んでいる(53)。

過去に関する知識は、すべての人々がそれぞれの文化や社会システムのもとで表現してきた。……多数の文化があるように、多数の歴史があるのだから、その形式や構造や機能に応じてエスノグラフィックな記述を行う必要がある。歴史の詩学とは、こうしたエスノグラフィックな記述のことである(54)。

ここでいうエスノグラフィックな記述を必ずしも人類学的な解釈や分析と考えるべきではない。むしろデニングの唱える「歴史の詩学」は、多元的歴史時空を多元的に記述するためのアプローチをさしていると理解したい。求められているのは、アカデミックな歴史がそれ以外の歴史を〈普遍化〉しようとする際の限界に留意し、多元的歴史時空において相互の交渉・接続・共奏をうながすような歴史叙述の方法を見いだすことにある。この文脈において、チャクラバルティの「ヨーロッパの地方化」論とデニングの「歴史の詩学」とが交錯する地点で営む歴史叙述が求められているといえる。これをクロス・カルチュラライジング・ヒストリー(cross-culturalizing history)の企てと呼びたい(55)。

〈大きな物語り《マスターナラティブ》〉から排除されてきたマイノリティたちが歴史表象の表舞台に登場し、アカデミックな歴史叙述の多文化化が唱えられて久しい。だが、「よい歴史」の範囲内で営まれる歴史の多文化主義は、アカデミックな知の権力構造を不可視に温存する「コスメティック・マルチカルチュラリズム(56)(取り繕いの多文化主義)」を生み出しかねない。文化史あるいは通文化史(cross-cultural history)が、マイノリティもふくむ歴史の複雑さに基礎づけられた叙述をどんなに試みても、歴史そのものが支配的文化に条件づけられている点が根源的に問い直されない限り、歴史語りをめぐる権力作用に十分な批判を加えたことにはならない。通文化的エージェントによる歴史(history of cross-cultural agents)を探索するだけでは不十分である。むしろ歴史そのものを通文化化すること(to cross-culturalize history itself)が重要なのではあるまいか。マイノリティの歴史に関する歴史叙述の営みが、コスメティック・マルチカルチュラリズムである限り、歴史学者がサバルタンの声を真摯に聞くことはない。だからこそ歴史の限界とその向こう側の歴史とのあいだのギャップに歴史家が正面から向きあう必要があるのだ。

また、クロス・カルチュラライジング・ヒストリーというプログラムが試みようとしているのは、必ずしも言説分析や脱構築ではない。これはむしろ、ギャップごしのコミュニケーションを通じて、〈歴史への真摯さ(historical truthfulness)〉が接続されてゆく可能性にかける、いわば新たな歴史経験論である。グリンジの歴史家たちは、自分たちが営む歴史実践を、なにか「テクストとの無限の戯れ」のようなものだとは考えていない。グリンジ・カントリーで営まれている歴史実践がポストモダン的であるとすれば、それは異なる歴史の語りが共奏するという、語りの不安定さ、その分散的特性においてである。つまり歴史物語りを普遍化するよりは地方化しようとする志向、さらに一見矛盾する複数の歴史語りを共奏させる営みからアカデミックな歴史学者が学ぶことは多いはずである。だがここでもう一度注意を喚起したいのは、グリンジの人々が「実際にあった歴史」としてキャプテン・クックのオーストラリア侵略や大蛇による洪水を語っている、という点である。つまりグリンジの歴史実践は、自分たちの歴史が経験的に紡ぎだされることを前提に営まれているのであって、言説の差異のシステムとして語っているわけではないのである。

ところで、「あなたは〈グリンジの歴史実践〉なるものを本質化し、アカデミックな歴史叙述との二項対立関係をことさらに固定化していないか」という、十分に予想される批判に対して、ここで二重の回答を与えておくことは蛇足ではあるまい。第一に、戦略的本質主義について。コロニアルな権力構造を批判するエリート知識人は、ときに言説分析という自ら学び知った方法を「わざと忘れ去ってみる＝ときほぐす」必要があると訴えたい。私が歴史を教わったグリンジの長老たちは、グリンジ語でいうグンビン(アボリジニ)とカリヤ(白人／非アボリジニ)とのあいだの明確な二項対立関係をしばしば主張し、「我々グリンジの物語」を「かれら白人たち」がいっこうに聞こうとしないことを繰り返し批判していた。その上で、かれらが「我々の歴史をオーストラリアだけでなく日本の人々にも伝えて欲しい」と私に語ったとき、グリンジの長老たちの期待は、私が学んだグリンジの歴史物語りを「反植民地主義的言説(counter-colonial discourse)」として(のみ)扱うのではなく、「実際にあった歴史」として物語ることであるはずだ。これはつまり、「アボリジニ《グンビン》の法は、白人《カリヤ》の法とはちがう」として自分たちを本質化するグリンジの人々を啓蒙主義的に脱構築することを、ひとまずは差し控える(suspend)態度の要請である。

だがこうした態度は、私がダグラグ滞在中に最も親密なつきあいをしたグリンジの男性長老たちを特権化してしまう危険をはらんでいる。ここで、ハイブリッド性に関する第二の回答が不可欠となる。西洋型の学校教育を受けたことのないアボリジニの男性長老を中心に教わった歴史物語りが、私のエスノグラフィックな記述のなかで「グリンジの歴史」として全体化・固定化され、たとえばグリンジ・カントリーに暮らす女性や若者の歴史の語りを抑圧している可能性はないか。より具体的には、近い将来にグリンジの若者が高等教育を受け、授業でキャプテン・クックがオーストラリア大陸東海岸を「発見」したことを学び知り、グリンジの歴史が「ハイブリッド化」されていく契機を私は無視していないだろうか？　この批判に対して、私はまずグリンジの植民地史分析は、その定義上、すでに／常にハイブリッドであることを強調したい。西洋近代がもたらした知識や事物の流入なくして、グリンジの歴史物語りに「キャプテン・クック」や「ウェーブヒル牧場」が登場する余地はない。さらに、グリンジの若者が高等教育を受けて〈普遍的〉歴史学を学んでゆくこともおおいにありえることであり、実際アカデミックな舞台で活躍するアボリジニの歴史学者は年々増加している[57]。つまり、グリンジをはじめ、オーストラリア先住民社会のハイブリッド化は着実に進行しているのであって、それが望ましいか望ましくないかはグリンジでもアボリジニでもない私が論じる課題では必ずしもないのではあるまいか。将来、グリンジ・カントリーにおいて、キャプテン・クックが一七七〇年にオーストラリア東海岸を「発見」したとする歴史が、キャプテン・クックがグリンジの人々を撃ち殺したとする歴史を排除するのか、それとも双方が共奏するのか、それは私にはわからない。

むしろこのハイブリッド性に関して注意を喚起したいのは、こうした歴史実践のハイブリッド化が、かくも一方向にのみ進行していることの問題性である。西洋近代の絶え間ない流入によって、グリンジをはじめアボリジニの歴史実践がどんどんハイブリッド化しているにもかかわらず、先住民族／少数民族のエージェンシーを声高に訴えてきたはずの「リベラルで民主主義的」な歴史学のディシプリンは、十分にハイブリッド化されたとはいいがたい。これは、アカデミックな知の産出構造、そしてそれと共犯関係にあるグローバルかつナショナルな政治経済構造が再生産し続けている権力作用を問題としなければ説明がつかない。だから実際のところ、コスメティック・マルチカルチュラリズム批判の射程は、アカデミックな知の権力作用にとどまらず、それを温存・強化しているグローバルかつナショナルな政治経済体制へと向かわざるをえないのである。(58)

ガッサン・ハージは、マイノリティを包摂しようとする多文化主義的ナショナリズムは、マイノリティを排除しようとする排除的ナショナリズムと同様に、マジョリティによって管理される客体としてマイノリティを位置づける営みにかわりはないことを鋭く指摘している。(59) マイノリティに関するアカデミックな歴史叙述が「よい歴史」の範囲内で行われる限り、マイノリティの語る「危険な歴史」は、「間違った歴史」として排除されるか、そうでなければ記憶や神話という名のもとで「管理される客体」として無毒化されるだけである。サバルタンは、あいかわらず語れないのだ。

6　歴史経験への真摯さ

さて、ここであらためて自問すべきは、なぜ我々は、キャプテン・クックの侵略や大蛇による洪水の歴史を(信じることができないとしても)一定の範囲で理解することができるのか、という問いである。グリンジの歴史家は、たとえば「キャプテン・クックが月に出かけていってサーフィンをした」とは言っていない。そうではなく「キャプテン・クックがグリンジ・カントリーにやってきてアボリジニを撃ち殺した」ことを主張している。歴史学者はいかなる意味でも前者の語りを理解することができない。それは、経験的に紡ぎだされた〈歴史への真摯さ〉として接続可能性を見いだせる余地が見あたらないからである。しかしローズが指摘したように、後者の語りは、歴史学者が理解するオーストラリアの植民地史とのあいだで関係を取りむすぶことができる。学術的歴史実践における〈真摯さ〉においても、オーストラリア侵略は起こり、アボリジニは殺されたのである。同様に、大蛇が洪水を起こしたという歴史は、超自然的世界が我々の〈生活世界〉において異質でないという意味で無関係とはいえない。換言すると、「よい歴史」と「危険な歴史」とのあいだには、「乗りこえがたい距たり」つまりギャップがあるにもかかわらず、我々はグリンジの語る物語りに〈歴史への真摯さ〉を見いだすことができる。これは、ひとえにグリンジの語る歴史が経験的(experiential)に紡ぎだされたからなのではなかろうか？

「歴史的真実(historical truth)」との対比で「歴史への真摯さ(historical truthfulness)」への注目・シフトを訴えているのは、テッサ・モーリス＝スズキである[60]。モーリス＝スズキは、歴史的真実は一般に歴史家が接近して記述することが可能な「外的な」客観的存在であると想定されているが、これは錯覚であると主張する。ただし、こうした錯覚が生まれるのは、歴史的真実が存在しないからではなく、歴史的真実が無尽蔵にあるからなのである。その一方で、歴史への真摯さは、歴史を探索する主体と探索される客体との関係性のうちにある。つまりここでは、歴史家が無尽蔵な歴史的真実に向かうさいのプロセスに重点がシフトしているのであり、必然的に過去に接近しようとしている歴史家自身のポジション、歴史家がもっている偏見《バイアス》に最大の注意を払う必要が生まれる[61]。

私が、多元的歴史時空のコミュニケーションの可能性にかけるのは、この〈歴史への真摯さ〉をめぐるプロセスの交渉や共奏が「危険な歴史」とのあいだで不可能ではないと思えるからである。「経験(的事実)」と「真実」とを結びつけるプロセスは、実証主義的な学術的歴史実践とグリンジ・カントリーで行われている歴史実践とのあいだで異なっているのだが、とはいえ双方とも言説ではなく「実際にあったこと」を問題としている点では一致している。つまり、グリンジの歴史実践は、近代実証主義的な経験論(empiricism)とは異なる仕方で〈歴史への真摯さ〉を紡ぎだしているということができる。グリンジ・カントリーで営まれている「地方化され」「超自然的な」歴史分析において、大蛇もクックも〈経験的な歴史への真摯さ(experiential historical truthfulness)〉のうちにある。この〈経験的に真摯〉であるという特徴こそが、グリンジの「危険な歴史」が、たとえばホロコースト否定論者が営む「間違った歴史」と根本的に異なる点である。というのも、歴史修正主義者の多くが、〈真摯さ〉を通じた多元的コミュニケーションを求めてはおらず、むしろ自分たちの〈歴史的真実(虚構)〉を排除的に普遍化しようとするコロニアルな欲望に基礎づけられているのに対し、グリンジの歴史物語りは、あくまでもローカルな文脈において歴史の多元性と共奏を基礎に営まれ、相互的交渉関係のなかで立ち現れてくるからである。〈歴史的真実〉は、しばしば閉鎖的で排他的になる。しかし〈歴史への真摯さ〉は、他者に対して開かれている。(62)

双方向的なハイブリッド化、あるいは多元的世界のコミュニケーションについて、グリンジの長老ミック・ランギアリは、私に次のように語ったことがある。

「そう、アボリジニのやり方と白人のやり方を両方学ぶべきだ。世界のどこからきた者であっても、共に暮らし、共に働くべきだ。これはとても困難ではある。でも少しずつ、お互いを理解しあってゆけばいい」。

アカデミックな研究者たちは、このミック・ランギアリの呼びかけに対して、どこまで真摯に応えることができるだろうか。

アカデミックな歴史学は、「危険な歴史」が突きつける〈経験的な歴史への真摯さ〉と交渉関係にはいるべきである。もちろん、チャクラバルティの企てがそうであるように、クロス・カルチュラライジング・ヒストリーもまた、西洋出自の〈普遍的〉歴史学を否定することがその目的ではない。むしろ私が強調したいのは、歴史学者は、この〈普遍性＝西洋近代〉にあまりに多くを負っているのであり、そこから逃れたふりをすべきではない、という点である。だが、こうした歴史学が一九世紀西洋の産物であることが繰り返し指摘されてきた以上、もはやそこに安住するわけにもいくまい。であるならば、この〈普遍的〉歴史学から逃れられないがために遭遇する「歴史の限界」を隠蔽せず、それをあからさまに記述することがまずもって重要なのではあるまいか。それは、「永続的緊張関係にある、互いに矛盾する二つの視座の対話[63]」なのであり、こうした対話を思索的に営むのがチャクラバルティの「ヨーロッパの地方化」論であり、これをエスノグラフィックに行うのがデニングの「歴史の詩学」であるならば、クロス・カルチュラライジング・ヒストリーの企ては、この両者の交錯点に立ち、「危険な歴史」をめぐる位相をエスノグラフィックに叙述しつつ〈経験的な歴史への真摯さ〉をつうじた多元的歴史時空の接続可能性――ギャップごしのコミュニケーション――をどこまでも粘り強く模索しつづける営みである、ということができるだろう。フーコーはかつて、「最もあてにならない所」に権力作用を探し求めた。こうした権力作用が可視化された現在、我々は「最もあてにならない所」から立ち現れる歴史と対話する術を学ばなければならない。

注

（1）デボラ・B・ローズ『生命の大地――アボリジニ文化とエコロジー』保苅実（訳）、平凡社、二〇〇三年、八〇ページ。

（2）「ギャップごしのコミュニケーションはどうしてかくも困難なのに、可能であるようにも感じるのか？」と、書き送った筆者の電子メールに対する友人M・Tからの返信。

（3）ディペッシュ・チャクラバルティ「マイノリティの歴史、サバルタンの過去」臼田雅之（訳）、『思想』一九九八年九月号、三二ページ。

（4）Dipesh Chakrabarty, *Provincializing Europe: Postcolonial Thought and Historical Difference*, Princeton: Princeton University Press, 2000, p. 97.

（5）拙稿「アンチ・マイノリティ・ヒストリー――ローカルかつグローバルな歴史へ向けて」『現代思想』二〇〇二年一月号、二〇―三二ページ。

(6) E・H・カー『歴史とは何か』清水幾太郎(訳)、岩波新書、一九六二年。

(7) ミシェル・フーコー『言葉と物――人文科学の考古学』渡辺一民・佐々木明(訳)、新潮社、一九七四年、『知の考古学』中村雄二郎(訳)、河出書房新社、一九七〇年。

(8) リチャード・J・エヴァンズ『歴史学の擁護――ポストモダニズムとの対話』今関恒夫・林以知郎(監訳)、晃洋書房、一九九九年、二ページ。

(9) パトリック・ジョイス「二元論を超えて――歴史学とポストモダンII」大久保桂子(訳)、『思想』一九九四年四月号、四五ページ。

(10) ドミニク・ラカプラ『歴史と批評』前川裕(訳)、平凡社、一九八九年。

(11) Hayden V. White, *Metahistory: The Historical Imagination in Nineteenth-Century Europe*, Baltimore: Johns Hopkins University Press, 1973.

(12) 『思想』の一九九四年四月号で特集された「歴史学とポストモダン」は、歴史学におけるポストモダニズム論争を概観している。あるいは、Keith Jenkins ed., *The Postmodern History Reader*, London: Routledge, 1997. も概説書として最適である。

(13) ソール・フリードランダー編『アウシュヴィッツと表象の限界』上村忠男・小沢弘明・岩崎稔(訳)、未來社、一九九四年。

(14) Joyce Appleby, Lynn Hunt, and Margaret Jacob, *Telling the Truth About History*, New York: W. W. Norton, 1994. チャクラバルティは、歴史叙述においてプラグマティズムを重視する立場が、いかに「アメリカ的」であるかについての興味深い書評を書いている。Dipesh Chakrabarty, "Small Workable Truths", *UTS Review*, vol. 2, no. 1, 1996, pp. 159–163.

(15) Ann Curthoys and John Docker, "Is History Fiction?", *UTS Review*, vol. 2, no. 1, 1996, pp. 12-

37.

(16) クロード・レヴィ＝ストロース『野生の思考』大橋保夫(訳)、みすず書房、一九七六年。

(17) ミルチャ・エリアーデ『永遠回帰の神話――祖型と反復』堀一郎(訳)、未來社、一九七九年。

(18) 英語圏では、『レプリゼンテイション』誌が一九八九年に出した特集、"Memory and Counter-Memory"が、歴史家による記憶論の火付け役になった。Natalie Zemon Davis and Randolph Starn eds., "Memory and Counter-Memory", *Representations*, special issue, no. 26, University of California Press, 1989.

(19) ピエール・ノラ「序論　記憶と歴史のはざまに」長井伸仁(訳)、『記憶の場――フランス国民意識の文化＝社会史　第一巻　対立』岩波書店、二〇〇二年、二九―五六ページ。

(20) たとえば、Patrick H. Hutton, *History as an Art of Memory*, Hanover; London: University Press of New England, 1993.

(21) たとえば、ジャック・ル・ゴフ『歴史と記憶』立川孝一(訳)、法政大学出版局、一九九九年。あるいは、Kate Darian-Smith and Paula Hamilton eds., *Memory and History in Twentieth-Century Australia*, Melbourne: Oxford University Press, 1994.

(22) Ann Curthoys and John Docker, 前掲論文、p. 16.

(23) エヴァンズ、前掲書、一〇一ページ。

(24) ただし、本章第四節で詳しく述べているように、創世神話も含んだ「ドリーミング」と呼ばれるアボリジニの宗教世界・宇宙観は、グリンジの植民地史分析のなかで頻出する。だが、こうした超自然的存在が歴史分析に介入したからといって、それが近代植民地史の分析であることにかわりはない。

(25) この過程については、保苅実「アボリジニ部族経済と牧場労働——グリンジ族土地所有権運動の歴史的背景」『オーストラリア研究』第八号、一九九六年、一四—二七ページ。

(26) Ronald M. Berndt and Catherine H. Berndt, *End of an Era: Aboriginal Labour in the Northern Territory*, Canberra: Australian Institute of Aboriginal Studies, 1987, pp. 57-83, 286.

(27) グリンジの牧場退去運動については、保苅実「オーストラリア先住民の牧場退去運動——オーラル・ヒストリーからの接近」『歴史学研究』二〇〇三年一二月号(第七八三号)、一—一八ページ。あるいは、Frank Hardy, *The Unlucky Australians*, Melbourne: Thomas Nelson, 1968. を参照のこと。

(28) 言うまでもないことだが、グリンジの人々が語ったすべての歴史物語りが公共性を持ちえないわけではない。「よい歴史」の範囲内におけるグリンジのオーラル・ヒストリーとして、たとえば、保苅「オーストラリア先住民の牧場退去運動」前掲論文、あるいは保苅実「カントリーの生命を維持するために——牧場開発とアボリジニ」スチュアート ヘンリ編『「野生」の誕生——未開イメージの歴史』世界思想社、二〇〇三年、一六二—一八七ページ。

(29) 太田好信『民族誌的近代への介入——文化を語る権利は誰にあるのか』人文書院、二〇〇一年、一九、一一七ページ。

(30) 「全体を想定しない断片」という概念化は、ディペッシュ・チャクラバルティ「急進的歴史と啓蒙的合理主義——最近のサバルタン研究批判をめぐって」臼田雅之(訳)、『思想』一九九六年一月号、一〇〇ページ、また「還元不可能な歴史」という概念化は、チャクラバルティ「マイノリティの歴史」前掲論文、四一ページ、にそれぞれ負っている。

(31) Minoru Hokari, "Localised History: 'Dangerous' Histories from the Gurindji Country", *Locali-*

ty, autumn issue, 2002, pp. 4-7.

(32)　グリンジ以外のカントリーにおけるキャプテン・クックの歴史物語りに関する報告として、Erich Kolig, "Captain Cook in the Western Kimberleys", in Ronald M. Berndt and Catherine H. Berndt eds., *Aborigines in the West: Their Past and Their Present*, Perth: University of Western Australia Press, 1980, pp. 274-282.; Deborah Bird Rose, "The Saga of Captain Cook: Morality in Aboriginal and European Law", *Australian Aboriginal Studies*, no. 2, 1984, pp. 24-39.; Chips Mackinolty and Paddy Wainburranga, "Too Many Captain Cooks", in Tony Swain and Deborah B. Rose eds., *Aboriginal Australians and Christian Missions: Ethnographic and Historical Studies*, Bedford Park: The Australian Association for the Study of Religions, 1988, pp. 355-360.

(33)　言うまでもなく、アカデミックな歴史学を〈西洋近代＝普遍性〉に一元的に帰することの危険は看過すべきではない。たとえば、日本の諸大学で営まれている歴史学が、近代以前の「非西洋的」で「伝統的」な歴史叙述と完全に切り離され、一〇〇％「西洋的」なアカデミズムの枠組みで展開されているとは考えにくいし、そもそも、「西洋」という統一体の実定性を批判し解体する作業は、酒井直樹が繰り返し訴えているところである(酒井直樹「序文」小島潔(訳)、『トレイシーズ』第一号、二〇〇〇年、二一一〇ページ、酒井直樹「西洋の脱臼と人文科学の地位」葛西弘隆(訳)、『トレイシーズ』第一号、二〇〇〇年、一〇六―一三〇ページ)。さらに、「普遍性」という語が必然的に伴う不安定さも、たとえばバトラー、ラクラウ、ジジェックらによって、執拗に取り上げられているイシューである(ジュディス・バトラー、エルネスト・ラクラウ、スラヴォイ・ジジェック『偶発性・ヘゲモニー・普遍性――新しい対抗政治への対話』竹村和子・村山敏勝(訳)、青土社、二〇〇二年)。ただ、酒井自身が指摘しているように、アカデミックな知の産出構造は、今なおこの「西洋の亡霊」に取り憑かれているのであり、本章でもこうした「西洋の拡大としての〈普遍性〉」をあからさまに可視化するために、あえてこのプロブレマティックな用語を使用している。
(34) Deborah B. Rose, *Hidden Histories*, 前掲書, p. 17.
(35) G・C・スピヴァク『サバルタンは語ることができるか』上村忠男(訳)、みすず書房、一九九八年、七四ページ。なお「忘れ去ってみる」は上村訳、「ときほぐす」は太田訳(太田、前掲書、一一九ページ)。
(36) *The Northern Standard*, March 4, 1924.
(37) グリンジ語では「クラッジ」、アボリジニ社会一般には「レインボウ・サーペント」として知られる。
(38) チャクラバルティ「マイノリティの歴史」前掲論文、三八ページ。
(39) 同上、四〇ページ。
(40) 浜本満「現象学と人類学」綾部恒雄編『文化人類学15の理論』中公新書、一九八四年、二八三ページ。
(41) 同上。
(42) Chakrabarty, *Provincializing Europe*, 前掲書, p. 108. 臼田は、この部分を「ギャップに耳を傾ける」と訳している。チャクラバルティ「マイノリティの歴史」前掲論文、四一ページ。
(43) チャクラバルティ「マイノリティの歴史」前掲論文、四五―四六ページ。
(44) Chakrabarty, *Provincializing Europe*, 前掲書, p. 113.
(45) ミルチャ・エリアーデ『永遠回帰の神話』前掲書、『聖と俗――宗教的なるものの本質について』風間敏夫(訳)、法政大学出版局、一九六九年、『生と再生――イニシェーションの宗教的意義』

堀一郎(訳)、東京大学出版会、一九七一年など。エリアーデの次の発言は特に興味深い。「「近代人」とは専ら歴史的たらんことを主張するようなもの、すなわち何よりも先ず歴史主義、マルキシズム、実存主義の人間であることを明らかにし得ればよい。我々の同時代人のすべてが、自身をかかる人間とは思っていないことをつけ加える必要はあるまい」(エリアーデ『永遠回帰の神話』前掲書、二一〇ページ)。チャクラバルティによる歴史主義批判については、ディペッシュ・チャクラバルティ「インド史の問題としてのヨーロッパ」大久保桂子(訳)、『トレイシーズ』第一号、二〇〇〇年、一一―三七ページ。

(46) チャクラバルティは、同様の視座からホブズボームの「前政治的」という概念を批判している。チャクラバルティ「インド史の問題としてのヨーロッパ」前掲論文。

(47) Chakrabarty, *Provincializing Europe*, 前掲書, pp. 240, 254-255. あるいは、Heather Goodall and Gillian Cowlishaw, "Editors' Introduction", *The UTS Review*, vol. 7, no. 1, 2001, pp. 2-3. も参照のこと。

(48) スティーブン・ミューキにならい、本書が想定している「コミュニケーション」は、ナイーブな共約可能性に基礎づけられた「効果的」で「熟練」し、「スムース」なコミュニケーションではなく、ポジションや知識の「相対的な差異」(強調はミューキによる)に基礎をおくコミュニケーションをさしている。Krim Benterrak, Stephen Muecke, and Paddy Roe, *Reading the Country: Introduction to Nomadology*, Fremantle: Fremantle Arts Centre Press, 1984, p. 18.

(49) ポスト・セキュラリズムという概念を教えていただいたジョン・ドッカー氏に感謝する。また関連文献として、たとえば John Docker, *1492: The Poetics of Diaspora*, London; New York: Continuum, 2001.; William E. Connolly, *Why I Am Not a Secularist*, Minneapolis: University of Minnesota Press, 1999.; Phillip Bond ed., *Post-Secular Philosophy: Between Philosophy and Theology*,

London: New York: Routledge, 1998.

(50) Connolly, *Why I Am Not a Secularist*, 前掲書、p. 16.

(51) スピヴァク、前掲書、一一六ページ。

(52) Greg Dening, *Performances*, Chicago: University of Chicago Press, 1996, p. 45.

(53) ただし、デニングは以前の作品では「エスノヒストリー」あるいは「エスノグラフィック・ヒストリー」という用語を独自の文脈で頻繁に使っていた。Greg Dening, "Ethnohistory in Polynesia", *Journal of Pacific History*, vol. 1, 1966, pp. 23-42.; Greg Dening, *The Bounty: An Ethnographic History*, Parkville: University of Melbourne Press, 1988.; Greg Dening, *Mr. Bligh's Bad Language: Passion, Power, and Theatre on the Bounty*, Cambridge; New York: Cambridge University Press, 1992.

(54) Dening, *Performances*, 前掲書、pp. 36-37.

(55) Minoru Hokari, *Cross-Culturalizing History: Journey to the Gurindji Way of Historical Practice*, PhD Thesis, Canberra: The Australian National University, 2001.

(56) 「コスメティック・マルチカルチュラリズム」という概念はテッサ・モーリス＝スズキ氏に負っている。テッサ・モーリス＝スズキ「『ポストコロニアリズム』の意味をめぐって」中野敏男(構成)、『現代思想』二〇〇一年七月臨時増刊号、一八三―一八七ページ。テッサ・モーリス＝スズキ『批判的想像力のために――グローバル化時代の日本』平凡社、二〇〇二年、一四二―一六六ページ。

(57) 私と個人的な交流のある歴史家だけでも、ゴードン・ブリスコー、ジョン・メイナード、トニー・バーチなど。Gordon Briscoe, "Aboriginal Australian Identity: The Historiography of Rela-

tions between Indigenous Ethnic Groups and Other Australians, 1788 to 1988", *History Workshop Journal*, no. 36, 1993, pp. 133-161.; John Maynard, "Fred Maynard and the Australian Aboriginal Progressive Association (AAPA): One God, One Aim, One Destiny", *Aboriginal History*, vol. 21, 1997, pp. 1-13.; Tony Birch, "The Last Refuge of the 'Un-Australian'", *The UTS Review*, vol. 7, 2001, pp. 17-22.

（58）モーリス＝スズキは、むしろこの政治経済的な権力構造を批判するために、「コスメティック・マルチカルチュラリズム」の概念を使用している。

（59）ガッサン・ハージ『ホワイト・ネイション――ネオ・ナショナリズム批判』保苅実・塩原良和（共訳）、平凡社、二〇〇三年。

（60）Tessa Morris-Suzuki, "Truth, Postmodernism and Historical Revisionism in Japan", *Inter-Asia Cultural Studies*, vol. 2, 2001, pp. 297-305. モーリス＝スズキ『批判的想像力のために』前掲書、六二―八八ページ。

（61）Morris-Suzuki, "Truth, Postmodernism and Historical Revisionism in Japan", 前掲論文、pp. 303-304. また、〈歴史への真摯さ〉に関する新たな著作の英文草稿を読ませていただいたモーリス＝スズキ氏に感謝する。

（62）Minoru Hokari, "Maintaining History: The Gurindji People's 'Truthful' Histories", *Cultural Survival Quarterly*, vol. 26, no. 2, 2002, pp. 26-27.

（63）Chakrabarty, 前掲書、p. 254.

第八章　賛否両論・喧々諤々

——絶賛から出版拒否まで——

終末論的な冗長リスト

1　これでおしまい！

2　隠れた意味など、どこにもない。

＊　＊　＊

33　あらゆる重要な決断は、不十分なデータに基づいて下されねばならない。

34　しかし、我々は、我々の行うことすべてに責任を負う。

35　いいわけは、許されない。

36　あなたは走って逃げることはできるが、隠れることはできない。

＊　＊　＊

41　何をするのもあなたの自由だ。ただし、あなたはその結末に直面することになる。

42　じっさい……あなたはいったい何を……確実に知っているというのだ。

43　何度も、何度も、何度も、何度も、自分自身を赦すことを学びなさい。

（シェルドン・コップ『もし道でブッダを見かけたら、殺してしまえ！』より[1]）

1　草稿もってグリンジ・カントリー再訪、二〇〇〇年七月

二〇〇〇年七月、私は、本書の基になった博士論文の草稿をもって、ふたたびダグラグ村を訪れた。自分の書いた草稿を見せながら、そこに何が書かれているかを世話になったグリンジの長老たちに説明し、かれらの承認を得たかったからである。そしてもし可能であれば、内容についてのかれらのコメントをもらい、それを参考にしながら、将来的にこの博士論文を出版することの同意を取りつけたいと願っていた。

学術論文の草稿を「インフォーマント」に見せてその承認を得る、という考えに対しては、研究者の中で、賛否両論さまざまな意見が出た。ある人類学の教授は、グリンジのオーラル・ヒストリーに関する私の分析は、あくまで「私の分析」であるので、グリンジの人々の承認は必要ない、と強く主張した。また別の同僚は、僕がつきあったグリンジの長老たちは、しょせん私の論文を読むことはできないし、学術的な議論を理解できるわけでもないので、私の試みは単なるリップ・サービスに過ぎないのではないか、という疑問をむけた。その一方で、私の試みに全面的な支持を示してくれる人々も多数いた。草稿をグリンジの人々に見せる、というアイディアに賛成してくれた支持者たちは、たとえ私の分析は、私に帰属して

いるとしても、そこで利用された歴史物語りは、あくまでグリンジの人々のものである、という点で一致していた。かれらの物語りを私がどのように利用したのかについて、グリンジの人々は知るべきであるし、不満があれば私に意見すべきである、と。

私が、世話になったグリンジの長老たちに草稿を見せるというアイディアに固執したのは、今後研究発表をしてゆくうえで、そのほうがはるかに安心と自信をもてると思ったからである。オーラル・ヒストリーを語ってくれた長老たちに、かれらが望むだけ、できるだけ詳しく私が加えた分析の内容を説明する。承認が得られるかどうかはともかく、そのことをしないで不安になるよりは、試みたうえでかれらと交渉するほうが、ずっとましだと思ったのである。もちろん、世話になった長老たちへの礼儀として、こうした訪問の倫理的必要を感じていたこともまた、いうまでもない。

とはいえ、いくつかの未解決な問題は残っていた。もし、かれらが私の論文を承認しなかった場合には、どうすればよいのか？　論文の大学提出やその後の出版をあきらめるべきなのか？　いや、その前に、具体的にどのように書き直すべきかを交渉することが大切だろう。あるいは、もし長老たちが、自分たちは文字が読めないので、私の論文について承認を与えることも与えないこともできない、と言った場合はどうするか？　あるいは、私が草稿を見せようとしても、かれらがそんなことに何の関心も寄せなかった場合はどうするか？　その場合には、無理にでも読んで聞かせることが重要なのではなく、「私は文字が読めないので、承認することができない」あるいは、「私はあなたが何を書いたのかについて、とくに関心

写真 8-1　ダグラグでのプレゼンテーション．2000 年(著者撮影)．

がない」という発言を、グリンジの長老からのコメントとしてそのまま引き受けることが大切なのだと私は考えた。「現地の人々」との関係において、フィールドワークを行う研究者たちがなすべきひとつの誠意、それは、かれらのフィードバックがどのようなものであれ、それを自分の書く論文の中に明確に示し、そこでなされた研究者とのあいだの交渉をも、あからさまに記述することであるように思うのだが、どうだろう。

二〇〇〇年七月一七日、私はふたたびグリンジ・カントリーを訪れた。時間的な制約があったため、自分がつきあったすべてのグリンジの人々に草稿を見せることは現実的に不可能だった。それでも、主要な教師であったジミー・マンガヤリ、ビリー・バンター、ミック・ランギアリには、草稿を見せ、また、二週間に一度開かれるダグラグ・コミュニテイ・ガバメント・カウンシルのミーティングでプレゼンテーションを行うことができた。

私が、これから自分の書いた本の草稿の内容を説明するというと、ミック・ランギアリは、「わかった、お前が何を書いたか聞こうじゃないか。私が賛同したなら、大学とやらにもって行けばいい」と言った。ほかの多くの人々は、もっと単純に私がどんなエピソードを本にしようとしているかに好奇心を寄せているようだった。

アボリジニをはじめとする先住民族の歴史(叙述)をめぐる諸理論、あるいは史実性をめぐるアカデミックな論争などをグリンジの長老たちに説明することは私にはできなかったし、その必要も感じなかった。私はただ、この本は、必然的に白人《カリヤ》の歴史理解とアボリジニ《グンビン》の歴史理解とのあいだに大きなギャップがあることを示すことになる、と伝えた。その上で、アボリジニ《グンビン》の歴史実践、歴史理解から白人《カリヤ》が何を学ぶべきかについて、できる限り説得力をもって説明しようと試みたことを伝えた。

私は、原則的に、第一章から最終章までを順番に要約して説明していったが、かといってグリンジの人々の多くが、私の説明を長々と辛抱強く聞きたがっているわけではなかった。どこに草稿をもって行っても、私のプレゼンテーションは一〇〜一五分程度のものだった。説明を聞き終わると、ビリー・バンターは、私がグリンジの歴史を「私たちの内側から学んだ」ことを喜んでくれた。ミック・ランギアリは、「いい話だ、これはとてもいい物語だ。本になったら、さっそくここに持ち帰ってほしい」と言ってくれた。ジミー・マンガヤリは、私に次のように話した。「こうした物語は人々を幸せにする。私がお前に話したのは、すべて正しい物語だ……いや、いい本を書いてくれたもんだ」。

カウンシル・ミーティングでは、もう少し時間をかけて、各章の内容説明を行った。プレゼンテーションのあとの質疑では、この本が、将来的には誰に読まれるのかをたずねる質問がでた。私は、グリンジ・カントリーで学んだ歴史の方法や歴史物語りを日本語と英語で出版してゆくつもりであることを伝えた。本を流通させるのはひどく大変な仕事ではあるが、理想的には、グリンジの人々の歴史実践と歴史物語りがオーストラリアを広く越えて伝わっていく努力をしたい、と答えた。

ところで、ダグラグに滞在中、私はなかば必然的にさらにあたらしいたくさんの歴史物語り、歴史実践を経験することになった。歴史実践とは常に瞬間的であるし、ローカルなできごとである。「すべてのグリンジの歴史」など存在しないのだから、こうした事態は当然といえば当然だろう。とはいえ、今回の滞在は、すでに書き記した草稿の内容の承認にあるのであり、あたらしい情報を追加することではないと考え、今回のフィールドワークのあらたな成果を本書では採用していない。歴史実践は開かれているべきであり、そうした歴史実践に基づいて書かれた歴史書も開かれているべきなのだ。

結局、タグラグに滞在し、機会あるごとに論文の草稿を見せてプレゼンテーションを行うあいだ、私は一度としてグリンジの人々から深刻な批判を受けることがなかった。私の印象では、大方の人々は、私の草稿など見る前から、私がいい仕事をしていると確信しているようだった。多くの人々が、そこに掲載されている写真を見たり、私の話す章立ての要旨に少

写真 8-2　カウンシル・ミーティングでのプレゼンテーション．2000 年（著者撮影）．

なからぬ関心を示していたのは事実である。とはいえ、かれらの全体的な姿勢は、話が自分の理解できるところにくると熱心に耳を傾け、それを承認し、それ以外の箇所はなんとなく聞き流している、といったものだった。それは、慎重に私の執筆内容を精査する、という論文の査読報告者の態度とはおよそ違った姿勢だといえるだろう。私の理解が間違っていなければ、ダグラグで私と時間を過ごした多くの人々は、私の再訪という機会を利用して、自分たちがいかに私（の仕事）を信用しているのかを熱心に態度で示してくれたのであり、私が持ち込んだ草稿を批判的に吟味したわけではなかったのだ。

私は、本当にかれらの信頼に値する仕事をしたのだろうか。正直言って私にはわからない。いくつかの疑問が、相変わらず残ってしまう。私は、自分の草稿をグリンジの人々に対して公平・公正に要約しただろうか？かれらがそれを望んだとはいえ、一五分程度のプレゼンテーションで得た承認は、本当にそれで十分なのか？　かれらが草稿を「読む」ことができない以上、すべての努力はしょせんただのリップ・サービスなのではないか？　こうした疑問に明快な答えを提出することはできない。私はただ、自分が現状でできうる最大限の努力をしたと信じたい。もっともその一方で、慎重に草稿を吟味するのではなく、自分たちの信頼・信用を誠実に調査者である私に示すこと、それこそがグリンジ・カントリーでの「承認」のスタイルなのではないか、とも思っているのだが。

2　博士論文の査読報告[2]（抄訳）、二〇〇一年六月

(1)　査読者1

保苅実は繊細で、共感的で、画期的な記述によって、「グリンジの歴史実践への旅」を執筆した。私は、これほど一貫した「クロス・カルチュラライジング・ヒストリー」の努力をほかに読んだことがないし、異なった歴史意識の様式へのこれほどまでに誠実な介入も、目にしたことがない。保苅は、この研究において、個人的な問題への接近と、実験的な論文構成を試みる大変なリスクを冒している。そのうえ、グリンジの人々から論文の承認を得るために、職業倫理と感受性に賭けるという、さらに大きなリスクを冒している。私は、彼のリ

スクを恐れない挑戦を強く支持すべきであると信じており、論文が加筆修正なしに採択されることを強く推薦する。論文における叙述の統制は完璧であり、今日的諸問題に対して批判的な論証を行っている。しかし、これは「図書館的論文」ではない。保苅のいう「そこにいること(being there)」は、複数的である。彼は歴史意識の性質に関する一連の考え方をめぐって、「旅をする」し、そうした考え方を注意深く、明晰に読み、そしてその表現の単一性を理解し、そうした考え方を著した、高名ではあるが単純に保苅と同じ経験をしていない著述家たちがもつ、ある概念枠組みを追究しているがゆえに、彼は図書館にも「いる」。グリンジのキャンプ、グリンジとの旅のなかで、グンビン(アボリジニ)語やカリヤ(白人)語の複数性のなかで、常に学習者として、矛盾と多面性は、論理や秩序と同じようにあらゆる認識論の一部であるということを常に理解しながら、彼は「そこにいる」。最初のいくつかの章を読み進むことで、われわれはこの論文が、普通の論文とはやや趣を異にしていることを理解し始めることになるが、こうした冒頭のいくつかの章における、グリンジの思考へとむかう保苅の意欲的な他者性への介入は、ギアーツ、エヴァンス＝プリチャード、レヴィ＝ストロースなどによる、他者性への古典的な介入を想起させるほど、芸術的である。

博士論文のすべてが、うまくいっているわけではない。第一章から第四章まで[3]では、すばらしい出来映えであると思った。そこでは、私が個人的に追究したいと思う著述と学識の質のすべてが、叙述されていた。それらは神秘的であり(閉鎖的にならず、物語を小さくまとめることがない)、経験的であり(観察者の権威のもとで記述されている)、共感的で(デビー・ローズが

「その場にいること(present)」と主張した、文化的感性によって記述されている)、パフォーマティブであり(危険を冒す覚悟ができているが、そうした危険を冒す長所のみならず、短所に関しても、明確に意識している)、そして革新的である(知識は、もっともアカデミックな知識でさえも、このクロス・カルチュラル(通文化的)な世界においては現実的な因果関係をもつという事実に、非常に敏感である)。

実際、私はこの論文を読んで、保苅のテクストが、オーストラリア国立大学博士課程における彼の経験をいかに称賛に値するものにしているかを感じた。オーストラリアにおける諸大学の歴史学部の多くで、そのような経験を提供することができたとは想像しがたい。保苅は、あきらかにアン・マックグラスやデボラ・ローズの著作、ディペッシュ・チャクラバルティの著作や、その他数多くの海外からの客員研究者から学んできた。また彼の師であるジミー・マンガヤリやビリー・バンターと同様に、たくさんの学生仲間からも(かれらの意見に大変な敬意を込めて耳を傾けつつ)学んできたのである。

第五章、六／七章[4]に関しては、それほどの感銘は受けなかった。おそらく、それは望みすぎであるのだろうが、できごとにかかわる、グリンジと白人の見解の相違は、それほどの興味深さも重要性も、あるように思えなかった。私は保苅に、こうした人々の論争に囚われるよりも、実際に「クロス・カルチュラライジング(通文化化)」した歴史をもう少し、物語ってもらいたかった。

私は、この博士論文が出版されることを熱望している。そして、出版の前に、行わなければならないことがいくつかあると思う。そのほとんどが、グリンジの物語と、グリンジ（とカリヤ）の歴史的風景の表象に関することである。とりわけドリーミングについては、抽象化されるよりは、語られることが必要である。しかし、またそれは全体の風景についても言えることだ。私たちには、グリンジの想像性がもっとたくさん必要だった。またおそらく、もっと精力的に、「旅」というメタファーを利用していれば——保苅の四つの旅、グリンジのいくつもの旅といったふうに——、全体としてより良いものになるであろう。

彼の研究が、博士候補者にふさわしい条件、すなわち、研究テーマへの関心、学術的なスキル・知識・批判的言説の習得、複雑なデータを創造的に演出すること、そしてその独自性などを、すべて満たしていることは疑問の余地がない。

私は、本論文が加筆修正なく採択され、大学の優秀博士論文の候補となるべきものであると推薦する。

⑵　査読者2

この論文は、私が今まで審査したなかで、もっとも興味深い博士論文のひとつである。またもっとも印象的で、野心的な博士論文のひとつである。この博士候補者は、彼の個人的なグリンジの人々へのかかわりの物語と、白人オーストラリアと先住民オーストラリアの双方の歴史的伝統の和解の試みをめぐる知的・文化的問題に厳密な分析を非常に独創的に結びつけている。保苅実は、そのような方法で博士論文を書くことによって、相当なリスクを冒している。それは失敗する可能性さえも孕んでいただろう。しかし、彼が冒したリスクへの果敢な挑戦を見事に克服したやり方が、まったくユニークな活力と興奮をもたらしている。

この博士候補者は、歴史的伝統の重要な担い手たちと出会い、かかわり、信頼を勝ち取ることを通して、グリンジの歴史に関する研究を、明らかに高いレベルにおいて成功させている。その点だけでも、この論文の注目すべき成果である。さらに、彼はそのような歴史的伝統を賞賛に値する方法で説明し、解明しているのである。彼の明快な文体と、澄んだ解説には、もっとも深い感銘を受ける。しばしば冗漫さと不明瞭さがつきまとう分野において、保苅実は他のたくさんの研究者が混乱したり、不必要に難解にしたりする問題を明快に論じている。

この博士候補者は、オーストラリアの史料編纂の分野における他の研究の、見事なまでの広範な理解に基づいて、自らの研究を位置づけている。さらにまた、より国際的でグローバルな学識の理解に基づいた、ポストコロニアルをめぐる議論をも参照している。

私には、保苅実が二つの伝統の統一を達成できるかということについては、まったくわからないが、彼は、そこに含まれる非常な困難を詳細に説明しているし、分野全体における試みを非常に活気づけている。これは、文芸と学究の双方において独創的で、非常に印象的な稀にみる作品である。

私は、この博士論文を熱意を込めて推薦する。

(3) 査読者 3

保苅氏は優れた博士論文を執筆した。論文を通じて、彼はその主題である、二つの異なる過去をめぐる概念化と語りのあり方のあいだに、いかにして対話を成立させるかということに焦点を当てている。保苅氏は、専門的な、大学で訓練された歴史学者の通常の実践を考察して、それとノーザン・テリトリーに住むグリンジの人々の、過去を結びつける――もしくは単に物語る――実践とを比較する。保苅氏が取り組もうとする問題は、歴史学者や人類学者一般に関係してくるものである。太平洋、アフリカ、アジア、ラテンアメリカ社会における、先住民族や農民の過去を調査する研究者は、非常によく似た問題にしばしば直面してきた。こうした一般的課題への視点を失うことなく、保苅氏は、この論文で議論された実証データを、純粋に事実であるという範疇を超えたレベルで論証する能力を示すことに成功している。しかしながら、それと同時に、この論文はアボリジニ史学へも特別な貢献をしている。それは読者に、グリンジの人々が――とりわけ年長者たちが――いかにして過去を概念化しているのかということについて、とても明瞭な理解を与えてくれる。保苅氏の調査と、関連文献を駆使する能力には非常に感銘を受ける。アボリジニ史をめぐる論争への彼の介入は、重要であり意義深いものである。その上、この論文が特に知的に充実しているのは、保苅氏によるグリンジの過去の探索が、アボリジニ史研究(あるいはサバルタン研究)の領域においてきわめて重要である倫理と研究手法に関する洞察に富んだ内省と常に結びついている点である。保苅氏の過去に関する内省は、自己の特権化へと落ち込むことがない。既存の学問への彼の批判は、たとえそれが鋭いものであっても、常に丁重で、敬意を伴っている。彼は、重要な方法論的問題を提起する。それはまさに、彼の論文のタイトルである「クロス・カルチュラライジング・ヒストリー」のなかに込められている。このプロジェクトを、実際に彼がどの程度成功させたかについては、いくつかの点で留保があるものの、それらは彼が提案し、実際に達成したことの重要性への、私の評価を下げるものではない。この論文はその説明のスタイルにおいて明快であり、通常の論文に見られる無味乾燥な文体とは無縁である。この作品は、思慮深く綿密に制作されている。論文全体を通じて、保苅氏は資料を自在に利用し、それを大変効果的に展開している。総合的に見て、これは大変見事な業績である。

私は、この論文の強みは以下の部分にあると考える。(1)「クロス・カルチュラライジング・ヒストリー」という、ある独自の知的企てを提案し、論証できている点。(2)読者に対し、グリンジの人々がいかにして過去を物語るのかということについての、鮮明な感覚を与えている点。(3)そして、各地の領域におけるポストコロニアルな歴史記述によってもたらされた知見を、アボリジニ史に導入したことである。

しかしながら、「クロス・カルチュラライジング・ヒストリー」という企てには、いくつかの未解決の問題がある。プロジェクトの名前そのもののなかにまさに提起されている問題の本質について、さらなる議論が必要だろう。そこでは、われわれが歴史を「クロス・カルチュラライジング(通文化化)」することが提案されているのだろうか。すなわち、過去を認識し、物語る、他の様式との相互交流によって、「(単数形の)歴史」をハイブリッド化することが提案されているのか(インドの先住民史に関するアジャイ・スカリアの著作である、『ハイブリッドな歴史たち(*Hybrid Histories*)』は、このような試みを行ったが、むらのある成果を示すにとどまった)。私には、そのようなハイブリッド化がこの論文で本当に起こっているかどうかはわからない。むしろ私には、この論文が、大きな断絶として設定されているもののあいだを絶えず知的に跳躍しているように思える。その断絶とは、すなわち、歴史学者のいうところの歴史と、過去についてのグリンジの語りのあいだの断絶である。この二つは常に分かれたままなのだ。そのことによってもたらされるよい成果は、保苅氏がわれわれに、過去をめぐるグリンジの思考様式が、ときには歴史家の実践とは本当に異なっていることについての、卓越した民族誌的な洞察を提供していることである。しかしそれはまた、この論文が依然として問題を残している点でもある。そうした性質は、結局は人類学的なものである。自分の研究をグリンジの人々に認めてもらおうとする、保苅氏の勇敢で倫理的な試みにもかかわらず、グリンジの人々は保苅氏にとっての人類学的想像の対象にとどまっている。彼はギアーツ派の「文化的意味」をめぐる問いに向き合うことを、避けることができない。

こうしたことによって生じる問題点は——私には、それは保苅氏のアプローチに付随する一般的問題であるように思われるのだが——、ヨーロッパ人とグリンジの人々がお互いに完全に切り離されたまま、対立して矛盾しあった意味の網の目のなかに永遠に囚われてしまうことにある。しかし、この論文を通じて保苅氏は、ヨーロッパ人がグリンジの土地を植民地化したことによって、グリンジの人々がヨーロッパ人からの深い影響を受けたこと、植民地化の被害者としての側面のみでなく、かれら自身の生活をめぐる想像力が不可逆的に変わっていったことに関する、豊富な事例を提供してもいる。グリンジの人々は、人類の始まりについての聖書の物語、ダーウィンの進化論、学校・労働組合・住宅・馬・牛・車・銃・アルコールなどの経験――そして、その結果として生じる欲望――などによって影響を受けている。政府の福祉へのかれらの批判は、モダニティの多くの制度や理念(シチズンシップの理念も含めて)を、かれらが受け入れたことが前提にある。この事実に基づけば、もし本論文が出版されるのであれば(私は出版すべきだと思う)、保苅氏がアボリジニ的(もしくはグリンジ的)モダニティと呼べるかもしれない問題と、すでに論文において彼がみごとに提起している論点を関連づけることに、より考慮するなら、本論文はより有益なものとなるだろう。

しかしながら、こうした批判は、この論文における保苅氏の重要な成果についての評価を下げるものではない。私個人としては、この査読を通じて、たくさんのことを学ぶことができた。私は温かく、そして熱意を込めて、保苅氏に博士号を授与することを推薦し、アボリジニ史における数多くの核心的で繊細な論点を手際よく扱い、成功したことを祝福したい。

3　『シドニー・モーニング・ヘラルド』[5]紙より、二〇〇一年一二月

――歴史書のための、三人の人物の問い直し――

二〇〇一年一二月一七日

アボリジニの歴史観は、論争的な話題である。アンドリュー・スティーブンソンが報告する。

ネッド・ケリー(6)、キャプテン・ジェームズ・クック、ジョン・F・ケネディ。この三人は、グリンジの人々が白人と接触した際の、三位一体とも呼びうる人物たちである。ネッドは湯沸しとダンパー[イーストを入れずに熱灰で焼いたパン]を買って、ウルルの西側のビクトリア・リバー流域に、ほかの白人がやってくる前に現れた。彼はダンパーの作り方と、紅茶の入れ方をグリンジの人々に教えた。そして、それはほんの小さなひとかけらのダンパーと、たったひとつの湯沸しだったのに、すべてのグリンジの人々がそれを食し、満たされた。

「大イングランド」からやってきたキャプテン・クックは、ボートでシドニーにやってきた。そして内陸を旅して、アボリジニを撃ち殺した。

グリンジの牧場労働者は途方にくれていた。ジョン・F・ケネディがかれらのもとを訪れたので、グリンジの人々は、イングランドから来た白人が、自分たちをどのように扱っているかを説明した。するとケネディは、大戦争を起こすと約束した。そこでグリンジの人々は、一九六六年にウェーブヒル牧場を退去し、土地権運動を始めたのである。

この三つの物語はいずれも、豊かで連綿と続く口頭伝承の伝統に基づくものである。いずれの物語も事実ではない。他のすべての事実を重視するならば、いずれの物語も、西洋史の事典に掲載することは不可能である。

口承伝統の不正確さは、歴史学者の格好の餌食となる。批評家キース・ウィンドシャトルは、伝承に由来する歴史物語は、「グロテスクな歴史誤認」に加担するとして、よく知られたオーストラリア国立博物館の展示を例示する。

先週開催された、あるフォーラムでも、ウィンドシャトルは自分の考えを曲げなかった。「私の考えでは、文書史料を伴わないアボリジニのオーラル・ヒストリーは、まったく信頼できません。それは、白人のオーラル・ヒストリーが信頼できないのと同じことです」。

彼の論旨は次のようなものだ。もし伝統的な実証的手法を放棄、ないし緩和するならば、すべての集団はみずからの文化的に閉じられた空間の内部にとどまり、その内部では、「かれらにできることは、せいぜいお互いに過去を語りあうことだけで、どんな論争も解決できなくなります」。

「一部のポストモダン理論家は、こうした状況を歓迎するかもしれません。しかし、大学の外では、こうした見方は、歴史を神話に置き換えるものとみなされます。国立博物館のような第一級の機関が、こうした歴史学的流行に迎合することは許されません」。

のちに、彼は本紙に、アボリジニの神話も時にはよいきっかけになりうると述べた。「もちろん、それらのなかには真実の芽を含んだ神話もあり、それをもとに適切な調査をすることはできます」。

それでは、クックやケリーについてはどのように説明すればよいのか。人類学者で、オーストラリア国立大学の上級研究員であるデボラ・ローズは、同じフォーラムで、ネッドに関する歴史はオーラル(口承)であると同時に、モラル(倫理的)な歴史でもあり、そこではネッドは法を創始した人物として語られ、キリストと同一視される、またその法は倫理的な義務として理解されている、と述べた。

口承の歴史と、書かれた歴史のあいだに一致を見出すことに、研究者は興奮を覚える。しかしローズは、アボリジニの伝統は、異なった基準のもとに営まれていると主張する。多くの歴史上の人物たちのエピソードが、ひとりかふたりの人物の話としてまとまって現れる。異なる事件も、語る人々の意図によって、結びつきあうのである。

「真実らしさ(truthfulness)、あるいは、私は誠実さ(faithfulness)と呼ぶほうを好みますが、それは、起こったできごとの意味を理解し、過去と現在のつながりの意味を理解し、そしてそれを物語ることに直結しているのです」とローズは示唆する。

キャプテン・クックとの最初の接触の物語、グリンジの人々が「最大の過ち」と呼ぶ物語は、明らかに、西洋史としては奇妙な話である。しかし、オーストラリア国立大学の客員研究員であるミノル・ホカリが論じるように、そこに込められた侵略、虐殺、土地の略奪というメッセージは、明確に理解することができる。

「グリンジの歴史実践と西洋的な歴史様式の基盤の違いにもかかわらず、私は、われわれの多くが、この「最大の過ち」という考えを、グリンジの人々と共有可能であると信じています」とホカリは述べる。

ふたつの文化のあいだで、事実(fact)と真実(truth)の結びつき方は異なる。しかしホカリは、キャプテン・クックの物語は、「ギャップはあるが、ギャップごしのコミュニケーションは可能である」ことを示している、と主張する。

ローズやホカリによって記録された、ウェーブヒル事件に関するアメリカ合衆国の介入という隠された物語は、口承伝統が依然として続いていることを示している。ホカリはそれを、信頼の源泉であると解釈する。「植民地当局と闘うことは、かれらにとって本当に恐ろしいことに違いなかった。それで、かれらは闘いを始めるにあたり、じゅうぶんに信頼できる国際的な支持を必要としていたのです」。

モナシュ大学の上級講師であるベイン・アトウッドは、口承の伝統と書かれた伝統のバランスをとることは、歴史学者が過去二〇年間取り組んできた課題であり、とりたててウィンドシャトルによって発見された問題ではないと言う。

「私たちの大半の意見は、もしオーラル・ヒストリーが文書史料と矛盾するとしたら、アボリジニの記憶の方を否定するというものです。しかし、この矛盾に対処する第二の方法があります。アボリジニの物語が、ある事件と一対一で対応しているかどうかを精査しなくてもよいのです。そのかわり、こう尋ねてみるのはどうでしょう。もし私たちが、ある場所で実際に多くの抗争が起こったことを知っているならば、そしてかれら(アボリジニ)が、そこでのできごとについて物語を語っているならば、それは、神話なのではないでしょうか、それこそが本当の意味での神話なのではないか。こうした神話は、私たちに何かを語りかけてはいないでしょうか。それは、一般的に起こったできごとに対して、誠実である(faithful)とはいえないでしょうか」。

4　某出版社からの査読報告[7](抄訳)、二〇〇二年某月

(1)　専門家A

この原稿は、明らかに未修正の博士論文である。しかしそれは、偉大な著作となる可能性をもっている。この論考は、新たな領域を切り拓いている。それは歴史学的民族誌である。調査者は「フィールドにおいて」人類学者が行うあらゆることをするが、実際には歴史的知識を、テクスト的、コンテクスト的、そして認識論的に、探求しているのである。これまで、ただブルース・ショウとデボラ・B・ローズのみが、これを大いに為し遂げた。そして本原稿の著者は、ローズの『隠された歴史』と、アン・マックグラスの研究に、部分的に依拠している。しかし、ミノルはそれらの研究が為しえたことを、哲学的・認識論的方向へと大幅に押し進めている(ショウは基本的には作家であった。そしてローズやマックグラスも、自らの観察者としての位置を自分の記述の一部とはしない)。

ミノルは多言を要せず、単刀直入に書く。彼は、それ以前の著名な作品を新たに書き換え

る機会に恵まれている。そして、フランク・ハーディ(8)のように、グリンジの人々に介入する幸運にも。論考の内容は、調査協力者たち、すなわちグリンジの人々から得た、記録された会話とテクストである。そしてこの資料は、後続の調査者たちによってさらに利用されるだろう。ちょうど、ローズらによるキャプテン・クックの物語が、他の著者たちによって、歴史的に知ることのオルターナティブに関する、魅力的な事例として取り上げられたようにである。

私は、ミノルの主観的アプローチを全面的に支持する。すなわち、彼がひとりの日本人学生として、グリンジの世界に出入りしたことについての、彼自身の物語だ。カトリナ・シュルンケは、同様の方向性で、きたる二〇〇二年にはすばらしい著作を(おそらくはメルボルン大学出版会から)刊行する予定である。それはグレグ・デニングやディペッシュ・チャクラバルティといった著名な人々によって裏付けられたアプローチであるが、より伝統的な人類学者や歴史学者からは批判されてもいる。

文章は大変に読みやすい。書き手が英語を第二言語として操るがゆえに、陳腐な決まり文句やジャーゴンを決して用いないからである。それはより広い読者層をひきつける水準で語られてもいる。おそらく、より多くの人に購読してもらえるように、ミノルはこれを日本語に翻訳するのだろう。それは英語版の売り上げにも、のちのち結びつくであろう。

完成稿で、ミノルはいくつかのポストモダニスト的考察を削除しなければならないかもしれない。しかし、骨子となる語り、つまり彼の旅は、この著作に一本の筋道を通すことになろう。そして彼は、このナイフ──すなわち知識への道──が、かの老人が彼に伝えた教訓であることを明らかにする。自分はかの地に、個人的でありながらも通話的(communicable)である何かを学びに行ったのだと語る、その謙虚さは、この研究のもっとも貴重な価値のひとつだ。

私は、この原稿の出版を明確に支持する。ただし、最先端の調査法とその倫理的、美学的手法を理解する、有能で好意的な編集者による編集が必要だろう。そして、お望みなら、以下の文章を使用していただいてよろしい。

「これは愉快で、有益で、そして文化的にユニークな本である。この本から得られる、通話的な歴史への倫理的教訓は、今後も末永く私たちとともにあるだろう」。

(2) 専門家B

保苅博士の論文は、その議論や事例によって、彼が歴史研究における西洋の独占とみなすものを変革することをめざしている。そのために、非西洋文化の歴史実践を歴史研究へと導入し、そうした実践を真剣にとらえ、対話と交渉の条件を創造しようとしている。保苅博士の議論はその大部分において、歴史的企てについての既存の概念に対する、ポストモダニスト的批判によって形作られている。それはまた、より地域限定的な議論、すなわち、過去二〇年にわたり行われてきた、オーストラリア国内における「アボリジニ史」の実践をめぐる論争によっても形作られている。この論文における例証は、その大部分が、一九九七年から二〇〇〇年にかけ、保苅博士自らがノーザン・テリトリーのグリンジの人々のもとへ何度か赴き、記録した資料から成っている。

論証における実証的な核となる部分は、ジミーじいさんとして知られる、あるグリンジの男性によってなされた、オーストラリア植民地史のあるひとつの編成のあり方である。これは、以下のように要約可能であろう。グリンジのコスモロジーにおいて、中心的な重要性をもつ創造主が、グリンジ・カントリーを西から東へと旅した。キャプテン・クックは北から南へと旅をし、アボリジニの法と道徳の軸を「切断した」。イングランドから来た異邦人は、ドリーミングのなかで定められた、正しい行動様式に関する知識も、それへの尊敬も、もち合わせてはいなかった。彼はアボリジニの土地に許可なく入り込み、アボリジニの男を撃ち殺し、女を盗み、カントリーの土地を占有した。しかしながら、キャプテン・クックはオーストラリアに来た最初のヨーロッパ人ではない。彼に先立ち、キーン・ルイスという名の男がいた。彼は、アボリジニたちのあいだでは通常、ジャッキー・バンダマラとして知られている。彼は猿のような祖先から生まれ、実際のところ、イギリス人の先祖である。そして、彼はイギリス人の不道徳な思想や実践を書き記した本(あるいは、複数の本)を著した。そのなかには、他国を征服し、そこの先住民たちを殺人、略奪、そして酒を与えることで滅ぼすことも書かれていた。ドリームタイムの祖先のように、彼は陥没した時間軸のなかで生きていた(ジミーじいさんが少年のころ、彼はまだ生きていたのである)。キャプテン・クックはこの男の代理人だったのだ。

保苅博士はこの語りを、グリンジの人々の「歴史的知識」の一部分として語る。保苅博士は、アカデミックな歴史学者がそれを歴史とみなすことにいかに留保をつけようとも、そうした歴史学者は「グリンジの歴史語りが正しいか間違っているかを、判断する立場にない」[9]と主張する。この命題の擁護は論文全体に通底しており、またそれによって判断が求められる基準をなしている。ある特定の目的のための判断(つまり、この論文が学術出版社から刊行されるべきものかどうかの判断)をくだすことを求められている都合上、詳しく議論する必要があろう多くのイシューについて、私はざっくばらんに意見を述べたい。

まず、私が保苅博士の立場の最大の弱点だと思うものについて論じることからはじめたい。すなわちそれは、保苅博士に見られる、オーストラリアの植民地化において、何が起こったのかに関する実証的な判断に基づくいかなる提言をも拒否しようとする決意である。ジミーじいさんの語りは、誤りと誤解に満ちている。保苅博士のこの不可知論が、(アボリジニとの)連帯のなせるわざなのか、それとも認識論的相対主義によるものなのかは明らかではない。時に彼は、自分の懐疑を棚上げにすることと思弁の無力化とを混在させ、アボリジニにとって自明な歴史を形成する中心的なエージェンシーたちの神秘的な力が、自分自身の研究計画をも決定したのかもしれないと思う(「オルターナティブな物語は、ドリーミングが私を、グリンジの教えをより多くの人々へと伝えるようにグリンジの人々から訓練を受けるために、グリンジ・カントリーへと導いたということである」「誰かが、たとえばこの論文の査読者が、私に尋ねたとする「あなたは、ドリーミングがこの論文をあなたに書くように求めたのだと信じますか」。私は即座に答えるだろう「いいえ、私はそうは信じていません」。しかし、もしあなたが「あなたはそれを本当に信じていないのですか」と問うならば、私は慎重に考えて、そして、おそらくこう答えるだろう「いいえ、よくわかりません」)。(10)保苅博士は、自らがニューエイジのイデオロギーに汚染されているとは決して認めないが、通俗的な感情があらわになる場面で、自分の弱点をさらけだしてしまうのだ。

ひとたび形而上学的不安を片隅に押しやり、ジミーじいさんの語りを、先住民のコスモロジーと、ヨーロッパ人とオーストラリアの植民地化に関する種々雑多な、あるいは誤った情報素材としてとりあげ、折衷的・取捨選択的(eclectic)に、道徳的言説として扱いはじめると、保苅博士はより強固な基盤のうえに立つ。保苅博士が論じているように、北オーストラリアにおいて過去二〇年のあいだに、「キャプテン・クック」の物語の広範な類型が出現してきた。われわれは、グリンジの子どもたちが、ヨーロッパ人の学校教師から、なんらかの進化論的理論を教わってきたものと想像することができる。初期のオランダ人航海者が、貿易ルートを旅していたという物語も可能性がある。あるいは(保苅博士は言及していないが)、キーン・ルイス(キング・ルイス／ルイ王)が、南オーストラリアへのフランス人の侵入に由来するものであると付言してもよい。フランス人はイングランドを征服した。そしてその国王はキャプテン・クックを、オーストラリアを征服するために、王の名のもとに派遣したからだ。アボリジニが土地権を請求する関係上、法律書はいまではノーザン・テリトリーのどこでも、アボリジニにとって身近なものである、などなど。こうした語りは不確定で憶測的な(conjectural)歴史である(それはいまだグリンジ全体の教条ではなく、大部分はジミーじいさんの思考の産物である)。それはアボリジニのオーストラリアを征服したできごとを記述・説明し、同時に、その暴虐さと不正義を非難している。それは寓話的な性質をもっているかもしれないが、(少なくとも、その語り手によっては)文字通りの真実と信じられている。

保苅博士によれば、「クロス・カルチュラライジング・ヒストリーは、従来のアカデミックな歴史学と、その他の歴史様式——両者とも必然的に、文化的に特殊なものである——との対話を模索するプロジェクトである」(11)。どの程度まで、非アカデミックな実践者自身が、この対話に参加するのかということは明らかではない。本論の場合では、保苅博士がひとりの師のもとに赴き、話を聞いた。そして師の教えをアカデミックな歴史家である読み手に向けて翻訳することで、そうした教えが、西洋科学とオーストラリアの植民地化に関する権威づけられた文書史料とは、深刻なまでに共約不可能であるにもかかわらず、彼はそこに深い含意をもたらした。その語りと解釈は、被征服者に対するわれわれの親しみと尊敬を、おおいに引き起こすであろう。またそれと同時に、かれらの窮状に対し責任がある人々、あるいは間接的に関わった罪がある人々への、怒りを引き起こすであろう。しかしながら、仮に、こうした感情を経験すると同時に、あるいはその結果として、クロス・カルチュラルな矛盾というイシューに対して沈黙せよと彼が要求するならば、そのときわれわれは、まじめな歴史家ではなくなってしまうではないか。

アカデミックな歴史学は、科学と同様、特別な人種や文化の占有物ではない。歴史学には長い伝統と調査法があり、証拠を評価し、何が実際に起こったのかを判断する方法がある。

さまざまな個人や組織が、こうした方法を採用し、ひとつのディシプリンとして追究しているのである。仮に事態が、たとえ相互に矛盾していようとも、何が実際に起こったことなのか、に関するいかなる説明も同等に正しい、と判断される状況になってしまったら、知を創出する弁証法的調査という概念は放棄されてしまうではないか。

というわけで私は、保苅博士によって定式化されたような、クロス・カルチュラライジング・ヒストリーの目的には、親近感を覚えることはない。しかし私は、データを収集するためのクロス・カルチュラライジング・ヒストリーの戦略には、強く賛同する。おそらくそれは、私が社会人類学者として訓練を受けたからであり、フィールドワークは過去一〇〇年ものあいだ、私の研究分野に特有の調査のあり方であったからであろう。保苅博士は、歴史学者として訓練を受けたのかもしれないが、彼の踏んだ手続きは専門的人類学者のものである。これは、彼があまり認めたがらない事実だ。そして残念なことに、人類学的手法に依拠しながらも、彼は、自らの研究に関連する膨大な人類学的蓄積から、自らを遠ざけるような偏見に身を委ねてしまっている。その結果、土地や宗教のような問題を論じた部分で、保苅博士は当たり前のことを繰り返している印象がある。

にもかかわらず、仮にこのような批判を片隅にとどめ、保苅博士が彼の師や観察から得た実証的資料だけを見るとすれば、多くの人々が、それがオーストラリアの植民地史を研究する者にとって興味深いものであることを認めるであろう。

要約すれば、私の見解では、この論考はオーストラリア歴史学への興味深い貢献をなす、実証的な基盤をもっている。とはいえ、保苅博士のみが、アボリジニ文化が尊厳を勝ち得ることを望む、ただ一人の人物であるわけではない。彼はまた、アボリジニの信頼を勝ち得ながらもかれらの言動のすべてを認めることができないという、フィールドワーカーが抱く倫理的問題に直面した、最初の人物であるわけでもない。真実(truth)と連帯(partnership)とのあいだの対立を解決することが容易であるなどと、誰も思ってはいないのだ。この点に関する私の見解は、保苅博士は、前者を犠牲にしてまで後者の代表として譲歩しすぎている、ということである。

5　○○書店K氏からの電子メール[12](日本語)、二〇〇三年四月

保苅さん、

保苅さんにお目にかかれて、本当に良かったです。研究会のあと、そこに出席していたある人に送ったメールを以下に貼付します。

保苅さんは面白い人です。日本で教育を受けた大学院生にはない柄の大きさがあります。なぜこういうタイプの人が日本の大学院教育から生れてこないのか。それは制度が悪いからというだけでもないような気がします。制度が悪いということは、本当は人が悪い

ということと同義なのですね。制度批判をしている人たちには見過ごされがちな点ですが。とはいえ、保苅さんがうまくいくかどうかは五分五分でしょう。ヨーロッパ理解が浅い、つまり「歴史」理解が浅いからです。この点について日本で学べるところはありませんから、彼がまもなく日本を去って米国に行くというのはよいことですね。

むっとしないでくださいね。ぼくの正直な気持です。ヨーロッパを、ヨーロッパ製の「歴史」を本当に深いところからぜひ理解してください。そのうえで、ヨーロッパ製の「歴史」もまた、すでに「地方化」されたものであること、ぼくの言い方で言えば、ヨーロッパ固有の歴史的課題に応えるために、ヨーロッパの歴史的経験の深部から、かれら自身の課題解決のために構想された「歴史」であることを、論証してください。

変な比喩を使えば、WINDOWSのある画面を思い浮かべてください。その画面が最大化してある場合は、ドラッグはできません。それが唯一の画面です。でも、右上隅の「元のサイズに戻す」というところをクリックした上で、それをスクリーンいっぱいに広げると、画面上は、最大化された場合と同じになります。つまり、見かけ上はまったく同じになるのです。しかし、前者がドラッグできない、唯一の画面であるのに対して、後者は、上縁の部分をドラッグすると、この画面を動かしてその向こう側を見ることができます。つまり、両者は見かけ上は同じでも、その位格(status)は変わってしまっているのです。ヨーロッパの歴史思想の「向こう側」を見ようと思えば、最大化されているその「歴史」の位格をまず変化させなければなりません。ドラッグ可能な位格へと変化させなければ、その画面を引き摺り下ろして、向こう側に別の画面を見ることはできないのです。ヨーロッパ的歴史概念にたいする従来の批判のほとんどが無効なのは、それらが位格の変化をもたらすものではないからです。それらは、最大化された画面の上をいじっているだけなのです。大事なことは、ヨーロッパ製の「歴史」を小さくすることではありません。つまりヨーロッパ製の「歴史」の外部——ヨーロッパ製の「歴史」に取り込まれない領域——を急いで確保することではありません。そんなことは不可能であり無意味です。そうではなくて、ヨーロッパ製の「歴史」の大きさはそのままにして、その位格を変えてしまうような理論的戦略を作り出すことなのです。ドラッグできない唯一の画面から、ドラッグ可能な画面のひとつへと、意味を変えてしまうことです。この手続きを経て初めて、ヨーロッパ製の「歴史」の向こう側、外部を見ることが可能になるのです。上原専禄の世界史とは、そのような戦略のひとつです。

さて、わかっていただけたでしょうか。今はわかっていただけなくても、いつかわかっていただけるような作品に仕上げますよ。お互い頑張りましょう。米国で、しっかり勉強してきてください。英語でどう言うんでしたっけ、keeping in touch でしたっけ？　連絡を取り合いましょう。

どうぞ気をつけて。そして毎日の生活を大事に。

K.

(保苅実の返信)

Kさん、

長い丁寧なメールをいただいてから、お返事をしないままにしばらく時間がたってしまいました。決して、無視していたわけでも、後回しにしていたわけでもありません。ほとんど毎日Kさんのメールを開けて読み、結局プリントアウトしてしまいました。ウィンドウズの「最大化」と位格をめぐる喩えは、たいへん面白く、僕なりによく分かったつもりです。その含意としての、向かうべきプロジェクトの巨大さと困難さも含めて。今、テッサ・モーリス＝スズキさんが五月に予定している歴史学研究会での発表原稿を翻訳しているのですが、ここでもテッサさんは時代状況を超え出るようなプロジェクトの必要を訴えています[13]。幸か不幸か、僕らはそういう時代に生きているということなのだと思います。僕はテッサさんのぎりぎりのオプティミズムが好きです。

いつか、E・H・カーに対抗して、"WHAT THE FUCK IS HISTORY?!"(日本語版タイトル『だから歴史って糞《クソ》ファック何なのよ!?』)という本を作りたいと思います。○○書店からはとても出せそうにありませんが(笑)。とにかく、これからもどうぞよろしくお願いします。丁寧に勉強し、静かに深く感じ、そして身体で経験し続けたいと思います。それ以外に豊かに人生を生きる方法なんてないでしょうが、と思う今日この頃です。また今度、日本か、米国か、オーストラリアでKさんにお目にかかる日を楽しみにしています。どうぞお体にお気をつけて！

保苅　実

注

（1）Sheldon Kopp, *If You Meet the Buddha on the Road, Kill Him!*, London: Sheldon Press, 1972. のエピローグから、筆者自身の訳による引用。邦訳書に、『ブッダに会ったらブッダを殺せ』野矢茂樹(訳)、青土社、一九八七年がある。

（2）ここで紹介するのは、筆者の博士論文 Minoru Hokari, *Cross-Culturalizing History: Journey to the Gurindji Way of Historical Practice*, PhD Thesis, Canberra: Australian National University, 2001. の査読報告の邦訳である。ただし、博士論文のなかにあり、日本語版の本書では採用しなかった章があり、また博士論文と本書では章立ても異なるため、本書とは無関係な部分を必要に応じて削除、あるいは注釈を付したものを、ここに掲載する。下訳を快諾いただいた、塩原良和、川端浩平両氏に心から感謝する。

（3）本書の二、四、五章、および八章の一部にあたる。

（4）ここでいう、博士論文五、六／七章は、本書では割愛されている。ただし邦語版として、博士論文の五章を基に、保苅実「オーストラリア先住民の牧場退去運動――オーラル・ヒストリーからの接近」『歴史学研究』二〇〇三年一二月号(第七八三号)、一―一八ページ、を発表し、また六／

七章の一部は、保苅実「カントリーの生命を維持するために──牧場開発とアボリジニ」スチュアート ヘンリ編『「野生」の誕生──未開イメージの歴史』世界思想社、二〇〇三年、一六二──一八七ページ、あるいはMinoru Hokari, "Reading Oral Histories from the Pastoral Frontier: A Critical Revision", *Journal of Australian Studies*, vol. 72, 2002, pp. 21-28. として発表した。

(5) アボリジニのオーラル・ヒストリーの実証性、史実性、有効性をめぐる論争が、近年活発になっている。二〇〇一年一二月一三日、一四日にオーストラリア国立博物館で開催されたパブリック・フォーラム「辺境での抗争」でも、オーラル・ヒストリーの功罪がテーマのひとつとなった。ここに訳出したのは、このシンポジウムを取材した日刊紙『シドニー・モーニング・ヘラルド』に掲載された記事である。下訳を快諾いただいた塩原良和氏に心から感謝する。

(6) オーストラリア東南部で活動した伝説的ブッシュ・レンジャー(山賊)。ネッド・ケリーが、オーストラリア北部のグリンジ・カントリーにまでやってきたという史実は存在しない。

(7) ここで紹介するのは、本書の基になっている前掲の博士論文を英語圏のある大学出版会に送付したのちに受け取った査読報告である。ただし注は、保苅による。

英語版の草稿にあっても日本語版の本書では採用しなかった章があり、また章立ても異なるため、本書とは無関係な部分を削除した抄訳をここに掲載する。下訳を快諾いただいた、塩原良和氏に心から感謝する。

なお、筆者は後に、草稿の改訂版をこの出版社に再提出したが、結局は出版を拒否された。英語版の刊行については、現在(二〇〇四年四月)、別の出版社と交渉中である。

(8) グリンジの牧場退去運動に参加し、ベストセラーを著したジャーナリスト。詳しくは、保苅「オーストラリア先住民の牧場退去運動──オーラル・ヒストリーからの接近」前掲論文、一──一八ページ、を参照のこと。

(9) Hokari, *Cross-Culturalizing History*, p. 112.

(10) Hokari, *Cross-Culturalizing History*, p. 40.

(11) Hokari, *Cross-Culturalizing History*, p. 32.

(12) 日本滞在中に発表した、ある研究会のあとに受信した○○書店の編集者K氏からの電子メールと筆者からの返信を、それぞれ全文掲載する。あきらかな誤字脱字の修正と固有名の削除以外の修正はない。

私信の公開という暴挙を快諾いただいたK氏に心から感謝したい。いや、Kさん、こうしたくなるくらい、いただいたメールは刺激的だったんですよ。とてもパーソナルでありながら、同時にきわめてパブリックでもある(べき)Kさんの批判を、本書読者の方々とどうしても共有したかったんです。

(13) テッサ・モーリス＝スズキ「「政治社会」を再想像する——グローバル化時代における歴史研究のアジェンダ」『歴史学研究』保苅実(訳)、二〇〇三年一〇月増刊号(第七八一号)、二―一五ページ。

著者によるあとがき

人文社会系の学問の中で、主体の解体、声の複数性、真理の不安定性、内破する知、などといった掛け声が念仏のように唱えられて久しい。「念仏のように」と僕が揶揄するのは、こうした主張が、じつに安定した制度的場所から、モノロジカルに、そしてあまりに明瞭に(つまり、あまりにラディカルな主張があまりに安易に)語られ続けてきたことへの違和感である。声の複数性、真理の不安定性などについて議論することをやめ、むしろそれを実際に実践し、本当に知を内破することに挑戦したのが本書である。内容そのものだけでなく、そのためにあちこちに仕掛けた、構成、文体、字体その他の工夫については、本書を読んでいただければ、あまりに明瞭なので、ここでなにか種あかしめいたことをする必要はないと思う。僕は、本書の中で、多元的な声を扱いたかったから、そういう布陣を敷いたし、歴史的な経験、事実、真実がいかに不安定な関係のうちにあるかを現実的に示したかったから、それを示したつもりだし、歴史を本当に多元化したかったので、それを試みたつもりだ。その結果として、通常の学術書とはそうとうに風貌の異なる、とはいえ学術書としか呼びようのない何かができあがったのではないかと自負している。

僕は、制度としての知が内破できると思うほどロマンティストではないが、一個人が知を小さく内破させることくらいはできるはずだ、と思うほどには楽観的な人間だ。「……について」の議論ばかりしていないで、まずは自分で実際にやってみること。本書で展開したかった僕の姿勢はその点に尽きるかも知れない。そして、そうする以外に、ジミーじいさんをはじめとする、何からなにまで世話になったグリンジの人々にたいする誠実な応答責任(responsibility)はないように思えるのだ。

ところで、先ほど述べたような数多くの聞き慣れた掛け声の中で、僕が必ずしも迎合しないのが、「主体の解体」という概念である。西洋近代が生み出したある特殊な主体の消滅。そこまでは、よい。しかし、僕は、主体概念はなんらかのかたちで保持したいと思っている。僕が本書を「保苅実」の名で提出するのは、僕が保苅実という主体に一定の意味と実在を見出しているからである。

最近の傾向として、編著というかたちで声の複数化・多元化を試みるケースが多いようだが、そちらを音楽のコンピレーション・アルバムにたとえるなら、本書ではむしろ、一人のミュージシャンにクレジットを帰した、ジャズ音楽のアルバムを制作してみたかった。すなわち、多数の主体がぶつかり合い、お互いのアイディアをぶつけ合い、場合によってはコピーしたり反発したりしあいながらも、アルバムとしては、一人のミュージシャンに作品全体のクレジットが与えられる、そんな作品。クラシック音楽のような、楽曲すべてを統御するコンポーザーあるいは指揮者としての主体ではなく、複数の主体のコラボレーションを行うアレンジャーとしての主体である。本書では、僕が世話になったアボリジニの長老たちが、同僚が、批判者が、僕と同様に自らの声を登場させる。それを僕はアレンジすることはできるが、完全に統御することなどできない。なぜなら、それは僕の声ではないのだから。それでも僕は、アレンジャーとして、本書の作者＝主体の地位を疑いようもなく占めているし、そのことに誇りをもっている。そして僕は、本書や僕自身が、将来ほかの誰かの作品の中で、こうした複数の主体のひとつとして参与する機会があることを楽しみにもしているのである。

　ただ主体は、常に関係性のなかで位置づけられており、決して安定して固定的な同一性のうちにあるわけでもない。それは、本書の中で、僕がさまざまな名前（ミノル・ホカリ、ミノ、保苅、私、僕、筆者、など）となって現れることでご理解いただけると思っている。主体はまぎれもなくある、しかしそれは、西洋近代が想定したほど強固でも単一でもない。ただそれだけの話だ。

　もうひとつ。歴史は楽しくなくちゃいけない。そんな思いも、本書を書き進めながら、僕の身体をかけめぐっていた。ジミーじいさんをはじめ、グリンジの人々は、よく笑っていた。苦しかった植民地経験を語りながら、白人《カリヤ》の不正義に怒りをあらわにしながら、それでも、歴史語りはどことなくユーモラスに、笑いを伴ってなされることが多かった。これは、なにか不謹慎なことのようでもあるが、そう単純な話でもない。すべての歴史が面白おかしいわけじゃない。いや、ほとんどの歴史はむしろその深刻さに特徴があるといってもいい。しかし、そこには、歴史であることとそれ自体の楽しさがある。僕は、読者が、本書を真摯に、しかし同時に楽しみながら読んでくれることを望んでいる。

本書の完成に至るまでにお世話になった人(やモノや場所)を並べあげると本当にきりがなくなってしまう。どうしよう。とにかく、まずは、僕を寛大に受け入れてくれた、グリンジ・カントリーとそこに住まう人々に感謝したい。もちろん、なんといってもジミー・マンガヤリ。彼との出会いがなければ今の自分も本書もありえなかった。そして、ミック・ランギアリとビリー・バンターの二人の長老にも特別の謝意を表したい。また狩りをしながらいつも一緒にグリンジ・カントリーをめぐったジョージ・サンボとピーター・レイモンドに友情を。そして僕をドリーミングのリアリティへといざなってくれたジュンダガル・ドリーミングにも畏敬をこめた謝意を。

ところで、多くのアボリジニ諸社会では、死者の名前を口に出すことや、死者の写真を公開することを禁忌する傾向にある。グリンジ・カントリーでは、死者の写真の禁忌はとくにないが、死者の名前を口に出すことは、その人物が死んでから数年は避ける傾向にある。そのことを念頭において、本書を読んでいただけると、いっそう倫理的にアボリジニの歴史文化とお付き合いいただけるかもしれない。

日本とオーストラリアの大学諸機関では本当にすばらしい先輩方に取り囲まれてきた。お世話になった方全員を列記することなどとてもできないが、ここではとくに、日本から藤田幸一郎、清水透、加藤哲郎、伊豫谷登士翁、鈴木清史、窪田幸子、スチュアート ヘンリ、鎌田真弓、関正則、小島潔、久松昌子、本橋哲也、中野敏男諸氏、オーストラリアから、デボラ・バード・ローズ、アン・マックグラス、テッサ・モーリス＝スズキ、ディペッシュ・チャクラバルティ、アン・カーソイズ、ジョン・ドッカー、グレグ・デニング、ピーター・リード諸氏に最大の謝意を表したい。つぎに、友人たちの中で、まず何より感謝の意を表したいのは一〇年来の付き合いを続けている村里さん、島田さんをはじめとする読書会のみなさんだ。ジミーじいさんと同様、かれらとの出会いがなければ、いまの自分はありえないし、これほど人生が深く充実したものになることはなかったのではないかと思う。真の友愛に感謝したい。そのほかにも多数のすばらしい友人たちに恵まれ、かれらとの交流の中で本書と自分が磨かれていった。塩原さん、ジュリア、リンダ、ケン、こーへいさん、シャンタル、ダレル、スー、ピップ、ジンキ、ダニー、ボワ、大野さん、田口、ひびやん、山本、くにひろ、ノア、うっちー、だーさん、あやちゃん、家坂、夏樹君、いどぅみ、ドン、田村さん、みじょー……あーぁきりがない。いま思い出せなかった人、ごめんなさい、みんな大好きだよ。そして、もちろん僕の家族に心から、本当に心から感謝したい。就職もせず、アボリジニの勉強をするためにオーストラリアに行く、などという決心を理解に苦しみながらも嫌な顔ひとつしないで応援してくれた家族は、僕の大切な宝です。

さて、どうしても避けられない話がある。僕は、二〇〇三年七月にがんの告知を受け、その後はオーストラリアの病院で治療を続けてきた。そして本書のほとんどは、近代医療による治療が不可能となり、末期がんを迎えたなかでの執筆となった。そのことが本書において、何を含意しているのか、正直言ってよくわからない。というのも、何度も繰り返してきたように、本書は、僕の博士論文を基礎にしているし、本書の構想も、そのほとんどは発病以前にすでにあったものだからだ。逆に言えば、いまの僕が何か新しい本を書こうと思ったら、まったく別の内容やスタイルを思いつきそうな気もする。というわけで、本書はあくまでも、僕が元気にオーラル・ヒストリーのフィールドワークを行い、いろんな本を読みあさりながら制作した博士論文を大幅に加筆修正した日本語版だと考えていただきたい。いま現在の僕にとっては、ひとつの過去、通過地点の作品であるが、グリンジの歴史を広く伝えるというジミーじいさんをはじめとする長老たちとの約束もあるし、それ以上に、この通過地点を一度パブリックにしておきたいというのは、僕自身の強い希望でもある。だから、読者のみなさんにも、末期がん患者の本というよりは、一人の元気な若手研究者の業績として本書を読んでいただきたい。いろいろ、読者に要求の多い筆者ですかね、僕は(笑)。

とはいえ、僕が末期がん患者となったことで、本書の制作に大きな意味をもたらすことになる、すばらしい成果があったことは記しておきたい。なにせ、意識があるのはあと二〜三週間、命があるのはあと二ヶ月、といわれる中での執筆活動だった。その上、自由時間のほとんどを瞑想その他に使っていたので、一日の執筆時間はせいぜいで二時間程度。いまにしてみれば、よくもまぁ完成したものだと、自分で自分が信じられないくらいだ。だが、それを可能にしたのは、やはり複数性と関係性のなかで生まれた何かだった。

とにかく英語論文の下訳や、注、写真、図表の整備、装丁、他の研究者への執筆依頼や翻訳・掲載許可などのたくさんの仕事を僕一人でこなすことは物理的に不可能だった。そのために、じつにたくさんの人々のあたたかい協力を得ることになった。そのなかでも、とくに御茶の水書房の橋本育さんに最大の感謝の意を表したい。がんの治療がこれ以上不可能とわかったとき、橋本さんから「ほかりさん、仕事しましょう」というメールをもらった。まだまだ僕を研究者としてみてくれる人がいることに涙を流して喜んだのを思い出す。彼女の情熱と努力とゴールデン・ウィークの返上なしに、本書の実現は文字どおりありえなかった。橋本さん、本当にどうもありがとうございました。そして、お忙しいなか、本書にエッセイを寄稿していただくことに同意いただいた、テッサ・モーリス＝スズキ、清水透両氏にも心から感謝です。また名前を列記することはできないが、発病してから本当にたくさんの友人から励ましのメッセージを受け取った。一人ひとりに感謝の気持ちを伝えたい。そして最後に、しかし最大の友愛をこめて、塩原良和氏である。彼とは数年来の僚友であり、いままでもいろんな仕事を共同でやってきた。今回発病して以来、自分の仕事そっちのけでこの出版企画のために時間を費やしてくれた。塩原さんの協力依頼に賛同して、下訳などの協力をいただいた友人たち、川端浩平、木村真希子、辛島理人諸氏にも感謝である。ありがとう、みんな本当にありがとう。

というわけで、多くの研究書とは異なり、本書それ自体が、こうして複数の人々の編集協力のもとで迅速に完成したことは、複数性、多元性、関係性を強調した本書にふさわしい出版プロセスだったのではないかと思っている。だから、本書のあとがきを書くのは僕だけではないはずだ。「もうひとつのあとがき」を、協力してくれた多くの友人たちを代表して塩原さんにお願いしたゆえんである。

最後にもう一言だけ。僕は本書で、深く聴くことの重要さ、コミュニケーションの重要さについて繰り返し語ってきたように思うが、本書そのものの実践である「書くこと」についてはあまり触れてこなかった。それを、僕が尊敬してやまない歴史学者グレグ・デニングの以下の記述でかえたいと思う。

……書くことは劇場であり、書き手は演技者だ。劇場での語法に従うなら、書き手の目標は、「効果を生み出すこと」にある。観客を笑わせ、観客を泣かせ、観客を怒らせる。書き手は、パフォーマンスのうちにそれを行う。すべての可能性、すべての完全性は、パフォーマンスのうちに閉じられており、それは「さぁ、どうぞ」と観客に渡される。この瞬間、書き手は弱い立場にたたされる。私は友人に、書くということは、深い井戸に石を落として、水しぶきが聞こえるのを待っているかのようだ、と言ったことがある。だが友人は、それは違うと言う。彼によれば、書くということは、グランドキャニオンにバラの花弁を落とし、爆発を待っているようなものだ、と。(1)

さて、僕もこうして、一枚の花弁を投げ込むことができた。ゆっくりと爆発を待とうではないですか。

二〇〇四年五月

保苅　実

注

（1）Greg Dening, *Readings/Writings*, Carlton, Vic.: Melbourne University Press, 1998, pp. xix–xx.

＊保苅実氏は、本書脱稿から数日を経た二〇〇四年五月一〇日にメルボルンにて逝去されました（御茶の水書房編集部）。

＊ 本書で使用されたオーラル・ヒストリー収集のためのフィールドワークは、科学研究費補助金、ノーザン・テリトリー歴史研究奨励金、ニューサウス・ウェールズ大学リサーチマネージメント委員会、オーストラリア国立大学クロス・カルチュラル・リサーチセンターからの研究助成を受けた。

もうひとつのあとがき――幻ではないブック・ラウンチを

「自分の身体と対話している」と、保苅実さんは病床でよく言っていた。自分はとても貴重な体験をしていると、真顔で言うのだ。最初、わたしは信じられなかった。なぜならそこは病院で、彼はきわめて進行の速いガンに侵された患者だったのだから。

メルボルンで闘病生活を送っていた彼の看病を手伝うために、当時シドニーに住んでいたわたしは、友人たちとともにときおり彼のもとを訪れた。保苅さんは、キャンベラでいくつもの共同研究をふたりで行っていた頃と、まったく変わらなかった。むしろ、病をつうじた「身体との対話」は、彼本来の性質であったスピリチュアルなもの、ポスト・セキュラーなものに関する感性を、ますます研ぎ澄ましていったのではないか。

あと二ヶ月の命、と医者に宣告されてからも、保苅さんはそれまでと同じように、人生に対して前向きで、真摯だった。そして、彼は本書の原稿を、ホスピスの病床で書き続けていた。保苅さんはよく、この本を通じて、歴史をめぐる「声の複数性」を表現したいといっていた。彼の頭脳は、いまやますます明晰だった。その振る舞いには、悲壮感のかけらもなかった。「美しく生きたい」と彼は言っていた。「コミュニケーションは双方向的であるほうがいい」とも。この期に及んで、彼はまだ、人とのつながりから生まれる何かを信頼していた。

わたしは驚嘆した。ただ、彼に足りないのは時間だけだった。

わたしと友人たちは、保苅さんの原稿執筆を手伝うことにした。この本は、彼がオーストラリア国立大学に提出した博士論文(英文)をもとにしている。そこで、わたしたちはもとの英文原稿の一部を下訳し、東京の出版社とメルボルンの保苅さんの病室との連絡をとり、文章の体裁を整えるのを手伝った。それは単なる善意からでた行いではなかった。わたしたちは、保苅さんの原稿を通じて多くのことを学ぶことができた。保苅さんの思想、身体との対話、グリンジ・カントリーへと飛ぶ、保苅さんの意識。そして保苅さんの原稿を通じて、わたしたちも確かに、ジミーじいさんに出会った。それは、双方向的なコミュニケーションであり、わたしたちのつながりから生まれた、何かだったのだ。

こうして、本書は完成した。そしてわたしたちも、間接的にではあるが、本書のなかの「声の複数性」の一部となった。そのことを、わたしたちは誇りに思う。保苅さんと、もう一度もつことのできたコラボレーションは、いつものように、わたしにたくさんのインスピレーションをもたらした。わたしが、保苅さんと一緒に仕事をするのが大好きな理由だ。そしておそらく、彼を知るすべての人が、わたしの言っていることに同意するのではないか。だからこそ彼は、多くの人々に愛されてきたのだ。

わたしがシドニーへと戻る別れ際、保苅さんは、「この本が出版されたら、ブック・ラウンチをやろう」と言った。オーストラリアでは、新刊書が発売されると、ブック・ラウンチ(出版記念会)を催すのが通例だ。すでに読者は、第一章で、本書の「幻のブック・ラウンチ」

に参加されたことと思う。本書が刊行されたら、今度は「幻ではないブック・ラウンチ」を企画しよう。保苅さんを支え、保苅さんに力を与えられた、たくさんの人々が、冬のメルボルンに集まる。その輪のなかに、保苅さんがいつものようにたたずんでいる。そんな光景を想像するのは、楽しい。

もし、そんなブック・ラウンチを催すことができたら、そこでわたしは、この本を捧げるスピーチをしたい。もちろん、「あとがき」で本人が主張しているような意味で、この本の著者は保苅実である。そして、著書を誰かに捧げるのは、ふつうは著者の特権である。しかし、この本が保苅さん以外の多くの人々の「声」によって成立しているとすれば、それらの「声」にも、この本を誰かに捧げる権利があるだろう。もちろん、そうした「声」を代表してわたしが語るなど、おこがましいこと極まりない。それは承知のうえで、あえて、この本を捧げたいと思う。

類まれなる勇気と、知性と、感性と、愛情をもって、歴史と、そしてみずからの身体と対話した、われらが友、保苅実に。

二〇〇四年四月

塩原良和

ミノ・ホカリとの対話

テッサ・モーリス＝スズキ

わたしの電子メール・フォルダの奥深くで、永いあいだ眠っていたメールがある。二〇〇〇年一一月五日付。そのメールは、次のような書き出しで始まっていた。

“Dear Tessa, Mino again, sorry for suddenly appearing in your life frequently these days”(「テッサさんへ。ふたたび、ミノからです。ここ数日、突然あなたの生活にたびたびお邪魔して、ごめんなさい……」)。

ミノ・ホカリが最初に、「わたしの生活のなかにあらわれた」のは、その数週間前のことだった。彼はオーストラリア国立大学で、アボリジニの歴史に関する博士論文を書き上げようとしていた。この時ミノは、ある日本人ジャーナリストの手伝いをするつもりだった。そのジャーナリストは、極右ワン・ネイション党の記事を書くためにオーストラリアにやってきた。最初にわたしと接触した時のミノは、自分自身の研究についてもわたしと熱心に議論したがっていた。わたしには、それについては少々のためらいがあった。というのも、ミノの研究テーマへの有益なアドバイスが自分にできるかどうか、わたしはおぼつかなく感じていたからである。

けれども、わたしはたちまち、ミノの電子メールからあふれでる文章に引き込まれてしまった。一〇日後、彼は、ワン・ネイション党の指導的人物との会見の約束を取り付けたと、電子メールで書いてよこした。"Gonna be exciting"(「きっとエキサイティングでしょう!」)と書いてあった。そして初めてミノに会ったとき、わたしたちはとても多くの話題について語りあえることがわかった。ミノは情熱的で、歴史理解をめぐる広範な問題に関心を抱いていた。たぶん、わたしは彼の調査については、あまり多くのアドバイスはできなかったかもしれない。しかし、わたしたちの共通の関心事についての、永く楽しい対話から、そして研究成果を読むことで、わたしは間違いなく、とても多くのことを彼から学ぶことができた。

ミノの研究テーマは、オーストラリアのアボリジニの歴史にかかわるものである。しかし、彼自身が本書で強調しているように、それは「アボリジニ・オーストラリア人が歴史をどのように理解しているか」ということを、説明しようとするものではない。言うまでもなく、アボリジニの歴史理解にただひとつのあり方などない。日本人が歴史を理解する、ただひとつのあり方がないのと同じである。本書は、ある特定のアボリジニの人々——彼らの知識は、アボリジニ・コミュニティの他のメンバーからも広く尊重されている——によって呈示された、過去についてのひとつの見方に関する本である。

本書はまた、読者に対し、さまざまな本質的な問いを投げかける。そうした問いの含意は、通常理解されている意味での「アボリジニの歴史」の境界をはるかに越えて、広がる。すなわち、次のような問いである。歴史とは何か。歴史家とは誰のことか。わたしたちはいかにして、知識と対話するのか。わたしたちはどのようにして、過去を経験するのか。わたしたちはどのように「歴史する」★のか。

★訳注　ミノ・ホカリは当初、本書を『歴史する!(*Doing History!*)』と名付けようと考えていたが、その後の編集作業のなかで『ラディカル・オーラル・ヒストリー』というタイトルにした。

ミノ・ホカリとの(じかに会って話したり、書かれた言葉を読むことをつうじた)対話によって、過去三年半のあいだ、わたしが学んできたことの一部を、これから数ページにわたって説明してみよう。それはもちろん、わたしというある特定の人間が、ある特定の時点において、考えていることである。もちろん読者は、本書のなかにわたしのものと異なるその人独自の洞察と見解を見出すだろう。本書のテキスト自体はすこしも難しくはない。しかし、それが伝えるメッセージは深遠で複合的である。わたしは、本書をこれからなんべんも読み返すことだろう。そして、そのたびに、本書の主張に新たな意味を見出し、新たな理解を得るはずだ。『ラディカル・オーラル・ヒストリー』はそういったテキストである。

＊　＊　＊

ミノ・ホカリが博士論文のための研究を行っていた、一九九六年から二〇〇一年までの六年間は、オーストラリアのアボリジニの歴史において、きわめて重要な時期であった。一九九二年、オーストラリア連邦最高裁は、先住オーストラリア人の伝統的所有権を認知した。それまでオーストラリアの裁判所は、先住民と土地との古代から継続する結びつきを、法的に有効な所有権の根拠とすることを拒否してきた。しかしこのいわゆる「マボ判決」の結果、新たに「先住権原法(Native Title Act)」が翌一九九三年に成立することになった。この新法によって、一部のアボリジニ・コミュニティは、自らの土地の公式な所有者となることができた。

ただし、先住権原の申し立てのプロセスは、複雑で、厳しい制約を伴うものであった――そして一九九八年になると、ハワード保守党政権はその制限をいっそう厳しくしてしまった。それにもかかわらず、連邦最高裁が先住権原を公式に承認したことは画期的であった。多くの非アボリジニ・オーストラリア人は、先住民の土地権(land rights)要求が、単純に経済的な要求であると誤解していた。つまり、アボリジニの人々が、自分たちの物質的生活条件を「財産の所有」によって向上させようと試みている、と考えていたのだ。しかし、本書に収録されたグリンジの長老たちの言葉は、そうでなかったことを雄弁に物語っている。すなわち、大半のアボリジニ・コミュニティにとって、土地――「カントリー」――は、「不動産」ではなく、むしろ彼ら彼女らの生存とアイデンティティのまさに基盤なのだ、と。この意味で、彼ら彼女らにとって、土地から引き離されることは、人間の実存を可能にするすべてを失うことを意味していた。

また一九九五年から一九九七年にかけて、オーストラリア社会は、永いあいだ黙殺されてきた植民地主義のもうひとつの無惨な遺産と直面させられることになった。一九六〇年代後半までの数十年ものあいだ、アボリジニと(とりわけ)アボリジニの「血」を部分的に引く子供たちが、同化政策の一環として、国家によって家族から計画的に引き離されていたのだ。こうした子供たちは施設に預けられた。この施設の多くはしばしば、宣教師が運営するものである。そこで、子供たちは家事労働者、または農業労働者になるべく訓練を受けさせられた。彼ら彼女らの多くは、強制的に家族から奪われたことで、永続的な精神的損傷を受けた。こうした「奪われた世代(stolen generations)」に関する公的調査の最終報告書が、一九九七年に公表される。この報告書は、政府の政策への激しい非難とその責任を明記したもので、被害者たちに対する政府の公式謝罪と補償を勧告した。

この報告書の勧告を、オーストラリア政府は黙殺し、「奪われた世代」への謝罪を現在に至るまで拒否している。このことはオーストラリアじゅうで、広範な公共的論争を巻き起こした。そして、アボリジニの人々への不正義の永い歴史に対する、より大きな公共的認識を生み出した。二〇〇〇年には、何十万もの人々が、先住民と非先住民オーストラリア人の新たな和解のプロセスを支持して、デモに参加した。研究者やメディアによる、アボリジニの歴史への関心は増大した。そして、ヘンリー・レイノルズのような歴史家の著作が、多くの人々に読まれるようになった。レイノルズに代表される著作群は、オーストラリアの植民地化のなかで起こったアボリジニ・コミュニティの虐殺にかかわるものや、アボリジニによる植民地化への抵抗を記述したものであった(1)。

しかし同時に、保守派からの反動(backlash)もまた勢いを増した。一九九〇年代後半以降、多くの右派歴史家が(ハワード首相の積極的後押しを受けて)、ハワードが言うところの「黒い喪章(black arm-band)」史観なるものを攻撃するようになった。保守派にとり、「黒い喪章」史観とは植民地化による暴虐と破壊のみを強調するものである。かつてはマルクス主義社会学者であり、いまや修正主義歴史学者に転向したキース・ウィンドシャトルは、一連の論考を著した。アボリジニの虐殺に関する物語はいちじるしく誇張されたものであり、先住民は「文明化」によって、苦難を被ったというよりは、むしろ恩恵を受けた、とウィンドシャトルは主張した。(2)

＊　＊　＊

こうした流れの中、ますます多くの研究者がアボリジニのオーラル・ヒストリーを研究するようになってきている。この研究者たちは、虐殺や植民地における暴力的行為の存在を、立証したり反証したりするための史料として、アボリジニのオーラル・ヒストリーを用いることが多い。もちろん、そのすべての研究者たちは、過去に関する口述の説明を、単純に「そのままの意味で」とらえることはできないとする点では同意していた。先住民による、植民地主義の過去に関するオーラル・ヒストリーは、当たり前だが精神面での信仰、文化的なコンテキスト、個人的な記憶に深く影響されている。だから、多くの研究者にとっての中心的課題は、どのようにして「神話」の諸要素から「歴史」の諸要素を区別し、口述の説明を歴史学的に「使える」史料にするか、という点であった。

しかしミノ・ホカリによるアボリジニの歴史へのアプローチは、そういった研究者たちのものと驚くほど異なっている。彼は、アボリジニのオーラル・ヒストリーを聴く。しかも彼は、ふつうではないやり方で、それを聴く。ミノのオーラル・ヒストリーの聴き方は、先住民社会の研究をかつて支配していた植民地主義的偏見から自分は解放されていると信じたがっているわたしのような者を、きわめて不安定で居心地の悪い場所に追い込む。わたしは、アボリジニの社会が西欧植民者の社会よりも、「原始的」だとか「遅れて」いるとは思わない。同時にわたしは、ヨーロッパの知識が、先住民の知識より優れているとも考えていない。単に、それは異なったものだと思っている。わたしは、先住民による過去に関する口述の説明から、歴史家が学ぶ重要性を認識しているつもりだ。

しかし、ミノ・ホカリは言う。グリンジ・アボリジニのある長老は、一九二四年に起きたウェーブ・ヒル地域での洪水は、ディンガーというひとりの男が、クラッジ(rainbow snake)にレインストーンを渡したことによって引き起こされたと主張している、と。あなたは彼を信じますか？　あなたは、この物語をあなたが理解する近代オーストラリア史の一部として、受け入れることができますか？　そうミノ・ホカリは問い掛けるのだ。

もちろん、答えは「ノー」である。わたしはその長老が、自分の信仰をもつ権利を尊重する。わたしは、その長老を笑ったり、愚か者として片付けたりはしない。しかし、わたしは、一九二四年のその洪水は土地管理実践のまずさによって生じたのだ、と説明する農地管理学者や、それは異常気象によって引き起こされたのだ、と説明する気象学者を信じるようには、その長老の言うことを信じることはできない。

しかし、それでは、とミノ・ホカリはさらに問う(攻撃的にではなく、思いやりをこめて。というのは、彼自身もまた同じ問題と格闘していたのだから)。あなたは自分自身に正直ではない、と。あなたは依然として、グリンジの長老の物語を、本当は神話として扱っているのだ、と。あなたは依然として、どのようにして「真実(truth)」を決定するのか、自分にはわかっており、そしてそれゆえ、かの長老の知識は誤りだと主張しているのではないか、と。

こうしたジレンマに直面して、わたしはミノにいくつかの反論をする。ちょうど、第一章における「ブック・ラウンチ」でミノに反論した聴衆たちのように。ただ、その聴衆たちと違って、わたしの質問はあまり明快なものではなく、歯切れが悪くなってしまう。わたしの反論とは、以下のものだ。rainbow snake のパワーにかかわるアボリジニの人々の「非合理的」な説明を、もしその言葉通りの真実として受け入れるとすれば、神はほんとうに世界を七日間で創造した、と主張するキリスト教原理主義者たちに、どのようにして反論できるというのか。もしグリンジの長老たちによる、自分たちの歴史の自分たち自身による解釈に同意し、そしてこの解釈は、そのほかの解釈と同じように「真実」である、と認めるとすれば、西尾幹二が日本の歴史を「日本人独自に」解釈する権利を主張したときに、どのようにしてそれを否定することが可能か、と。(3)

この質問には、単純な回答がない。そして、一九二四年にウェーブ・ヒル地域で起こった洪水が、レインストーンや rainbow snake によって本当に引き起こされたのだ、とわたしが信じられるようになるのかどうかわからない。わたしはそのことを、素直に認めるつもりだ。しかし、これまでの約三年間で、わたしはだんだんと理解できるようになってきた。「どうして信じちゃいけないの?」という、継続して突きつけられているこの愉快ではない問いがもつ、重くて深い重要な意味を。

＊　＊　＊

一九八一年に、イングランドからオーストラリアへと移り住んだとき、かつて経験したことのなかったふたつのことを、わたしは突然発見した。それは、沈黙と闇である。

町や都市を離れ、オーストラリアの「ブッシュ」に出かけたとき、人間のたてる物音がまったく聞こえない場所、という経験にわたしは圧倒された――車も、飛行機も、遠く離れた都会の喧騒も、何も聞こえない――。聞こえてくるのは、風と、ときおりの鳥の鳴き声だけだ。あるとき、闇が忍び寄ると、すべてが暗闇に包まれる。星の光が、深い深い漆黒の果てしなき空間に浮かんでいる。これは、過去何十万年ものあいだ、ほとんどの人類が経験してきた世界なのだ。

同時にこれは、近代の都市化されたコミュニティの大半で、失われてしまった経験である。わたしたちは、それを失っただけではない。それを失ってしまったことさえも、忘れてしまった。こうした世界の経験を取り戻すことができる場所を、しばしのあいだ訪れた時間のみ、わたしたちは、それを失ったという経験をも認識することができる。喧騒の、終わりなきネオンサインの世界に戻ったとき、わたしたちは突然、この世界を新しいまなざしで眺めはじめる。

ミノ・ホカリが書いた『ラディカル・オーラル・ヒストリー』は、アボリジニ社会に関するロマンチックな、あるいはノスタルジックなイメージを呈示する本では決してないことを、強調しておかなければならない。今日、アボリジニの人々は、遠隔地コミュニティだけではなく、大都市や田舎町に、オーストラリア全土に住んでいる。そして、彼ら彼女らは現代社会が持つあらゆる社会的緊張や困難を経験している。植民地化によってもたらされた、アボリジニ社会の物理的・精神的基盤の深刻な破壊は、深い傷跡を残した。高いレベルの飲酒、精神障害、家庭内暴力などが、多くの先住民コミュニティで発生している。

ジミー・マンガヤリの言葉を読むことは、わたしにとって、こうした植民地化された者たちが持つ傷跡の深さを、より明瞭に感じるための助けとなった。「イングランド」が、ある人々にとっては、道徳が完全に欠落した世界と同義語になっていることを知って、わたしはなんと答えればいいのか。「イングランド」とは、まさしくわたしが生まれそして育った国の名にほかならないのだ。

本書は、現代世界が持つ諸問題への万能薬として、「先住民の知恵」を提供するものではまったくない。異なった社会的基盤を持つ人々が、ミノ・ホカリによってその言葉が記録されたグリンジの歴史家たちの世界へと、いつか完全に入りこんでいけるなどと想像するのは、あまり現実的とは言えないだろう。

そうではなくて、『ラディカル・オーラル・ヒストリー』は、歴史を叙述するという行為が必然的に持つより深い部分を示唆する。近代学問の知的・制度的フレームワークは、「精神の単一栽培(monocultures of the mind)」とでも呼べるようなものを生み出してきた。[(4)] 近代的思考は、すべてを包含する普遍的な真実の語りを生み出す作業を行うことによって、ある種の心理的単一性も生み出してきた。そうして、世界中で、ある特定の規範的テキストおよびある特定の思考方法と真実の産出方法が、妥当な「知識」の唯一の基盤として正当づけられた。それゆえ、この近代的な真実の体系にふさわしくない知識と経験のすべては、「神話」「迷信」「無知」の領域へと葬り去られる。

もちろん、ここ三十余年、ポストモダニズムとポストコロニアル思想が、こうした伝統を鋭く批判してきた。しかし、ポストモダニズムとポストコロニアル批評にも、それら独自の限界がある。ポストモダニズムにせよポストコロニアリズムにせよ、それらは近代思想と同じ知識生産システムの内部で発生し、広がってきたのである。すなわち、大学、学術会議、査読学会誌などであった。まさにこの理由により、ポストモダニズムとポストコロニアル批評は、近代的知識システムの抱える問題を批判する場合ですら、その問題の一部を複製してしまう傾向がある。ポストモダニズムとポストコロニアル批評においても、講堂や大学図書館から遠く離れた場所でまったく異なるやり方で生み出された種類の知識による挑戦を真剣に受け止めるのは、やはり困難があった。

ミノ・ホカリの研究は、なによりもわたしたちに——すなわち、近代の学問的伝統という「単一栽培」の内部で育った人々に——、グリンジの長老たちによるアボリジニの歴史を真っ向から受け止めるように要求する。このことは、わたしたちがジミー・マンガヤリ、ミック・ランギアリ、ビリー・バンターやそのほかの人々が信じていることを、同じように信じなければならないことを意味しない。そうではなく、わたしたちは彼ら彼女らが語らねばならぬと思っていることに、注意深く耳を傾ける必要に迫られるのだ。

＊　＊　＊

ミノ・ホカリの叙述を通しグリンジの長老たちとの邂逅からわたしは多くを学んだ。そのうちでもっとも重要なことのひとつは、「聴くこと」あるいは「注意深くあること」の重要性である。近代社会は、沈黙や闇の経験を失っていったのとおなじように、聴くことの能力も喪失した。そして、ミノ・ホカリの著作のページを繰ることをつうじたグリンジの長老たちとの出会いによって、わたしは「聴くこと」や「注意深くあること」が自分の住んでいる世界に欠如している、と意識せざるを得なかった。ちょうど、沈黙や闇を喪失した人間が、オーストラリアのブッシュのような場所で、そうした沈黙や闇をおもいがけず再発見するように。

わたしたちは、「聴くこと」を、安易で、受身で、何かあたりまえなことのように考えがちである。しかし、グリンジの長老たちの経験は、こういった考えがまったく間違っていることを示している。聴くこと、注意深くあることには、たくさんの時間、技術、準備が必要なのだ。嘘だと思うなら、実験してみるがいい。午前中ずっと、ただじっと座るか、あたりを静かに歩き回り、周囲の世界を聴き、周囲の世界にありったけの注意を払ってみてほしい。あなたにとっても、わたしにとってと同じように、これはたぶん実際上できないことではないのか。

グリンジの長老たちによる歴史についての説明を聴くのもまた、時間、技術、準備を必要とする。というのは、聴くことというのは、純然たる受容の実践、つまり単純に周囲のすべての音に耳を澄ませることではないからだ。聴くとき、わたしたちはその音を分類し、それに意味を持たせる。

——あれは鳥の音だ。あれは、車が発進した音だ。あれは、隣の声だ。

しかし、聴くという技術はまた、新しい、予想もしない音、わたしたちが持つ既存のカテゴリーに合致しない音に対する感性を要求する。予期せざる音は、それが単に既存のカテゴリーに合致しないという理由のみによって除去されるべきではない。そして、予期せざる音がじゅうぶんに持続するなら、それは、世界にかかわるわたしたちの知識に再考を迫るはずなのだ。

——あれは何だったのか？

わたしがいままでに、聞いたことも見たこともないものが、そこにある。

グリンジの歴史と真剣に向き合うのは、それを聴き慣れないものとして聴くことである。そして、その聴き慣れなさを受け入れることは、世界において何が可能なのかというわたしたちのビジョンを再構築することでもある。rainbow snakeやそのほかの予期せざる存在は、もはや神話というカテゴリーに安全に閉じこめられたままではいられない。そうではなく、それらは非常に聴き慣れないある歴史におけるひとつのアクターとして、認識されねばならない。そのときわたしたちは、それまで決して想像したことのなかった過去を経験する方法を、やっと垣間見ることができるようになる。

ミノ・ホカリの研究のすばらしい成果は、歴史理解のまったく異なる世界のあいだに対話の空間を切り開き、またそうすることで、聴き慣れない経験への窓口を開いたところにある。

本書でわたしたちは、身体的な経験を伴う歴史の諸形態に遭遇する——それはある特定の場所でのみ「感じとる」ことのできる歴史だった。わたしたちは、風景に埋め込まれた倫理を発見する。「善」とは、わたしたちが大地の表面を移動するあり方と不可分のものだった。わたしたちは、ある歴史を学ぶ。そこでは人間とともに、大地そのもの、岩、植物、動物、精霊が、歴史に参加する。

しかし聴き慣れない考えを聴くことは、深く狼狽する経験である。そこで重要なのは、こうした「危険な」歴史理解のあり方を即座に拒絶すべきでも、エキゾチックな新たなる真理の啓示として、ただちに受け入れるべきでもない(この点は、やはり重要だとわたしは思う)。本書における歴史の概念は、整理整頓されたアカデミックなギフト・ボックスのなかへと慌しく梱包されて、来年の国際学会でつかの間の評判を勝ち取るような、新しい資料ではない。また、週刊誌上でいっときだけ流行するような、病んだ社会のためのニュー・エイジ的救済策でもあり得ない。

そうではなく、ミノ・ホカリはわたしたちを、長い、ゆったりとした、聴き慣れない経験との対話へと誘う——わたしたちの記憶全体と生活経験をさらけだして、わたしたち自身の歴史的真摯さを深く追求するような対話へ、と。

ミノは、聴くことの哲学を学びなおすという、困難だが必要とされている課題に真剣に取り組むよう、わたしたちを促す。聴くことの技術を学びなおすことによって、進行中の「ギャップをこえた」対話に、少しずつ、より深く、入り込んでいけるのである。

＊　＊　＊

「聴くこと」と「注意を払うこと」は、ミノの著作を読む際に頻繁に頭に浮かんでくる言葉だ。しかし、少なくともわたしには、彼の本を読んだ経験を表現するキーワードが他にもある。それは、「楽しさ」と「大胆さ(audacity)」だ。

楽しさ——ミノとの対話、そして、キャンベラやそのほかの場所で彼と彼の友人になった若い研究者たちとの対話は、わたしにとっていつも楽しい。この本の最初のページを読み始めたとたん、ミノ・ホカリが、あらゆることへのユーモアのセンスとバイタリティの持ち主であることが、すぐにわかるだろう。

大胆さ——この言葉は、権威に従順でない若者を形容する際に、尊大、うぬぼれ、といったものと同様に否定的な意味で用いられることが多い。まさにその意味で、「大胆さ」はミノの不遜なスタイルを形容するのに、まことにぴったりの言葉だ。彼は、自分の思っていることを明示する。彼は、因襲によって沈黙させられたりはしない。彼は会話で、彼の文章においてとおなじように、言葉と戯れ、新しい言葉を発明しては、驚くようなアイデアといっしょに語ってくれる。

「大胆さ」はまた、創造的な精神のもっとも貴重な資質のひとつである。それは、見知らぬ領域に飛び込み、想像力の限界を押し広げ、息をのむほど巨大な問いを提起する強固な意志でもある。これこそ、『ラディカル・オーラル・ヒストリー』を特徴づけるものだ。本書は、本書自身を大胆にもひとつの対話へと転換することによって、それまでの因襲に抗する。本書では、グリンジの長老たちと対話する著者の声だけではなく、グリンジの長老の著者に対する言葉や、大勢の友人や同僚たちが著者を賞賛したり、批判したり、著者と議論したりする声にも遭遇することになる。これは、理路整然をもってよしとするアカデミックなテキストの境界には収まらない。それは著者による知識へのアプローチが、伝統的な「アカデミア」の制限からあふれだし、日常的実践へと深く到達しているからなのである。

二〇〇三年の半ば、ミノは突然、予想もしなかった、命にかかわる大病を患った。病気に対するアプローチでも、歴史に対する彼のアプローチと同じように、ミノはジミー・マンガヤリや、グリンジ・カントリーのその他の長老たちとの出会いから得た貴重な資源を活用した。彼は自分自身の身体の声を聴き、身体と外界との関係を聴いた。そして、彼は苦痛や病気に、大胆さをもって対処した。この残酷な病が彼の人生に強いる過度の恐怖を拒否し、緊迫した状況のなかでミノは落ち込むことも拒絶した。

この本のなかに声の複数性を読みとるとき、ある単純な真実を思い起こす。(友人を含めて)他者と向き合いながらこの世界を楽しむことこそ、もっとも貴重な贈り物だ、と。それは、語り、聴き、笑い、わたしたちを育む世界をめぐる理念と経験を共有することなのだ、と。対話によって、わたしたち自身が変わる。そして、わたしたちはこの変化を、他者との、世界との、未来におけるあらゆる相互交流へと、つなげていく。こうして、ある特定な声が止んだあとも、その残響は永遠に鳴り続ける。

＊　＊　＊

本書の第二章で、ミノ・ホカリは、グリンジの長老たちとの対話やつきあいの経験を、記述の形態を持つテキストによって伝えることは難しいと述べる。ジミー・マンガヤリにとって、書かれた言葉は他者の媒体だ。そして紙に書かれた歴史は、大地そのものに「刻み込まれた」歴史の深遠なる力を喪失する。本書を読んでも、あなたは長老の言葉を聴いたり、彼らの存在を経験することはできない。その代わりあなたは、紙片に記された彼らの言葉の抜粋や、解釈を読むだけだ。著者自身にすら、出会うことはない。あなたはただ、ページの上に、著者が書き記した痕跡を見出すだけだ。あなたは著者の言葉を自分のものとして獲得するために、解読(decode)しなければならない。

書かれた言葉は、ある人間の存在を決して伝えることはできない。あの独特な声の響きも、あの顔の表情も。しかし、書かれた言葉にも魔法が込められている。それは時空を超えて継続し、わたしたちが決して出会うことのない人々、どんな生活をしているのか想像もつかない人々のもとへと、届く。『ラディカル・オーラル・ヒストリー』のページの上に書かれた記号を解読することを通じ、読者であるあなたは、あなた自身の知識、記憶、想像力を「喚起(awaken)」するに違いない。そうすることによって、時空のギャップを超えて、結びつくことが可能なのだ。そのギャップは、決して埋まることはない。しかし、ギャップごしに語り、聴くことによって、わたしたちは、歴史する、という、驚嘆すべき素晴らしい経験に参加するのだ。

さあ、静かな場所を探して、座ってください。静かに。注意を払って。

こんどは、あなたがグリンジの長老たちとの対話、そしてミノ・ホカリとの対話に入っていく番です。この本のページのなかで始まり、決して終わることのない対話へ、と。

（塩原良和 訳）

二〇〇四年四月一八日　キャンベラにて

注

（1）たとえば、以下を参照。Henry Reynolds, *Aboriginal Sovereignty: Reflections on Race, State and Nation*, Sydney: Allen and Unwin, 1996.; Henry Reynolds, *Why Weren't We Told? A Personal Search for the Truth about our History*, Melbourne: Penguin, 2000.

（2）Keith Windschuttle, *The Fabrication of Aboriginal History Vol. I: Van Dieman's Land 1803-1847*, Sydney: Macleay Press, 2002. あるいは、以下も参照。Robert Manne, *Whitewash: on Keith Windschuttle's Fabrication of Aboriginal History*, Melbourne: Black Inc., 2003.

（3）西尾幹二『国民の歴史』産経新聞ニュースサービス、一九九九年。

（4）わたしはこのフレーズを、インド人研究者・活動家であるヴァンダナ・シバから借用した。以下を参照。Vandana Shiva, *Monocultures of the Mind: Perspectives on Biodiversity and Biotechnology*, London: Zed Books, 1993.

開かれた歴史学へ向けて

清水　透

いくつかの拘《こだわ》り

「なぁんだ、俺がやろうと思ってること、とっくにやってる人いるじゃん！　この人に会わずに、ちょっとオーストラリアに来れないな。そう思って連絡したんですよね」。つい二十日ほど前、テッサ・モーリス＝スズキさんと二人でメルボルンの保苅君を訪ねた時のことだ。知り合ったきっかけは何だったか、そんな話題が出た折の彼のことばだ。当時（一九九六年）修士論文を書き終えてオーストラリアへの留学を二か月後に控えていた彼は、一九八八年に僕が書いた『エル・チチョンの怒り』（東京大学出版会）を読んで、突然論文の要約とともに便りをくれた。「……研究対象こそ違え、植民地化に直面した先住民族の対応をポジティブに考えている私のアプローチは、清水先生のそれと非常に似ているような気がしてならないのです。また、私もオーストラリアに留学後は清水先生のようにフィールドワークを中心とした調査を本格的に始めたいと考えております。……」

思いもかけない若手読者からの連絡に、僕は素直に嬉しかった。聞けば、わが娘と同年齢、彼と僕とは親子の年齢差だ。池袋の喫茶店で待ち合わせたのが、彼との初めての出会いだが、本作りの裏話やフィールドワークの体験を一方的に喋りまくる僕に、あの多弁な彼も押し黙り、ただキラキラとした目が輝いていた、そんな記憶がある。

僕が、文献によるメキシコ植民地史研究から一歩距離をとり、メキシコ南部のチャムーラと呼ばれるインディオの村でフィールドワークにのめり込んでいったのは、一九七九年、三十五歳の時だ。理由はいろいろあった。文字史料のみから見える歴史の限界、そして、十六、十七世紀の文書をどこまで自分は読み取れているのか、そのことへの不安もあった。しかし、メキシコ留学中に出会った歴史家たちの、ラディカルな歴史の語りと、植民地エリート然とした日常の彼らの姿との乖離に直面したこと、そして、そうした歴史家の語る歴史と歴史学への懐疑が、フィールドワークへと僕を向かわせるひとつの大きなきっかけであった。ただ、この歴史学者の日常と歴史学との乖離は、なにも彼らだけの問題ではなかった。対象と自己との距離、知的営みを行う自己と日常の自己との距離、その距離が縮まらない限り、対象はつねに、かの「プロクルステスの寝台」に載せられて寝台からはみ出た手足を切り落とされる囚われ人となりかねない。漠然とそんなことを考えながら、にもかかわらず学術的歴史学の世界に急速に接近しつつあった僕にとって、メキシコで出会った歴史学者の乖離の問題は、まさに自分自身の問題でもあったのだ。対象との距離をいかにして埋めるか。フィールドワークはそのためのひとつの手段だと思われた。

フィールドへ向かう僕にとってさらに決定的だったのは、ある作品との出会いである。一九四九年にメキシコの文化人類学者リカルド・ポサスが、一人のインディオの生い立ちを聞き書きの形でまとめたオーラル・ヒストリー(清水透訳「ファン・ペレス・ホローテ」清水透／R・ポサス『コーラを聖なる水に変えた人々』現代企画室、一九八四年所収)である。メキシコ革命の勃発とともに、はじめは政府軍の兵士として、そして革命勢力の一派カランサ派へ、さらにカランサ派からサパータ派へと、あい対立する革命勢力のイデオロギーや利害とは関係なく転々と各派をわたり歩き、最後は村へ戻るファンという名のインディオ。彼の半生は、それまで歴史家が描いてきたメキシコ革命像とは明らかに異なる新たな歴史を提示していた。それだけでなく、革命と個、革命と村、国家とインディオ、国家と共同体、インディオのアイデンティティ等々、読み進むうちに、見直しを迫る歴史学上の問題がつぎつぎと浮かび上がってくる。なによりも、歴史を生きる人間の生活臭がたちのぼり体温が伝わってくる。普通に生きるインディオの日常・非日常の生き様もよく見える。その姿は、反乱指導者のインディオの姿でもなく、単純に権力に翻弄され利用されるだけのインディオでもなく、階級分析や共同体論で整理される無毒化されたインディオでもない。ともかく僕にとっては、それまで接したどの歴史書より、面白かったのだ。

ファンの子どもの誰かは、どこかでまだ生きているはずだ。彼らの「リアルな歴史」の語りを、自分の耳で確かめてみたい。そんな単純な思いにも支えられて、村通いが始まった。ただ、心に決めたいくつかの原則があった。彼らの村についての研究書は読むまい。理論書も読むまい。初めてのフィールドワークとはいえ、いや、それだからこそ、フィールドワークの方法やオーラル・ヒストリーの方法についても、読むべきでない。こうしてはじめて、既存の調査方法や先入観からわずかでも解放された自分、わずかでもそんな自分を確保できるのではないか。そして、まっさらな自分が、まずはインディオから学ぶ。

しかし、果たして彼らの語りを、そのものとして聞けるのだろうか。そうした姿勢をどこまで僕は維持できるのか。そもそも自分をいくらさらけだしたとしても、相手はどこまで受け入れてくれるのか……。つきない不安を抱えながらも、彼らが歩く道は僕も歩こう。バスを利用する道は、僕もバスに乗る。質問をぶつける前に、まずは自分を語る。僕の語りに興味を示して、彼ら自ら村の現在や自分の過去を自分のことばで語りはじめるまで、ただじっと待つ。その過程で、注目すべきテーマが、追い求めるべき僕なりの歴史の方法が見つかればそれでよい。研究者としてでなく、まずは単なるよそ者として受け入れてもらえるまで、ただただ村に通う。そんな作業をつづけるなかで、ようやく出会えたファアンの長男、ロレンソの一家とのつきあいも、今年で早くも二十五年になった。本で知ったファアンから数えれば今、四世代目のつきあいだ。

今となっては記憶が定かとはいえないが、恐らくあの時も、こんな調子で一方的に保苅君に話しつづけたはずだ。彼が読んでくれたあの本は、こうしてフィールドワークを始めて九年、ようやく出した二冊目の本であった。彼はその後間もなく、予定どおりオーストラリアへ渡り、デボラ・B・ローズその人と作品に出会う。以来、彼にとって、彼女の作品(保苅実訳『生命の大地――アボリジニ文化とエコロジー』平凡社、二〇〇三年)は「バイブルのような存在」となるが、その後も彼が僕のインディオとのつきあい方に拘《こだわ》りつづけてくれたのも確かなようだ。一九九七年末に彼から届いたクリスマス・カードには、次のような文面が記されている。「私は六ヶ月のアボリジニの村での調査もあと二週間となりました。家族のように扱われ、単なる研究という以外に貴重な体験となりました。やはり本から学ぶより人から学び、身体的に学ぶ方がはるかに面白いですね」。

その後、研究仲間として、必ずしも深いつきあいを続けたわけではない。とりわけ理論化を拒否しつづける僕には、具体的な理論について彼が議論をふきかけてくることは極めて稀だった。一時帰国した折や、学術振興会の研究員として僕の研究室に出入りするようになってから、彼と交わした会話のキーワードを挙げるなら、「知の権力」「アウトサイダーの歴史学」「フィールドワークの歴史学」「体験的歴史学」「学びの歴史学」「オーラル・エヴィデンスと史実」「個における普遍性」「ラディカル・ヒストリー」「修正主義史学と僕たちの位置・危険性」。そして、彼と僕とが一貫して共有してきた問題意識は、あくまでも、「人」「語り」「聞くこと」への拘《こだわ》りであり、歴史、歴史学への執着であり、研究者の、対象との関係における倫理の問題をふくむ、〈知〉のあり方についてである。

最初の出会いと同じように、今年三月の末、突然メルボルンから彼の声が聞こえた。発病してから一か月、今から半年ほど前にアデレードで会った時には何の話もなかったのに、あれから一冊本を書き上げたという。解説でもエッセイでもいい、何か書いて欲しいと言う。保苅君と同じような病気に冒された娘の闘病という、患者家族の経験を既にもっていた僕には、長期にわたる抗がん剤の治療がいかに厳しいものか分かっていた。そして、あの病気と彼の病系が、決して楽観できない厄介ものであるかも十分承知していた。その厳しさの中で一冊本を書き上げる彼の強靭な精神力に唖然としただけではない。出版企画書とともにどさっと送られてきた原稿に、正直、度肝を抜かれたのだ。アボリジニの聞き書き、アボリジニと保苅の対話、それだけでなく、歴史・歴史学・歴史の手法・アボリジニの歴史実践、これらについて保苅が語り、その保苅に対する第三者の批判や評価も収められている。いわばマルティプル・ヴォイスを一冊の本の中に適宜配置しつつ、自己の主張を展開する。見ようによっては、ナルシストとの印象を与えかねない構成だが、決して嫌味を感じさせない。それは、彼の主張する「対話的手法」を、自らの著作の構成として矛盾なく組み込んだ結果であり、従来のアカデミズムを、出版スタイルの面でも打ち崩そうとする彼の斬新な、そしてアグレシヴな意図が読み取れるからだ。聞けば、こうした構成もふくめ、本書の構想は、博士論文を執筆した直後から温めてきたものだという。

この本には解説は要らない。それが正直な感想だった。保苅本人が、予想される批判を織り交ぜながらそれに反論し、解説すらしているのだから。しかも彼の論理展開を支えているのは、最新の理論上の成果であり、それら成果に対する周到な目配りである。しかし、彼が読者対象の一部として、「オーラル・ヒストリー、聞き取り調査、フィールドワークを研究手法としている研究者および学生」を想定していることを考えるなら、これから歴史学を学ぼうとする学生を意識した、僕なりのある程度の解説も意味あるものかと思う。

「過去の独占」と外堀

著者は本書の目的について、出版企画書のなかで明快に以下のように述べている。オーストラリア先住民アボリジニの歴史実践を検討することを通じて、学術的歴史学による「過去の独占」に異を唱える、と。さらにその方法として、歴史分析を長老たちに学び、それを通じて、学術的歴史学とは異なる過去との関わり方(歴史実践)を具体的に提示し、そこに表出する「普遍化できない歴史」を、伝統的実証史学のように「間違った歴史」として排除することに対しても、言語論的転回以降のように「記憶・神話」という枠組みの中に無毒化し包摂することに対しても批判する。むしろこうした「間違った歴史」を、そのまま「リアルな歴史」として引き受け、人間の歴史世界が深く多元的であることを示しつつ、その先に見出せる地平として、〈歴史経験への真摯さ(experiential historical truthfulness)〉をキーワードに諸歴史空間を接続する可能性を模索しようとする、と。

本書で、この彼の問題意識が十分説得的に展開されていることは、誰の目にも明らかであろう。しかし、具体的にいかなる形で、僕たちは自らの歴史研究の方法と叙述のなかに、それらの問題を引き受けることができるのか。彼の意図にふくまれる個々の問題を、単なる新たな〈知見〉として「評論」や「批評」というアカデミズムの枠内で消費するのではなく、どこまで自分の問題として消化できるのか、消化する必然性を感じ取れるのか。彼が危惧する最大の関心事も、実はこのあたりにあると思う。

彼が批判の対象とする学術的歴史学による「過去の独占」とは、どのような問題なのか、まずこの点から考えてみたい。僕の目には、従来の学術的歴史学なるものは、方法においても、対象についても、アカデミズムという名のその時々の常識＝「日常」を、つねに、排他的に主張しつづけてきたように見える。その「日常」には見えない多様な人々、多様な社会の過去との関わり方は、すべて無いものとして無視され、あるいは否定される。しかし皮肉なことに、これまでの歴史学の発展はそれ自体、つねに、「非日常」の発見に支えられ、常識的とされてきた視野狭窄の状況が克服されてはじめて、成長を遂げることができたのも事実だ。新たな史料の発見や、新たな手法や視座を取り込むことを通じて、常識や定説とされてきた歴史学の「日常」を塗り替えてゆく過程。その過程を通じて、近代歴史学が大前提としてきた時間累積的な歴史はますます緻密化され、あるいは、一時代の歴史叙述に幅と深みが加えられてきた。〈西欧知〉を基礎におく歴史学のこうした成長過程には、十分尊重するに値する重厚な蓄積があること、そして、それぞれの時代に果たしてきた歴史学の積極的な役割について、誰も否定することはできまい。しかし、ようやく自らを開き、新たな段階へと移行する学術的歴史学の世界は、再び専門性＝professional dominanceを主張しはじめ、排他的自己閉塞に陥ってゆくのも否定しがたい現実である。

　分かりやすいエピソードから話を進めよう。僕が最初に送り出した卒ゼミ生の一人は、ある大学の西洋史の大学院を受験した折、面接官に「ラテンアメリカに歴史はあるんですか？」と問われ、憤然として席を立ってきた。スペイン史ならまだしも、当時歴史学の「日常」の埒外にあったラテンアメリカ史の研究を目指していた彼は、門前払いを食わされたのだ。今では想像もできないことだが、たった二十五年ほど前まで、わが国の歴史学にそのような体質が頑強に残っていたことは確かだ。しかし状況は大きく変化した。現在では、日本史・東洋史・西洋史といった強固な学会の伝統的枠組みや、その枠組みを死守しているかに見える大学の保守的な人事構成やカリキュラムは、歴史研究の現状からはますます遊離し、孤立化しつつある。アフリカ、ラテンアメリカ、カリブ海地域など、かつては植民地帝国の支配のための調査対象か、植民地支配のありようを浮き彫りにするための素材でしかありえなかった地域にも、研究者たちが自ら赴き、それぞれの地域の歴史世界の発掘が活発化してきた。

こうして、それまでの歴史学の「日常」から看過され、歴史的存在としての主体性を奪われ否定されつづけてきた人々の歴史世界の発掘は、一方では無文字社会の歴史研究へと接近する動きを見せはじめ、同時に、「文明社会」内部でも、歴史学が対象としてこなかった個人や社会集団、つまり歴史学にとっては「非日常」であったはずの庶民の生活史、家族史、被差別民の歴史、女性史、病者の歴史の発掘へと広がりを見せていく。在日、沖縄やアイヌの歴史に目が向いてゆく。さらに沖縄本島ではない沖縄の島々から見た沖縄史、本土から見たアイヌ征服史ではない、北方諸民族との関係から眺めなおしたアイヌの歴史にも目が注がれる。日本海を中軸として環日本海域史の一環として日本史の再構築への試みも現れる。十五世紀のヨーロッパではなく、七世紀イスラムの成立に近代の基点を求め、従来の西欧中心主義的な世界史像に根底的な見直しを迫る動きも無視できない。

方法としても、文字史料に加えて、図像・被服・食・建築・景観などが歴史資料として動員され始め、聞き書きも歴史研究に参入する。秩父事件にかかわった民衆の声、被爆者の声、日本兵の従軍体験と記憶、従軍慰安婦や強制連行、七三一部隊に関係した人々の声、歴史を生きたさまざまな女性の声、そして最近では、阪神淡路大震災の被災者の聞き取りや成田闘争にかかわる聞き取り作業も始まっている。こうして、いわば学術的歴史学の外堀がじわじわと埋めつくされていくなかで、フィールドワーカーが採集し活字化したオーラル・ドキュメントを文献史学の史料として利用する動きも見えてきた。また、大門正克の最近の仕事(「震災が歴史に問いかけるもの」『評論』No. 101、一九九七年、「聞こえてきた声、そして「聞きえなかった声」——ある農村女性の聞き取りから」『歴史評論』二〇〇四年四月号)に見られるように、大震災の被災者たちとの応答実践を繰り返す中で、歴史の中で見えにくくなっているものを、震災というまさに非日常の中に発見しようとする試みや、自らの体験としての聞き取りと文書史料との間で、農村女性の歴史世界へと近づく新たな方法を模索する、地道で持続的な研究も現れつつある。それだけではない。研究会に、『グアテマラ 虐殺の記憶』(岩波書店、二〇〇〇年)に関わるインディオ女性が民族衣装姿で現れる。学術講演会や研究会にアボリジニが、元従軍慰安婦が、七三一部隊の証言者が、日本の朝鮮支配を経験した人々が招かれて自らの歴史を語りはじめる。こうして、歴史研究者が研究会という場で、これまで聞き得なかった、聞こうとしなかった生の声に積極的に耳を傾け、あるいは直接、フィールドワークの世界へと旅立つ姿も、すでに珍しいことではなくなってきた。また、歴史学に先行する形で、徹底した文献調査や聞き書きをもととした澤地久枝の一連のノンフィクション、徹底した文書史料の発掘に支えられた吉村昭の歴史文学、歴史学者以外のこうした人々の一連の作品も世に現れてすでに久しい。そして、歴史学者ではない民間人による歴史掘り起こしの運動も、すでに長い歴史をもっている。

これだけ多くの、これだけ多様な動きからは、単に新しい史実の発見にとどまらず、歴史の手法についても、叙述の方法についても、対象とのかかわりという面でも、学術的歴史学が吸収すべきさまざまな問題が提起されてきたはずだ。そして、学術的歴史学の「日常」と「非日常」の間の壁も、すでに崩れつつあるかに見える。しかし現実は、どうであろうか。オーラル・ヒストリーが、わが国の歴史学の方法として認知されたとはいえない。学術的歴史学の中に歴史叙述の新しいスタイルとして、澤地や吉村が一定の位置を獲得したともいえない。民間の掘り起こし運動と学会とが、議論の場を共有することは、今もなお極めて稀なことだ。

大門と同様に震災被災者の聞き取りをつづける寺田匡宏は、外堀で鬱積しつつある学術的歴史学への苛立ちを次のように表現している。「歴史学とはどのような条件を満たせばそう称されるものなのか。十九世紀の民衆の政治意識を解明することが歴史学であり、一九四五年の人々の精神構造を解明することが歴史学であるのと同じように、一九九五年の震災にあらわれた精神史を解明することも歴史学であるとどうして考えられないのか」(「記憶——歴史にあらがうもの(上)」『評論』No. 142, 二〇〇四年)。どの時代にも、新たな史実の発見は、そのものとして評価されながらも、新たな歴史の手法やディシプリンへの問題提起は、つねに抵抗を受けるもののようだ。そして、学術的実証史学が抵抗の盾として外堀に対してつねに突きつけてくるのは、客観的かつ普遍的「史実」であるか否かの問いなのである。

「史実性神話」と「歴史実践」

話を僕のフィールドに戻してみよう。足掛け二十五年にわたり僕とつきあってきてくれたロレンソは、ある時こんな話をしてくれた。大地は平板で、「大地の臍」と呼ばれる村の広場を中心に、「われわれの土地」が広がり、その土地を包み込むように、「冷たい土地」「熱い土地」「未知の土地」が取り巻いている。その先には海があり、さらにその先は奈落なのだ。それぞれ役目を持ったさまざまなサント(神々)が「われわれの土地」とわれわれチャムーラの生活を守ってくれているが、すべての神々の中心は「キリスト」といって、またの名を「われらが父なる神」という。その神は昼間の天空全体で、目に見える太陽は、キリストの目なんだ。村を創ってくれたのは、サン・フアンという神だが、その神は昔、山の向こうからやってきて、イチントンという岩と出くわした。この岩を砕いて家を建てようかと思った瞬間、その岩が喋りだしたんだ。「私は嫌です、壊さないでください」と。サン・フアン様が「そうか、わかった」と立ち去ろうとしたその時だ、岩が自ら割れて、子羊たちが飛び出してきた。「サン・フアン様、あなた様のお住まいはこちらです」。こうして子羊たちが案内してくれた先が「大地の臍」というわけで、サン・フアン様はそこに教会を建てられた。村はこうして始まったんだよ。

メキシコという国家にとっても大都市の市民にとっても、チャムーラ村はまずメキシコという国家領域の内部にあり、チアパス州という行政単位のなかのチャムーラ村でしかない。まして十六世紀のスペイン人征服者の感覚からすれば、被征服者チャムーラに「われわれの土地」など認められるはずもない。また、征服者とともにやってきた伝道者にとって、キリスト＝天空＝太陽神といった認識は邪教以外の何ものでもなく、それを口にした者は、まさに魔女狩りの対象として抹殺されたに違いない。しかし、どうだろうか。こうした話のなかでも、一見歴史にかかわりのない「大地の臍」を中心とする彼らの空間認識やキリスト＝太陽といった神意識について、十六世紀ではない現代に生きる僕たちは、意外と抵抗なく、それを誤りだとは決めつけず、「ああ、それが彼らの認識なのだ」と、そのものとして認めてしまうのではないか。彼らのキリスト認識を間違ったものとして正そうとする動きがあれば、それを文化破壊だとして批判する向きもあるだろう。いずれにせよ、このように僕たちの他者世界への認識は、実は十六世紀には想像もできなかったかなりの「寛容さ」を示しつつ変化してきたことも否定しがたい事実なのだ。

しかし、こと歴史に関わる村の創生物語《ヒストリー》についてはどうか。一五二八年スペイン人の征服者が地域一帯を征服する。一五四五年には、かのラス・カサス神父に率いられたドミニコ会士が、本格的なキリスト教の伝道を開始する。ほぼ同時期に、インディオ村落の再編が強行されて、三つの異集団が集められ「チャムーラ」と名づけられた。こうした史実を知らないまでも、ロレンソの過去への関わり方＝歴史実践を、そのものとして認めるのはかなり苦しい。神話としての話ならまだしも、歴史だというならば、それは「間違った歴史《ヒストリー》」であり、誤った思い込みであり、迷信だと言いたくもなろう。すでに触れた空間認識や神意識といった歴史以外の話には、かつてなかった寛容さを示すにもかかわらず、なぜ僕たちは歴史認識、歴史実践の多様性について、寛容になれないのであろうか。

言うまでもなく、学術的歴史学も、ありえた過去の総体としての歴史＝the history と、具体的に体験されたと想定されるさまざまな歴史＝a history, histories を区別して、後者の歴史の多様性の存在を否定することはない。しかし、歴史学が扱う歴史はあくまでも、西欧的時間概念を基礎に据えた「史実」に裏打ちされていなければならない。そこには、信仰にも近い「史実」への絶対的確信が支配しているからに他ならず、僕たちが多様な歴史実践に心を閉ざし勝ちなのも、まさにそうした「史実性神話」にとらわれてきた結果だとはいえまいか。

しかし、ここで強調しておきたいことは、彼らの空間認識も、キリスト認識も、村の創生物語《ヒストリー》も、その全てが植民地化と近代化の重圧を潜り抜けてくる過程で繰り返された、彼ら独自の歴史認識の自己再生の結果であるということ、そして、僕たちと同様近代を生き抜き、現代を生きる彼らの、歴史実践の表明であるということだ。しかも彼らは、植民地化という過去を背負いつつも、学術的歴史学で整理される歴史とは明らかに異なる歴史実践を基礎に、今を生きている。独自の歴史実践を基礎に、祭りを執り行ない、村長選挙に一票を投じ、州知事選挙にも大統領選挙にも一票を投じる。言うまでもなく、彼らにとってキリストが独自の存在であるように、州知事も大統領も、僕たちが慣れ親しんできた政治構造分析や権力構造上の知事でも大統領でもない。同じように、今ではアメリカまで出稼ぎに行くチャムーラにとって、米墨の国境は意味をなさない。「熱い土地」を越えその先の「未知の土地」への旅でしかないのかも知れないのだ。こうした現実の彼らの日常と切り離し、彼らの歴史実践を神話の世界に押し込めるかぎり、この世界を形づくっている無数の多様な歴史実践が、いかに現代を規定しているかも、その多様性のなかの歴史学の位置も、僕たち自身の位置も見えてはこない。

まして、保苅がさらに主張するように、僕たちが、脱植民地化へ向けてこうした彼らの歴史空間との接続を求めようとするなら、その出発点としてまずは彼らの歴史実践なるものを、一つの現実として、そのものとして受け留める必要があるのではないか。僕の目には、権力というものはつねに、そうした民衆の歴史実践に擦りよりそれを掠め取る智恵に長けているように見える。国家権力が宗教意識へ接近し、あるいは民衆の共同意識を動員するといった、これまで繰り返されてきた歴史からもそれは明らかだ。それに対して、権力に対抗しようとするこれまでの〈知〉はむしろ、自己の歴史認識を唯一正当なものとして、抑圧されてきた人々の歴史実践を間違ったものとして否定し、彼らの歴史認識を正し、彼らを「意識化」することが使命だと考えてきたきらいはないか。民衆の、農民の、労働者の、マイノリティの、第三世界の立場に立脚した歴史とは、あるいは彼らの解放を目指す歴史学とは、彼らの歴史実践を無視してどこまで可能なのだろうか。そして、保苅が批判の対象とする学術的歴史学とは、果たしてどのような位置にあるといえるのであろうか。

ところで、考えるまでもないことだが、学術的歴史学が自らの視野に収めようとしない多様な歴史空間・歴史実践の問題は、アボリジニやインディオの登場を待つまでもなく、実は僕たちの日常のなかに既に存在している。僕たちは、歴史学という知的営みをおこなう自己のみで生きているわけではない。今の僕の過去への関わりを規定しているのが、ギリシャ・ローマ史をはじめとする時間累積的な史実性と客観性に支えられた学術的歴史学でないことは明らかだ。幼いころ松本の農道で戦死者の遺骨を出迎えたあの異様な光景、在日部落のそばで「知的エリート家族」として過ごした小学校時代、七三一部隊にいた伯父の存在を知った中学時代、金網ひとつで隔てられた米墨の国境体験、論理と組織そして生々しい自己との間で葛藤を繰り返した大学闘争、研究者となって後のインディオとの出会い、そして、保苅君と出会う一年前の娘の他界。こうした体験こそが、今の僕の過去との関わり方の原点であり、僕の日常を規定し歴史学への姿勢をも深く規定している。歴史学者も史実のみに生きてはいまい。もし自己の日常に目を向けるなら、歴史学の知的営みがむしろ非日常であることに気づき、現代世界を形づくる多様な歴史空間の存在にも素直に目が向くはずなのだ。それに気づかない限り、〈知〉と日常とはますます乖離し、〈知〉の産出物は、〈知〉の世界の内側で独占され消費され、権力に対抗する外堀を埋めるのとは正反対に、人々に語りかけることばをますます喪失してゆくのではないか。

もう一点付け加えておこう。保苅の批判の対象が、こうした客観性・史実性を主張しつづける実証史学であることは確かだが、本書をつうじて彼が語りかけたい相手は、むしろ、僕をふくむ外堀に位置する人々である。ここで、保苅の問題意識をあらためて引き受けるなら、すでに述べた外堀を埋める作業が、いかなる方向性を志向しているか、それも問題とされなければならない。例えば、ポール・トンプソンの翻訳（酒井順子訳『記憶から歴史へ』青木書店、二〇〇二年）を機に一気に理論的・方法論的支柱を得たかに見えるわが国のオーラル・ヒストリーは、発掘した新たな「史実」の史実性・客観性・普遍性を論証しつつ、累積的時間軸を基礎とする歴史学の穴を埋めてゆくことに邁進するのだろうか。あるいはまた、トンプソンがオーラル・ヒストリーの役割の一つとして奨励する「個々人を援助し、その意識を高め、人々がもっと幸せに感じられるようにするための、あるいはコミュニティ自体を援助するためのオーラル・ヒストリー」（「ポール・トンプソン氏に聞く――オーラル・ヒストリーの可能性を開くために」『歴史評論』二〇〇四年四月号、四頁）という、いわば、知の権力構造の連鎖の末端に身をおいて、施しと教えという名の自己満足に浸る、そうした危険性に無自覚のままに、オーラル・ヒストリーの意味を主張しつづけるのだろうか。そうではなくて、「歴史実践」と保苅がよぶ対象世界の人々の過去との関わり方に学び、そこから「普遍化できない歴史」＝「リアルな歴史」を紡ぎだし、人間の歴史世界の多様性を明らかにしようとするのか。そしてさらに、そうした歴史世界とどのような関わりをもつべきか、その道を模索する方向性を辿ろうとするのか。いわば客観的「史実」と西欧的「時間軸」に絶対的価値をおき、学術的歴史学のディシプリンをさらに強化することに関わるか、あるいは逆に、そうしたディシプリンに生きる研究者の歴史世界も歴史学で描かれる歴史世界も、ともに数ある多様性のひとつであることを明らかにし、普遍性の名のもとに「過去を独占」する歴史意識に根底から揺さぶりをかけるか否か、そのような問題である。

無文字社会の現代、そして歴史学

サン・クリストバルの町の朝市に村から出てきたロレンソが、ふらりとコロニアル風の僕のホテルを訪ねてきた。その町は征服以来現在にいたるまで、あたり一帯のインディオ社会を支配しつづけてきた歴史的な田舎町だ。「良かったら一緒に朝飯でも食べていかないか」。ホテルのレストランに、泥だらけのチャマーラ(かぶり毛布)をまとったロレンソが、居心地悪そうに席をとる。大画面のソニーのテレビでは、CNNのスペイン語放送が流れ、朝のニュースを伝えていた。その時だ、突然ロレンソの顔が凍りついた。テレビ画面に目をやれば、ニューヨークの貿易センタービルが、猛烈な粉塵に包まれている。そして、二番目のジェット機が隣のビルに突っ込んでゆく。二〇〇一年九月十一日朝、あの時の光景は今も忘れることができない。植民地支配の名残を色濃くとどめるこの町と、サン・ファン様の世界に生きるロレンソ。その隣には「先進国」日本からきた僕がいる。その二人の眼前で、「非文明」世界の人間が、先端技術の粋を集めたジェット機を操縦し、自らの命とともに「文明」の象徴を崩壊させる。崩れ落ちるビルの中で、日本人の金融マンが、アメリカ市民が、そして、ヒスパニックスをはじめとする「不法」就労者たちの命が、一瞬の間に消えてゆく。現代世界を形づくる多様性がそこにあり、複雑にからみあい対立しあう歴史実践の多様な現実が、まさにその場、その瞬間に凝縮されていたのだ。その後は、十五分刻みでビルの崩壊場面が執拗に映し出され、三日目からは、「テロリズムに対しては、戦争を」のテロップが絶え間なく流れ始め、ヴェトナム戦争の教訓はどこへやら、報復戦争を支持するアメリカの世論が一気に八〇パーセントを超えていった。その後、今なおつづくイラク戦争へといたる、ことの展開については、ここであらためて述べる必要もなかろう。

この一連の過程に明らかに見て取れるのは、多様な価値観、多様な歴史認識、多様な歴史実践が、いかに現代世界を規定し、しかも相互の関係が極限状況に達しているかであり、イラク戦争へといたるその後の状況は、多様性を否定しつづける側の、まさに末期的症状だといえる。もうひとつ、九・一一以来僕の頭を離れない問題は、現代世界で活字は果たしてどれくらいの意味を持っているのだろうかという点だ。コンピューター化・映像化の世の中にあって、史実に合う合わないは関係なく、誰もが情報を広げることができる。いわば、情報の独占が崩壊し民衆化しつつあるかの様相を呈するなかで、事実・真実は情報過多の海に飲み込まれ、結局は大広告会社が新しい戦争すら起こし得る、そんな時代の到来に身震いを感じるのは僕一人ではあるまい。僕たちが生きつづけようとしているこの情報過多の世の中は、もはや文字社会とは言いがたく、むしろ限りなく無文字社会に近づきつつあるのだ。少なくとも活字の力が大幅に後退しつつある今、歴史学はこの問題にどう対処すべきなのか。南京虐殺はなかった、ナチスのホロコーストはなかったといった文字通りの間違った歴史が、アカデミズムが忘れかけている「分りやすいことば」に乗って流布される。さまざまなメディアをつうじて、過去が捏造され、塗り替えられ、若者たちの感性のなかに刷り込まれる。こうして未来が操作される危険に晒された今、歴史学に問われている問題はいかなるものか。言うまでもなく、史実を追究するたゆまぬ努力が不可欠なことは事実だ。しかし同時に、その成果を「分りやすいことば」で広く語りかける方法と手段を模索するとともに、すぐ身近なところにも存在する多様な歴史実践との、あるべきコミュニケーション(双方向的認識の変容)の道を模索しつつ、「非日常」の世界、「普遍化できない歴史」世界、そこに自らを積極的に開いていくことも、歴史学に迫られた緊急の課題だとは言えまいか。

僕にとっても、多様な歴史実践とのコミュニケーションが、いかに難しいものであるかは、十分承知している。この点に関連する保苅の僕に対する批判を最後に付け加えておこう。

「これって、清水透批判になっちゃうのかも知れないけど、まっさらなままのインディオのことばを読者に伝えるという清水さんの方法は、それ自体分りやすいし、意味はあるんだと思うんですよね。だけど気にかかるのは、「ああ、彼らはそう考えるんですね」で終わってしまう危険性のことなんですよ。これでは、コミュニケーションとはならない。インディオのことばと自分とのギャップ、そのギャップと自分はどう付き合っていくのかについて、清水さんも自分のことばで喋りましょうよ」。

これまで理論化を拒否しつづけてきた僕のひとつの限界を鋭くついた、彼らしいことばだ。しかも、出会って以来はじめて、彼が直接僕に向けてくれた批判のことばだ。ホスピスの床で彼が僕の仕事に対して示してくれた真摯さの表現として、僕も真摯に彼のことばをしっかりと受け留めていきたいと思う。

＊　　＊　　＊

「こんなとこで、解説になったかな？」「いやぁ、無理言ったのに、ありがとうございました」。

この原稿を書きながら、パソコン画面の向こう側につねに僕が意識していた保苅君の、そんな声が聞こえてきたように思った。しかし、まさに丁度その頃、彼は、さまざまなメッセージをこの本に託して、ジミージいさんの待つ深い「ドリーミングの世界」へと、ひとり静かに誘《いざな》われていった。出版されたばかりの訳書、デボラ・B・ローズの『生命の大地』を、昨年夏アデレードで手渡してくれた彼は、その裏扉に僕に向けて次のことばを綴ってくれた。「……そしてこれからは「命」についても深い話をしていきたいと感じています。……僕の仕事と生き様を今後とも末永く見守って下さい」。

彼が師と仰ぐジミージいさんの死、そして予想もしていなかったここ一年近くの闘病という体験、この二つのあらたな歴史経験への彼らしい真摯さを踏まえたもう一つの本の構想が、恐らく彼の頭のなかでは、すでに固まっていたに違いない。「命」を軸に歴史を再考する。それは、家族の喪失という体験をここ十年近く引きずりながら、インディオの村で考えつづけてきた僕の問題意識とも重なる。その彼の本が日の目を見ることは不可能となったが、それはむしろ、彼が僕に課した仕事なのか。そして、「命」を中心にものごと全てを再考してみること、それは、病と闘うなかで書かれたこの本の、裏に秘められた、彼のもう一つのメッセージなのかも知れない。

二〇〇四年五月十二日

岩波現代文庫版解説

危険な花びら——保苅実と〈信頼の歴史学〉

本橋哲也

はじめに——個別と普遍

「この本はあなたの人生を変えることになるでしょう」——陳腐な言い方だが、文庫本を手に取ると後ろの解説から読む人も多いかもしれないから、こんなふうに書き始めてみたくなる。何と言おうとも、保苅実の『ラディカル・オーラル・ヒストリー——オーストラリア先住民アボリジニの歴史実践』は、そんな稀有な書籍なのだ。つまり、個別であることが普遍であることを、この本のあらゆる頁が実証している。このことを、岩波現代文庫で保苅さんの本が再出版されるにあたり、及ばずながら私なりに明らかにしてみたい。最初にお断りすると、私自身は歴史学者ではないので、保苅さんの遺した仕事が現在歴史学の内部でどう評価されているかを解説する力はない(その点に関してはたとえば、「保苅実記念シンポジウム　いまあらためて「保苅実の世界」を探る」(『日本オーラル・ヒストリー研究』第一三号、二〇一七年、五—五一頁)を参照してほしい)。それでも、こうして新たな読者を得ようとしている保苅さんの言葉の群れがどんな方角を指し示すのか、せめてケルンの一石となれれば嬉しい。

個別と普遍ということについて文学作品の例をあげれば、現代日本の散文作品の金字塔とも言うべき石牟礼道子の『苦海浄土』は、なぜ個別にして普遍の証《あかし》となっているのだろうか？　この作品では、まるで石牟礼さんが水俣病の患者さんたちの心の声を聴きとったかのように、聞き書きと創作とが分かちがたく結びついている。水俣の方言で綴られている患者さんたちの言葉は、これ以上ないほど個別の経験を語る。それが石牟礼さんの筆によって書きとられるとき、そこに人間の営みの崇高さ、命の尊さ、生きる喜びと哀しみ、自然の美しさとそれを破壊する暴力といった普遍的な主題が浮かび上がってくるのだが、その筆致は他者の言葉や身体を支配しようとする〈普遍化〉の欲望から免れている。個別であることと普遍であることという、論理的には矛盾する現実を、その矛盾のままに引きうけて書き表すこと。それはまるで毒をはらんだ魚を食べ続けるような危険な営みだ。その危険をまるごと受けいれることで、石牟礼さんの文学は、個別にして普遍という高みにいたるのである。

すると、保苅さんの歴史研究の書『ラディカル・オーラル・ヒストリー』は、どんな点で個別であるがゆえに普遍なのだろう？　まず独自の叙述スタイルがあげられよう。この本の目次を見ていただければおわかりになるように、第一章のタイトルは「ケネディ大統領はアボリジニに出会ったか――幻のブック・ラウンチ会場より」。本の題名に「ヒストリー」とか「歴史実践」という単語が含まれているし、この章の冒頭で保苅さん自身が「僕は歴史学者です」と明言している。それなのに、この人を食ったような章のタイトルは？

「著者によるあとがき」でも詳らかにされているが、やはりまず、この本が成立した「個別の事情」について述べておかなくてはならない。日本語で書かれた本書は、まず二〇〇四年九月に御茶の水書房から出版されたが、その基は保苅さんが二〇〇一年にメルボルンのオーストラリア国立大学に提出した英語による博士論文“Cross-Culturalizing History”である。「賛否両論・喧々諤々――絶賛から出版拒否まで」という、これまた学術書らしくないタイトルのついた第八章には、博士論文審査の際の査読者による意見も翻訳されているので、そちらも読んでいただきたいが、ともかくこの論文によって、保苅さんは博士号を授与され、研究者として順調な歩みを刻んでいた。しかしながら、そんな彼は二〇〇三年七月に癌の告知を受け、二〇〇四年には近代医療による治療が不可能になったなかで、やはりオーストラリアに留学していた塩原良和さんをはじめとする友人たちの翻訳協力と、御茶の水書房の編集者・橋本育さんの尽力によって、病床で本書を執筆したという。そして「著者によるあとがき」の末尾に記されているように、保苅さんは原稿を書き終えた数日後の二〇〇四年五月一〇日にメルボルンで不帰の人となってしまった――「さて、僕もこうして、一枚の花弁を投げ込むことができた。ゆっくりと爆発を待とうではないですか」という言葉を残して。こうして奇跡のように生まれた著作がいったいどんな「花弁」で、どんな「爆発」を待っているのか？　以下、なるべく保苅さんの言葉を忠実に引用して、「花弁の爆発」を未来の読者とともに待ちたいと思う。

問題なのは、なぜ、学術研究者（歴史学者）という発話位置に立つと、人間以外の歴史のエージェントを立ち上げることが突然許されなくなるのか、という点です。（本書一五五頁）

1 歴史学と歴史実践――「歴史を語る」と「歴史している」

歴史は過去に起きた出来事を、誰かが現在において語ることで初めて「歴史」となる。言い換えれば、歴史そのものというのは実体としては存在しえず、物語としてのみ成立する。その点においては、大学で教えるフランス革命史の専門家が語る言説も、井戸端や床屋で市井の噂を伝える庶民のおしゃべりも変わりはない。しかしある人が「歴史学者」として発言すると、それ以外の発話主体は周縁化されて無視されるか、貴重な証言として尊重されながらオーラル・ヒストリーの題材として消費されるのは、なぜなのか？　ここで、いわゆる植民地主義的な発話権力の構造、すなわちヨーロッパの男性白人の言説が近代において圧倒的な力を持ち、歴史学のような学問体系もその構造の中で成立したという事情を思い出してもいい。より広汎な問いとしては、保苅さんも何度か言及している思想家、ガヤトリ・スピヴァクの問いかけ、「サバルタンは語れるか？」が重要だ。「サバルタン」は社会の権力関係において権威のない、従属した存在とされるが、ここでは歴史という物語を語っても聞きとられることのない者として捉えておこう。まして保苅さんが話を聞いたグリンジ・カントリーのアボリジニ先住民の場合には、歴史を語るのは人間だけでなく、蛇やカンガルーや石や砂や木々や風である。この発話をめぐる権力構造が変わらない限り、歴史のエージェントはいつまでも研究者であって、それ以外の存在は研究の対象となる客体に留まるほかないのだ。

僕たちは、歴史というものを、歴史学者によって発見されたり生産されたりするものだと思い込みすぎていないでしょうか。人たるもの（もしかしたら人間以外の存在者たちも）すべからく、歴史のメンテナンスに参与しているということに、もっと注意を向けてもいいんじゃないか。（二二頁）

人間という種を特徴づける大きな特質は、あらゆる人がつねにすでに「歴史している」ということである。私たちは起きているときも寝ているときも、過去を思い出し、現在を知ろうとし、未来を思い描く。人間にとってそれが生きているということであり、時間を体験するということだ。彼岸と此岸の境界にあること、生と死、自己と他者、身体と亡霊、存在と非在の境に立ち上がってくるのが「命」という感覚であり、芸術を含むあらゆる人間的実践がその感覚を喚起するためにあると言っても過言ではない。保苅さんは、歴史を歴史学の独占から解き放って、たんに「掬いあげて尊重する」のでも、「神話」や人類学の対象として判別してしまうのでもなく、あらゆる存在を「歴史する」主体として認知することによって、「史実性の呪縛」から歴史を解放しようとするのである。

2 実証主義と神秘主義――"truth"と"truthfulness"

僕の理解では、ホロコーストや南京虐殺を否定する修正主義の人たちは、「史実性に基づいて」自分たちの主張を展開しているのではないでしょうか？ かれらが歴史を否認・捏造するのは、まさにこの「史実性」をめぐってであり、僕が主張している史実性からの解放とは、およそベクトルが違いますよね。(中略)さらに、アボリジニの長老が、ケネディ大統領がグリンジ・カントリーを訪問したと主張するとき、それは、すでに語られてきた歴史を否認するために主張しているのではない、という点も重要です。(中略)修正主義者たちに限らないですが、これまで多くの歴史学者たちは、原則的に自分の歴史叙述を「普遍化」しようとしてきたと、思うんですね。つまり、どこの誰がいつ検証しても、「実際そうだった」といえそうな歴史の叙述をめざしていますよね。僕は、グリンジの語る歴史をそういう意味で普遍化する意図はないんです。そうではなくて、歴史時空の多元性、個別性、瞬間性、地方性を見出すためにこそ、グリンジの歴史を真摯に受け止めるべきだと主張しているんです。(三五―三六頁)

歴史を史実に基づいて実証しようとするメインストリームの歴史学から歴史実践を解放しようという保苅さんの主張が、ホロコーストや南京虐殺や「従軍慰安婦」の歴史を否定しようとする、いわゆる「歴史修正主義者」たちの言説を容認してしまうことに加担しはしまいか、という疑問は避けて通れない。まず保苅さんが言うように、歴史学者も修正主義者も「史実 historical fact」を唯一の根拠として、自らの物語を「普遍的に」正しいと主張しているることでは変わりがない。たとえば、保苅さんが書いている「キャプテン・クックがノーザン・テリトリーのあちこちで私の人々を殺しはじめた」というグリンジの人々の主張を「史実」として提出するためには、そのことを証明する証言や文書資料を探し、かつそれを起承転結の明確な物語として叙述する必要がある。そうしてはじめてこの主張は歴史言説として通用することになる。これは実証主義の土俵だ。ホロコーストや南京虐殺、「従軍慰安婦」といった加害と被害の構造が明確な事例については、すでにこの実証主義の土俵で勝負がついており、歴史学の分野では修正主義者たちの言説は信用されてはいない。ここまでは主流の歴史学、ヨーロッパ中心の歴史観で十分に対応可能だが、保苅さんが踏み込むのは、この実証主義の土俵には留まらない。彼が「多元性、個別性、瞬間性、地方性」という用語で示唆するように、歴史とは実証主義によって網羅できない、数限りない複数の事象に満ちた複雑怪奇な現実と言える。ここで私たちの土俵は無数の現場、つまり実証主義では捉えきれない、神秘主義のトポスにならざるを得ない。言い換えれば、実証主義が規範とするのが真正さという“truth”であるとすれば、神秘主義は真摯さという“truthfulness”に基づく。神秘主義の土俵で演じられる物語は、自身の語りを唯一真正なものであると主張する必要はなく、複数神聖なものとして認知され尊重されれば足りる。つまり、「キャプテン・クックがノーザン・テリトリーのあちこちで私の人々を殺しはじめた」という言説は、クックがオーストラリア北部を訪れてはいないのだから「間違い」であるけれども、クックをアボリジニの人々を殺害して土地を奪った「イギリス人」の祖型、ないしは象徴として考えれば十分に「歴史的真実 historical truth」として真摯な主張となりうる。単一の真実から複数の誠実へ――歴史とは誰にでも検証可能なものであるなどということがありうるか、というのが、保苅さんが真摯に真正直に、私たちに突きつける問いなのである。

ドリーミングは倫理的な歴史である。世界が生命を維持し続ける限り、倫理的な歴史もそこで生じ続ける。大地は歴史である。人々も歴史である。人は、身体化された記憶を場所の記憶と接続することで、歴史を見ることができるし、歴史を聴くことができるし、歴史を感じることができる。歴史は、人々とモノと場所が倫理的に出会う場では、どこにでも生じうるのである。(七五頁)

保苅さんにとって、歴史と神話をつなぐものは、そのどちらもが物語であるという、「言語論的転回」以降のポストモダン歴史学による知の生産と構築の力学だけではない。「大地、ドリーミング、正しい道、法」といったアボリジニの歴史概念の根源にある、世界の維持という、生ける者、生かされている者にとっての世界への応答責任とも言うべき倫理、すなわち「歴史のメンテナンス」が重要だからだ。そうした人と世界との出会いにおける倫理性を基点とすれば、歴史が歴史学者の専有物であり、神話が人類学者の専有物であるという、学問的棲み分けはナンセンスなものと感じられないだろうか？　たとえば、グリンジ・カントリーで広く共有されている「オーストラリアにやってきた最初のイギリス人」であるジャッキー・バンダマラ(本書第五章)は、実証主義歴史学からすれば「神話」ということになり、裁判証拠には使えない「嘘」ということになるだろう。しかし「嘘」とはいったい何か？

裁判の「人定質問」がいい例だが、あらゆる証拠にはID、つまり身分証明が必須のものとされるが、ID証明は歴史的・政治的な力学によっていくらでも変わりうる。歴史的言説においても、植民地征服の歴史において侵略者であったヨーロッパ人による「イギリス人」のID証明と、被害者であったアボリジニによる「イギリス人」のID証明は異なるのが当然だ。実は裁判で重要なのは証拠の真偽ではなく、その証拠が判決の役に立つかどうかである。レジナルド・ローズ原作の『十二人の怒れる男』という有名な裁判劇が示すように、有罪か無罪かを決めるのは証拠の有無以上に、その軽重を決定づける政治的力学なのだ。

記号学の知見に従って、あらゆる言語記号の恣意性を認知するならば、言語動物である人間は、「クレタ島人はみな嘘つきであるとクレタ島人が言った」というパラドックスから逃れられない。保苅さんがグリンジ・カントリーの人たちから学んだ「ラディカル・オーラル・ヒストリー」とは、実証主義的な歴史を否定するものでも、神秘主義で実証主義に対抗するものでもない。それは、語り手と聞き手の身体を介した具体的な相互関係のなかで、私たちが捉え応答し、私たちが生き生かされる経験そのものなのである。

3　植民地化とドリーミング――「不道徳」と「倫理」

アボリジニの人々にとって、かれらが語る物語《ストーリー》が歴史であるか神話であるかは、まったく問題とならない。なぜなら、ドリーミングの歴史もキャプテン・クックの歴史も、どちらも「本当にあった」できごとだからである。だから、アボリジニの人々にとって重要なのは、その歴史物語が神話なのか歴史なのかではなく、むしろ、それが倫理的な歴史(ドリーミングの歴史)なのか、それとも不道徳な歴史(植民地化の歴史)なのかの区別なはずだ。(一二四頁)

アボリジニの人々が実践するドリーミングが語る歴史と、植民者であるヨーロッパ人が語る歴史との違いは、それが「事実」であるか「嘘」であるかにはなく、不道徳か倫理的かにある。ジャッキー・バンダマラやキャプテン・クックがオーストラリアにやってきて、アボリジニの人々に「こんにちは」も言わず、許可を求めるどころか、フェアに接することなく人々を殺しはじめて、土地を所有した――これは明らかに倫理に反する不道徳な行いである。そのような不道徳性をきちんと私たちが認識するためには、異なる文化を横断し、交渉しあい、対話し、寄り添いあう歴史が求められていると保苅さんは言う。どんな博識な歴史学者も、またドリーミングに長けたアボリジニの長老も、歴史の中に無数に存在するすべての点を把握して、網羅的に記述することはできない。どんなに多くの歴史的出来事という点を指摘できたとしても、点と点の間にあるすべての出来事を捉えて線とすることは不可能だ。歴史学者が点と点のつながりにすぎないものを線として主張するとすれば、それはやはり不道徳な行いではないか？　歴史は人間以外の動物を含むすべての生物、石や風や砂のような無機物をもエージェントとする。グリンジ・カントリーの人々から学んだ保苅さん自身はドリーミングを経験したことはないと告白しながら、それでもこの歴史の無数の点を見て、聴き、感じようと提唱するのだ。

ジミーじいさんは、倫理の空間的次元を熟知しており、さらにそれを砂絵にして描くことができる稀有な思想家である。この倫理的かつ地理的な砂絵の技法によって、オーストラリア植民地主義の歴史分析がなされた。大陸を横断するジュンダガル・ドリーミング（の道跡《トラック》）によってもたらされた倫理の地理的方角を基礎に、ジミーじいさんは、この同じ地理上に不道徳性の方角をも見出す。この倫理の空間的次元を援用することで、ジミーじいさんは、ドリーミングの景観・場所観のうちに、オーストラリア植民地史を分析し、「可視化」することに成功した。アボリジニの景観・場所観は、植民地化の歴史を見事に取り込んだといえるだろう。時間が空間に従属するように、歴史は場所を志向するのだ。

（一四九頁）

保苅さんの歴史実践には、具体的な場所が不可欠である。彼が通い住んだグリンジ・カントリーは、日本から来てオーストラリアの大学で学んでいた一人の学生が、アボリジニの長老の最良の聞き手となるという信頼関係の醸成によって、倫理的な歴史が生まれる場となった。ジミーじいさんの「砂絵」は、その場所の倫理性を開示する象徴である。ここにおいて、芸術と地政学とが一致する。語り手と聞き手とをつなぐ信頼は、植民地主義や歴史修正主義における他者支配の欲望とは無縁である。ジミーじいさんが保苅さんに話をするのは、歴史を語るためというよりは、あったことをあったこととして述べているだけだ。だからジミーじいさんは、保苅さんの「白人《カリヤ》はどこから来たんでしょう」という問いに対して、「なんにも知らないね」、「白人《カリヤ》の発想はすべて我々にはわからないんだよ」と答える。そして保苅さんも、知らないことを知らない、わからないことをわからないとして、ただジミーじいさんの言葉を伝える。かりにそれを「歴史実践」でないと言う人がいたなら、その人はいったいどんな発話位置から、そのような否定や判断を行っているのだろうか？

4 制度主義と身体主義――記録と信頼

歴史は口頭で物語られるだけではない。歴史は身体で演じられる。記憶を、現在における過去の痕跡であると理解するならば、身体は、疑いようもなく記憶の宝庫である。この身体化された記憶は、具体的な身体表現によって歴史となる。（六四頁）

保苅さんの遺した文章を読み、写真を見ていると、私たちはそこに彼の身体的存在、彼が人々や土地と出会った記憶の痕跡と、彼が暮らした場所の具体性を感じる。そこにはフィールドワークという現場で労働した者の肉感があふれており、その身振りや笑顔、声や体温が息づいているのだ。彼にとって大事だったのは、事実や真実の判断ではなく、行って人やモノから話を聞き、感じるという身体的経験だった。生きている身体に向きあって交通すること――歴史は人の身体によってこそ成り立ち、歴史として書かれる文字にも身体が宿る。植民地主義の誤解のひとつは、文字言語を持たない人々が、記憶しているだけで記録しないと考えたことにある。保苅さんの笑顔と声音は、書記言語と口承言語の分断をも超えるのだ。

私がここで断固として拒絶したいのは、「我々は正しい歴史を知っている」、「彼らは間違った歴史を語っている」といった、歴史学者による安易な独断である。グリンジの歴史家たちが私たちに語ることに、注意深く、忍耐強く耳を傾けてほしい。そもそも、私たちはグリンジ・カントリーで行われている歴史実践をほとんど何も知らないではないか。
(一八四頁)

あらゆる人の営みには制度による生産と教育と伝播が不可欠であり、それは歴史実践においても同じである。文書資料を制度的裏付けとする歴史と、口頭による伝承を制度的裏付けとする歴史とは、ともに身体による記録であるという点ではまったく変わりがない。それにもかかわらず、一方が「正しい歴史」で、他方が「間違った歴史」であるとされているとすれば、それは「ヨーロッパ」という特定地域の制度における約束事にすぎない。ところが主流の歴史学は、そうした恣意的な約束を特定のものではなく、世界共通の規範であるかのごとく語り、さらには「文化相対主義」の美名の下に、アボリジニの歴史実践を「神話」として尊重し、結局は学問の名に値しないものとして排除してしまうのである。

アボリジニのオーラル・ヒストリーによる歴史分析を紹介することで以下に提示したいこと、それは、アカデミックな歴史学とは異なる場所で営まれている多様な歴史実践を、神話や記憶といった歴史の外部へと排除せずに取り上げる試みである。神話や記憶といったオルターナティブを示すことで、歴史のみせかけの相対性を誇張すべきではない。これではアカデミックな歴史の西洋近代性(＝普遍性)に何の影響も与えないだけではなく、ややもするとそれを隠蔽しかねない。ここでの目標は、西洋出自のアカデミックな歴史(普遍的な「よい歴史」)と歴史学が受け入れられない歴史(普遍化されない「危険な歴史」)とのあいだに対話や共奏をうながす可能性を模索することにある。(二三五―二三六頁)

「普遍性」を標榜するアカデミックな歴史学は、それ以外の歴史実践に特殊性を押し付けることによってそれらを普遍性の外部へと排除する。それに対して、アボリジニの歴史は、普遍と特殊という二項対立がヨーロッパ中心の制度的約束事にすぎないことを理解するがゆえに、自らの外部を排除することがない。特殊とは西洋近代における普遍化の欲望が作り出した幻影であり、普遍を自己のうちに排他的に確保するために捏造された他者の影にすぎない。そもそもあらゆる歴史実践は、普遍でも特殊でもなく、〈個別〉なのだ。保苅さんは、制度の力学によって一元化された塊となってしまった歴史学を、ヒトやモノの個別の歴史実践として取り戻そうとする。そして、彼が身体全体で経験したことを読む私たちは、そこに特殊という他者を必要としない誠実で本当の〈普遍〉を見出すのである。

ヨーロッパに限らずどの地域の、どんな歴史にも、生きた個別の身体があったはずが、それが普遍性を標榜する歴史学によって正史として標本化されてしまった。たとえ正史に対して反史や敗者の歴史を提示しても、普遍化のメカニズム自体は揺るがない。保苅さんが「危険な歴史」としてアボリジニの歴史を引き受けようとするのは、歴史実践とは人の身体にとって危険な賭けであることを、彼がグリンジでの自らの経験によって知ったからではないだろうか。

グリンジの大蛇の歴史物語に関して言えば、我々は一方で、かれらのオーラル・ヒストリーを〈世俗化〉することができる。つまり、この歴史物語をつうじて植民地権力構造を批判しようとするグリンジの意図を見いだすことは、かならずしも困難ではない。グリンジの人々は、白人には及びもつかない能力をもっていることを示すことで、白人がアボリジニに依存しなければ牧場経営ができなかったことを示すことで、さらにアボリジニが白人を溺れさせようとした事例を示すことで、白人の入植以降に経験してきた植民地主義的な権力構造に対する転倒作業を行っていると考えることができる。しかしその一方で、アボリジニが大蛇を使って大雨を降らせたという「危険な歴史」を〈普遍化〉不可能な歴史として、無毒化せずにそのまま引き受け(ようとす)る態度も同時に求められている。この二つの歴史叙述を矛盾しつつも同時に行うこと。これこそが、ギャップを承認しつつもコミュニケーションの可能性を放棄しない態度ではなかろうか。(二五〇—二五一頁)

〈世俗化〉とは〈普遍化〉であり、アカデミックな歴史学はつねにそうした普遍性を独占しようとする。保苅さんが「歴史を語る」という普遍の標榜ではなく、「歴史する」という個別の実践を強調することで、歴史の身体性に注目したのも、そのような独占的な制度からさまざまな歴史のエージェントを解放しようとするからだ。保苅さんが亡くなってから一三年が経ち、彼の身体そのものの記憶は薄れつつあるかもしれない。しかし彼がグリンジの人々から自らの身体を介して、信頼関係を築き上げることで聞き取った「危険な歴史」は、その毒もユーモアもそのままに本書のなかに生き続けている。

そもそも歴史という一回死んだものを再生させる行いは無謀で危険な試みだが、そこに花弁を投げいれる人がいれば、何度でも復活する。標本化としての歴史研究から、危険な爆発としての歴史実践へ——何度でも死者を蘇らせるために、花弁という礫《つぶて》を投げこみ続ける保茹さんの個別な営みによって、私たち自身の身体が活性化される経験、それこそが真の〈普遍〉への道のりなのではないだろうか。

「経験(的事実)」と「真実」とを結びつけるプロセスは、実証主義的な学術的歴史実践とグリンジ・カントリーで行われている歴史実践とのあいだで異なっているのだが、とはいえ双方とも言説ではなく「実際にあったこと」を問題としている点では一致している。つまり、グリンジの歴史実践は、近代実証主義的な経験論(empiricism)とは異なる仕方で〈歴史への真摯さ〉を紡ぎだしているということができる。グリンジ・カントリーで営まれている「地方化され」「超自然的な」歴史分析において、大蛇もクックも〈経験的な歴史への真摯さ(experiential historical truthfulness)〉のうちにある。この〈経験的に真摯〉であるという特徴こそが、グリンジの「危険な歴史」が、たとえばホロコースト否定論者が営む「間違った歴史」と根本的に異なる点である。というのも、歴史修正主義者の多くが、〈真摯さ〉を通じた多元的コミュニケーションを求めてはおらず、むしろ自分たちの〈歴史的真実(虚構)〉を排除的に普遍化しようとするコロニアルな欲望に基礎づけられているのに対し、グリンジの歴史物語りは、あくまでもローカルな文脈において歴史の多元性と共奏を基礎に営まれ、相互的交渉関係のなかで立ち現れてくるからである。〈歴史的真実〉は、しばしば閉鎖的で排他的になる。しかし〈歴史への真摯さ〉は、他者に対して開かれている。(二一五九頁)

資料に基づく〈信用〉の歴史学から、個別の身体を介した〈信頼〉の歴史学へ――資本主義から共産主義へとか、近代からポストモダンへといった大文字の歴史が失効しただけでなく、事実や真実さえも無視するポスト・トゥルースなどという政治言説が幅を利かす二〇一八年の現在、「経験の真摯さ」を尊重し、自己と他者との共奏に基づく「ラディカル・オーラル・ヒストリー」は、説明のための大きな枠組みや他者支配の欲望といっさい無縁であることによって改めて屹立する。そのことこそが、排外主義が民衆の支持を集め、他者への寛容を失いつつある今このときに、本書があらためて読まれるべき意義ではなかろうか。

アカデミックな歴史学が失ってしまった個別の身体を取り戻そうとする保苅さんの営みは、言わば支配と被支配という根本構造を変えることのない「革命」ではなく、見方や考え方そのものを変えようとする「運動」だ。歴史を時間の呪縛から解放し、今を生きる空間的な歴史実践という、個別の経験として蘇らせること――保苅さんの命を賭けた挑戦を受け取るのは、私たち自身にほかならない。保苅さんの肉体は此岸では滅びたけれども、彼の身体、その手足や口や頭や声は、真摯な経験としてこの本のなかにある。保苅さんは、グリンジの長老ミック・ランギアリの言葉をこう伝える――「そう、アボリジニのやり方と白人のやり方を両方学ぶべきだ。世界のどこからきた者であっても、共に暮らし、共に働くべきだ。これはとても困難ではある。でも少しずつ、お互いを理解しあってゆけばいい」(二六〇頁)。私たちは今こそ、この言葉を個別に「歴史する」者からの文《ふみ》として受け取ろうではないか。

終わりに――爆発と供養

信じるとはどういうことだろうか？　自らの肉体の死を目の前にして病床でこの本を書きながら、保苅さんは「歴史学者」として自分の業績が認知されることを信じていたのだと思う。二〇〇四年に彼自身の身体とまるで交替するかのように生み出されたこの書籍は、「歴史学」のなかに確固たる地歩を占めてきた。だから私たちは保苅さんにこう告げてもいい、「君が谷底に投げ込んだ一枚の花弁は見事に爆発したよ、ミノ」と。でも今、こうして新たな読者を得て、この保苅さんの遺した言葉は、「歴史学」から羽ばたくときが来たのではないだろうか。この文庫本のあらゆる頁には、彼がアボリジニの人々やオーストラリアの大地と風から聞き伝えた無数の花びらが飛散している。それを拾うことは誰にでもできる、個別な命への信頼があるかぎり。

拙文の終わりに、今年二月一〇日に九〇歳で亡くなった石牟礼道子の「花の文《ふみ》を」というエッセーから引用しよう。そこには、胎児性水俣病患者であった坂本きよ子さんの母親トキノさんの言葉が次のように記されている――

「きよ子は手も足もよじれてきて、手足が縄のようによじれて、わが身を縛っておりましたが、見るのも辛うして。

それがあなた、死にました年でしたが、桜の花の散ります頃に。私がちょっと留守をしとりましたら、縁側に転げ出て、縁から落ちて、地面に這うとりましたですよ。たまがって駆け寄りましたら、かなわん指で、桜の花びらば拾おうとしよりましたです。曲った指で地面ににじりましたら、肘から血ぃ出して、

『おかしゃん、はなば』ちゅうて、花びらば指すとですもんね。花もあなた、かわいそうに、地面ににじりつけられて。

何の恨みも言わじゃった嫁入り前の娘が、たった一枚の桜の花びらば拾うのが、望みでした。それであなたにお願いですが、文《ふみ》ば、チッソの方々に、書いて下さいませんか。いや、世間の方々に。桜の時期に、花びらば一枚、きよ子のかわりに、拾うてやっては下さいませんでしょうか。花の供養に」

（石牟礼道子『花びら供養』平凡社、二〇一七年、一三―一四頁）

石牟礼さんは、きよ子さんの母親の言葉を自らが創作した文に信託することによって、危険を顧みずに桜の花びらを拾おうとした「きよ子のかわりに」、花を弔ったのだ。保苅さんが「花弁の爆発」という言葉で私たちに伝えたかったのも、この一枚の花びらのようなアボリジニの「危険な歴史」を、かわりに拾って供養することではないか――忘れるためではなく、覚えておくために。欲望するためではなく、理解するために。記録するためではなく、信頼するために。

〈著者紹介〉

保苅 実（ほかり みのる）
1971年生まれ．新潟大学教育学部附属小・中学校，新潟県立新潟高等学校，一橋大学経済学部卒．1996年一橋大学大学院経済学研究科修了．2001年オーストラリア国立大学歴史学博士号取得．1999年から2003年まで，オーストラリア国立大学太平洋・アジア研究所(人類学科，歴史学科)，人文学研究所に客員研究員として，2002年からは日本学術振興会特別研究員として慶應義塾大学に所属．2004年5月，病気によりオーストラリア・メルボルンにて逝去．同年7月，オーストラリア国立大学にて豪州の先住民族研究者対象の保苅実記念奨学金が設立された．(詳細は https://sites.google.com/view/hokariminoru/)
研究領域：オーストラリア先住民族，少数民族，多文化主義，ポストコロニアル研究，サバルタン研究，オーラル・ヒストリー，「記憶と歴史」論，歴史人類学，エスニック・アイデンティティーなど．

塩原良和（しおばら よしかず）
慶應義塾大学法学部教授．専攻：社会学，国際社会学，オーストラリア研究．

テッサ・モーリス-スズキ（Tessa Morris-Suzuki）
オーストラリア国立大学教授．専攻：日本経済史・思想史．

清水 透（しみず とおる）
慶應義塾大学名誉教授．専攻：ラテンアメリカ社会史，オーラル・ヒストリー．

本橋哲也（もとはし てつや）
東京経済大学コミュニケーション学部教授．専攻：イギリス文学，カルチュラル・スタディーズ．

著者研究業績

著作：

2003　塩原良和，保苅実，村上雄一(共編)「ジャパニーズ・イン・オーストラリア ── 「記憶」〈過去と現在の交錯点〉」『オーストラリア研究』第15号，62-131ページ.

邦文論文：

2003　保苅実「オーストラリア先住民の牧場退去運動 ── オーラル・ヒストリーからの接近」『歴史学研究』12月号(第783号)，1-18ページ.

2003　保苅実「誰が歴史家なのか ── ラディカル・オーラルヒストリー」『史資料ハブ 地域文化研究』第2号，57-65ページ.

2003　保苅実「カントリーの生命を維持するために ── 牧場開発とアボリジニ」スチュアート ヘンリ編『「野生」の誕生 ── 未開イメージの歴史』世界思想社，162-187ページ.

2003　塩原良和，保苅実，村上雄一「特集によせて」『オーストラリア研究』第15号，62-64ページ.

2003　保苅実「オーストラリア先住民とジャパニーズ ── 開かれた「和解」のために」『オーストラリア研究』第15号，65-79ページ.

2002　保苅実「アンチ・マイノリティ・ヒストリー ── ローカルかつグローバルな歴史へ向けて」『現代思想』第30巻1号(1月号)，20-32ページ.

1999　保苅実「アボリジニが語った白人の起源 ── グリンジの歴史実践にみるリアリティー」『オーストラリア研究』第12号，48-61ページ.

1996　保苅実「アボリジニ部族経済と牧場労働 ── グリンジ族土地所有権運動の歴史的背景」『オーストラリア研究』第8号，14-28ページ.

英文論文：

2003 Hokari, M. "Anti-Minorities History: Perspectives on Aboriginal-Asian Relations", in Penny Edwards and Shen Yuanfang eds., *Lost in the Whitewash: Aboriginal-Asian Encounters in Australia, 1901-2001*, Canberra: Humanities Research Centre, Australian National University, pp. 85-101.

2003 Hokari, M. "Globalising Aboriginal Reconciliation: Indigenous Australians and Asian (Japanese) Migrants", *Cultural Studies Review*, vol. 9, no. 2, pp. 84-101.

2002 Hokari, M. "Localised History: 'Dangerous' Histories from the Gurindji Country", *Locality*, autumn issue, pp. 4-7.

2002 Hokari, M. "Maintaining History: The Gurindji People's 'Truthful' Histories", *Cultural Survival Quarterly*, vol. 26, no. 2, summer, pp. 26-27.

2002 Hokari, M. "Reading Oral Histories from the Pastoral Frontier: A Critical Revision", *Journal of Australian Studies*, vol. 72, pp. 21-28.

2002 Hokari, M. "Images of Colonialism: Interpretation of Colonial Landscape by an Aboriginal Historian", in Henry Stewart, Alan Barnard, and Keiichi Omura eds., *Self- and Other-Images of Hunter-Gatherers*, Senri Ethnological Studies, no. 60, Osaka: National Museum of Ethnology, pp. 153-169.

2000 Hokari, M. "From Wattie Creek to Wattie Creek: An Oral Historical Approach to the Gurindji Walk-off", *Aboriginal History*, vol. 24, pp. 98-116.

2000 Hokari, M. "History Happening in/between Body and Place: Journey to the Aboriginal Way of Historical Practice", in J. R. Stephens ed., *Habitus: A Sense of Place*, Proceedings of the Habitus 2000, Conference, Perth: Curtin University of Technology, CD-ROM.

翻訳書：

2003　デボラ・バード・ローズ『生命の大地 ── アボリジニ文化とエコロジー』保苅実(訳)，平凡社.

2003　ガッサン・ハージ『ホワイト・ネイション ── ネオ・ナショナリズム批判』保苅実，塩原良和(共訳)，平凡社.

翻訳論文：

2003　テッサ・モーリス＝スズキ「「政治社会」を再想像する ── グローバル化時代における歴史研究のアジェンダ」保苅実(訳)，『歴史学研究』第781号，2-15ページ.

2002　ニコラス・ピーターソン「近代国民国家の中の狩猟採集民 ── オーストラリアの人類学」保苅実(訳)，小山修三・窪田幸子編『多文化国家の先住民 ── オーストラリア・アボリジニの現在』世界思想社，261-283ページ.

2002　テッサ・モーリス＝鈴木「沈黙を読む ── 国際関係，グローバル化，先住権」塩原良和，木村真希子，保苅実(共訳)，市民外交センター設立20周年シンポジウム「多民族・多文化社会日本の実現に向けて」用資料.

2001　テッサ・モーリス＝鈴木「国際理解のための歴史 ── 過去と現在」保苅実(訳)，『神奈川大学評論』第39号，28-34ページ.

学位論文：

2001　Hokari, M. *Cross-Culturalizing History: Journey to the Gurindji Way of Historical Practice*, PhD Thesis, Canberra: Australian National University.

1996　保苅実『アボリジニ部族経済と牧場労働 ── 先住民の経済史』修士論文，一橋大学経済学研究科.

1994　保苅実『オーストラリア先住民の歴史』卒業論文，一橋大学経済学部.

人名索引

• つづりが難しいもののみ，アルファベットを付した．
• 人物説明などがあるページを太字とした．

た 行

な 行

は 行

ま 行

ら 行

事項索引

あ行

か 行

さ 行

な 行

は 行

ま 行

や 行

ら 行

わ 行

オーストラリア先住民族アボリジニ史略年表

年	事　項
約4-5万年前	東南アジア地域からサフル大陸(現在のオーストラリア大陸)へ，アボリジニの祖先であるオセアニア系モンゴロイドの人々の移動が行われる．その後，大陸全域の多様な環境で居住し，18世紀末には500を超す言語的集団が，総計100万人ほどの人口規模で存在していた．
1600年代末頃から	インドネシア・マカッサルの人々(マカサン)がナマコ漁と交易のため大陸北部アーネムランドのアボリジニと交流(1906年のオーストラリア政府による禁漁決定により終結)．
1770	キャプテン・クック，オーストラリア東海岸のボタニー湾上陸，英国による領有宣言．
1788	英国，入植開始．入植者による先住民族の虐殺，伝染病の移入などにより，先住民族の人口が激減する．
1829	英国，オーストラリア大陸全土の領有宣言．
1850	オーストラリア植民地政府法成立．
1851	金鉱発見，ゴールドラッシュ始まる．
1869	ビクトリア植民地で，オーストラリアで最初のアボリジニの保護・管理法が制定される．混血児の隔離が始まる．
1876	タスマニアで，当時最後のアボリジニ女性のトルガニーニが死亡してタスマニアのアボリジニは絶滅したとされた．
1880年代	グリンジ・カントリーに最初の牧場，ウェーブヒル牧場が設立される．
1901	オーストラリア連邦成立．
1911	ノーザン・テリトリーが，サウス・オーストラリア州から連邦政府に移譲され，アボリジニ条例が制定される．
1924	ウェーブヒル牧場で大洪水が起こる．
1931	性病などからアボリジニを保護するためにアーネムランドをノーザン・テリトリーでの居留地として指定し，白人の出入を禁止．

1937　各州と連邦政府による先住民族政策担当大臣らの会議で，混血アボリジニの主流社会への同化政策が提唱される．
1951　各州と連邦政府による先住民族政策担当大臣らの会議で，純血アボリジニも含めた同化政策が提唱される．親子強制隔離政策などの実施が強化される．
1957　アーネムランドに「エルコウ島の記念碑」の出現，アボリジニの自治の要求が顕在化する．
1963　イルカラのアボリジニが鉱山開発に反対して樹皮画の請願書を連邦議会下院に送る．
1965　労働仲裁委員会〔Arbitration Commission〕がアボリジニに対しても最低賃金の保障を決定．
1966　ウェーブヒル牧場退去運動始まる，土地権回復運動の高まり．
1967　連邦憲法が90% 以上の賛成票を得て改正され，アボリジニに関する立法権が連邦議会にも与えられた．また，初めて人口統計にアボリジニが加わることになった．これを受けてアボリジニ問題評議会〔Council of Aboriginal Affairs〕設立．
1968　イルカラ周辺のアボリジニがゴーヴ半島でのボーキサイト鉱山開発の差し止めを求めて提訴，1971 年に請求棄却．
1972　アボリジニの権利要求の政治運動が高揚．政府によるアボリジニの土地権拒否の声明に反発，キャンベラの国会議事堂前に 1 月，「アボリジニ・テント大使館〔Aboriginal Tent Embassy〕」を設立し，土地権回復と補償を要求(同年 7 月に警察により強制撤去．のち復活し，先住民族の権利運動の象徴として現在も存続)．12 月ウィットラム労働党内閣成立．同化政策を廃棄．アボリジニ問題担当省〔Department of Aboriginal Affairs〕創設(のち，90 年にアボリジニ・トレス海峡島嶼民委員会〔Aboriginal and Torres Strait Islander Commission: ATSIC〕となる)．
1973　全国アボリジナル審議会〔National Aboriginal Consultative Committee：NACC〕設立．新移民法導入により，白豪主義政策と決別．
1975　ウェーブヒル牧場からグリンジの長老らへ，土地返還が行わ

れる.

1976 北部準州アボリジニ土地権利法〔Aboriginal Land Rights (Northern Territory) Act〕の制定. 現在では北部準州の約5割が返還されている.

1980 アボリジナル開発委員会〔Aboriginal Development Commission〕設立.

1988 バルンガ声明(現在バルンガはバミリと地名が変更されている).

1989 ATSIC 法成立. 1990 年活動開始.

1990 ATSIC 設立.

1991 「拘置中のアボリジニの死亡に関する調査委員会〔The Royal Commission into Aboriginal Deaths in Custody〕」の勧告に基づき,「アボリジニとの和解評議会〔Council for Aboriginal Reconciliation〕」が, 10 年の期限つきで設置される.

1992 「マボ判決〔Mabo and others v. the State of Queensland [No. 2]〕」により, 先住民の先住権原〔native title to land〕を承認,「無主の土地〔Terra Nullius〕」を否定する.

1993 先住権原法〔Native Title Act〕制定.

1994 国連「世界の先住民の国際 10 年」開始.

1996 ハワード政権発足. ポーリン・ハンソン議員の, 先住民族への「優遇」政策撤廃, 多文化主義政策の廃止とアジア系移民制限の政策が一定の支持を集めたことが社会問題化する(ハンソン現象). 翌 97 年, ワン・ネイション党〔One Nation Party〕創設.

1997 親子強制隔離政策による「奪われた世代〔stolen generations〕」に関する「人権および機会均等委員会〔Human Rights and Equal Opportunity Commission〕」の調査報告の公表. 非先住民族との「和解」への機運が高まる.

1998 先住権原修正法〔Native Title Amendment Act〕の可決.

2000 5 月, 和解評議会による「オーストラリア宣言:和解に向けて」が発表される. その翌日に行われたシドニーでの「和解への行進〔Walk for Reconciliation〕」に 25 万人が参加. 6 月, 12 月には他の都市でも「行進」が行われた. シドニー・オ

	リンピック開催.
2001	ダグラグ村で大洪水が起こり，住民全員がキャサリンに避難. 同時期，ジミー・マンガヤリ逝去.
2002	「奪われた世代」の子供たちの実話をもとにした映画 *Rabbit-Proof Fence*（邦題『裸足の1500マイル』フィリップ・ノイス監督）公開.
2007	連邦政府が人種差別禁止法〔Racial Discrimination Act 1975〕を一時停止し，ノーザン・テリトリーの先住民コミュニティへの強制介入政策を導入. この介入政策は労働党政権への交代後も継続. 11月，政権奪取した労働党政権が，前政権が反対していた「先住民族の権利に関する国連宣言〔United Nations Declaration on the Rights of Indigenous Peoples〕」に署名.
2008	2月，労働党ラッド（Kevin Rudd）首相が選挙公約通り，「奪われた世代」に対する公式謝罪を政府として初めて行い，先住民族に対する謝罪動議が満場一致で可決. 動議に反対の議員は議場から退席.

（年表作成：御茶の水書房編集部）

地図，写真，図リスト

Doing History!

Paying Attention to the Historical Practices of Indigenous Australians

by Minoru HOKARI 2004

Published by Ochanomizu Shobo, Publishers in Japan

Table of Contents

List of Illustrations

Figures

Maps

Plates

(Photographs are by the author except where noted otherwise)

本書は二〇〇四年九月、御茶の水書房より刊行された。

なお、文庫本刊行に伴って生じる著作権料はすべて「保苅実とつながる会」(http://www.hokariminoru.org/)の活動費に充てられる。

ラディカル・オーラル・ヒストリー
——オーストラリア先住民アボリジニの歴史実践

2018年4月17日　第1刷発行
2024年12月16日　第5刷発行

著　者　保苅《ほかり》 実《みのる》

発行者　坂本政謙

発行所　株式会社 岩波書店
〒101-8002 東京都千代田区一ツ橋 2-5-5

案内 03-5210-4000　営業部 03-5210-4111
https://www.iwanami.co.jp/

印刷・精興社　製本・中永製本

ISBN 978-4-00-600380-7　Printed in Japan

岩波現代文庫創刊二〇年に際して

二一世紀が始まってからすでに二〇年が経とうとしています。この間のグローバル化の急激な進行は世界のあり方を大きく変えました。世界規模で経済や情報の結びつきが強まるとともに、国境を越えた人の移動は日常の光景となり、今やどこに住んでいても、私たちの暮らしは世界中の様々な出来事と無関係ではいられません。しかし、グローバル化の中で否応なくもたらされる「他者」との出会いや交流は、新たな文化や価値観だけではなく、摩擦や衝突、そしてしばしば憎悪までをも生み出しています。グローバル化にともなう副作用は、その恩恵を遥かにこえていると言わざるを得ません。

今私たちに求められているのは、国内、国外にかかわらず、異なる歴史や経験、文化を持つ「他者」と向き合い、よりよい関係を結び直してゆくための想像力、構想力ではないでしょうか。

新世紀の到来を目前にした二〇〇〇年一月に創刊された岩波現代文庫は、この二〇年を通して、哲学や歴史、経済、自然科学から、小説やエッセイ、ルポルタージュにいたるまで幅広いジャンルの書目を刊行してきました。一〇〇〇点を超える書目には、人類が直面してきた様々な課題と、試行錯誤の営みが刻まれています。読書を通した過去の「他者」との出会いから得られる知識や経験は、私たちがよりよい社会を作り上げてゆくために大きな示唆を与えてくれるはずです。

一冊の本が世界を変える大きな力を持つことを信じ、岩波現代文庫はこれからもさらなるラインナップの充実をめざしてゆきます。

（二〇二〇年一月）

岩波現代文庫[学術]

G414
『キング』の時代
—国民大衆雑誌の公共性—
佐藤卓己

伝説的雑誌『キング』——この国民大衆誌を分析し、「雑誌王」と「講談社文化」が果たした役割を解き明かした雄編がついに文庫化。〈解説〉與那覇潤

G415
近代家族の成立と終焉 新版
上野千鶴子

ファミリィ・アイデンティティの視点から家族の現実を浮き彫りにし、家族が家族であるための条件を追究した名著、待望の文庫化。「戦後批評の正嫡 江藤淳」他を新たに収録。

G416
兵士たちの戦後史
—戦後日本社会を支えた人びと—
吉田裕

戦友会に集う者、黙して往時を語らない者……戦後日本の政治文化を支えた人びとの意識のありようを「兵士たちの戦後」の中にさぐる。〈解説〉大串潤児

G417
貨幣システムの世界史
黒田明伸

貨幣の価値は一定であるという我々の常識に反する、貨幣の価値が多元的であるという事例は、歴史上、事欠かない。謎に満ちた貨幣現象を根本から問い直す。

G418
公正としての正義 再説
ジョン・ロールズ
エリン・ケリー編
田中成明
亀本洋
平井亮輔 訳

『正義論』で有名な著者が自らの理論的到達点を、批判にも応えつつ簡潔に示した好著。文庫版には「訳者解説」を付す。

2024.11

G419
新編 つぶやきの政治思想
李 静和
秘められた悲しみにまなざしを向け、声にならないつぶやきに耳を澄ます。記憶と忘却、証言と沈黙、ともに生きることをめぐるエッセイ集。鵜飼哲・金石範・崎山多美の応答も。

G420-421
ロールズ 政治哲学史講義（I・II）
ジョン・ロールズ
サミュエル・フリーマン編
齋藤純一ほか訳
ロールズがハーバードで行ってきた「近代政治哲学」講座の講義録。リベラリズムの伝統をつくった八人の理論家について論じる。

G422
企業中心社会を超えて
―現代日本を〈ジェンダー〉で読む―
大沢真理
長時間労働、過労死、福祉の貧困……。大企業中心の社会が作り出す歪みと痛みをジェンダーの視点から捉え直した先駆的著作。

G423
増補「戦争経験」の戦後史
―語られた体験／証言／記憶―
成田龍一
社会状況に応じて変容してゆく戦争についての語り。その変遷を通して、戦後日本社会の特質を浮き彫りにする。〈解説〉平野啓一郎

G424
定本 酒呑童子の誕生
―もうひとつの日本文化―
髙橋昌明
酒呑童子は都に疫病をはやらすケガレた疫鬼だった――緻密な考証と大胆な推論によって物語の成り立ちを解き明かす。〈解説〉永井路子

2024. 11

G425
岡本太郎の見た日本
赤坂憲雄

東北、沖縄、そして韓国へ。旅する太郎が見出した日本とは。その道行きを鮮やかに読み解き、思想家としての本質に迫る。

G426
政治と複数性
―民主的な公共性にむけて―
齋藤純一

「余計者」を見棄てようとする脱‐実在化の暴力に抗し、一人ひとりの現われを保障する。開かれた社会統合の可能性を探究する書。

G427
増補 エル・チチョンの怒り
―メキシコ近代とインディオの村―
清水透

メキシコ南端のインディオの村に生きる人びとにとって、国家とは、近代とは何だったのか。近現代メキシコの激動をマヤの末裔たちの視点に寄り添いながら描き出す。

G428
哲おじさんと学くん
―世の中では隠されているいちばん大切なことについて―
永井均

自分は今、なぜこの世に存在しているのか？友だちや先生にわかってもらえない学くんの疑問に哲おじさんが答え、哲学的議論へと発展していく、対話形式の哲学入門。

G429
マインド・タイム
―脳と意識の時間―
ベンジャミン・リベット
下條信輔
安納令奈 訳

実験に裏づけられた驚愕の発見を提示し、脳と心や意識をめぐる深い洞察を展開する。脳神経科学の歴史に残る研究をまとめた一冊。〈解説〉下條信輔

2024. 11

岩波現代文庫[学術]

G430
被差別部落認識の歴史
—異化と同化の間—
黒川みどり

差別する側、差別を受ける側の双方は部落差別をどのように認識してきたのか——明治から現代に至る軌跡をたどった初めての通史。

G431
文化としての科学／技術
村上陽一郎

近現代に大きく変貌した科学／技術。その質的な変遷を科学史の泰斗がわかりやすく解説、望ましい科学研究や教育のあり方を提言する。

G432
方法としての史学史
—歴史論集1—
成田龍一

歴史学は「なにを」「いかに」論じてきたのか。史学史的な視点から、歴史学のアイデンティティを確認し、可能性を問い直す。現代文庫オリジナル版。〈解説〉戸邉秀明

G433
〈戦後知〉を歴史化する
—歴史論集2—
成田龍一

〈戦後知〉を体現する文学・思想の読解を通じて、歴史学を専門知の閉域から解き放つ試み。現代文庫オリジナル版。〈解説〉戸邉秀明

G434
危機の時代の歴史学のために
—歴史論集3—
成田龍一

時代の危機に立ち向かいながら、自己変革を続ける歴史学。その社会との関係を改めて問い直す「歴史批評」を集成する。〈解説〉戸邉秀明

2024.11

G435
宗教と科学の接点
河合隼雄

「たましい」「死」「意識」など、近代科学から取り残されてきた、人間が生きていくために大切な問題を心理療法の視点から考察する。〈解説〉河合俊雄

G436
増補 軍隊と地域
—郷土部隊と民衆意識のゆくえ—
荒川章二

一八八〇年代から敗戦までの静岡を舞台に、矛盾を孕みつつ地域に根づいていった軍が、民衆生活を破壊するに至る過程を描き出す。

G437
歴史が後ずさりするとき
—熱い戦争とメディア—
ウンベルト・エーコ
リッカルド・アマデイ訳

歴史があたかも進歩をやめて後ずさりしはじめたかに見える二十一世紀初めの政治・社会の現実を鋭く批判した稀代の知識人の発言集。

G438
増補 女が学者になるとき
—インドネシア研究奮闘記—
倉沢愛子

インドネシア研究の第一人者として知られる著者の原点とも言える日々を綴った半生記。「補章 女は学者をやめられない」を収録。

G439
完本 中国再考
—領域・民族・文化—
葛兆光
辻康吾監訳
永田小絵訳

「中国」とは一体何か？ 複雑な歴史がもたらした国家アイデンティティの特殊性と基本構造を考察し、現代の国際問題を考えるための視座を提供する。

岩波現代文庫[学術]

G440
私が進化生物学者になった理由
長谷川眞理子

ドリトル先生の大好きな少女がいかにして進化生物学者になったのか。通説の誤りに気づき、独自の道を切り拓いた人生の歩みを語る。巻末に参考文献一覧付き。

G441
愛について
―アイデンティティと欲望の政治学―
竹村和子

物語を攪乱し、語りえぬものに声を与える。精緻な理論でフェミニズム批評をリードしつづけた著者の代表作、待望の文庫化。〈解説〉新田啓子

G442
宝塚
―変容を続ける「日本モダニズム」―
川崎賢子

百年の歴史を誇る宝塚歌劇団。その魅力を掘り下げ、宝塚の新世紀を展望する。底本を大幅に増補・改訂した宝塚論の決定版。

G443
新版 ナショナリズムの狭間から
―「慰安婦」問題とフェミニズムの課題―
山下英愛

性差別的な社会構造における女性人権問題として、現代の性暴力被害につづく側面を持つ「慰安婦」問題理解の手がかりとなる一冊。

G444
夢・神話・物語と日本人
―エラノス会議講演録―
河合隼雄
河合俊雄訳

河合隼雄が、日本の夢・神話・物語などをもとに日本人の心性を解き明かした講演の記録。著者の代表作に結実する思想のエッセンスが凝縮した一冊。〈解説〉河合俊雄

2024. 11

G445-446
ねじ曲げられた桜(上・下)
—美意識と軍国主義—
大貫恵美子

桜の意味の変遷と学徒特攻隊員の日記分析を通して、日本国家と国民の間に起きた「相互誤認」を証明する。〈解説〉佐藤卓己

G447
正義への責任
アイリス・マリオン・ヤング
岡野八代
池田直子 訳

自助努力が強要される政治の下で、人びとが正義を求めてつながり合う可能性を問う。ヌスバウムによる序文も収録。〈解説〉土屋和代

G448-449
ヨーロッパ覇権以前(上・下)
—もうひとつの世界システム—
J.L.アブー=ルゴド
佐藤次高ほか訳

近代成立のはるか前、ユーラシア世界は既に一つのシステムをつくりあげていた。豊かな筆致で描き出されるグローバル・ヒストリー。

G450
政治思想史と理論のあいだ
—「他者」をめぐる対話—
小野紀明

政治思想史と政治的規範理論、融合し相克する二者を「他者」を軸に架橋させ、理論の全体像に迫る、政治哲学の画期的な解説書。

G451
平等と効率の福祉革命
—新しい女性の役割—
G.エスピン=アンデルセン
大沢真理監訳

キャリアを追求する女性と、性別分業に留まる女性との間で広がる格差。福祉国家論の第一人者による、二極化の転換に向けた提言。

岩波現代文庫［学術］

G452
草の根のファシズム
―日本民衆の戦争体験―
吉見義明

戦争を引き起こしたファシズムは民衆が支えていた――従来の戦争観を大きく転換させた名著、待望の文庫化。〈解説〉加藤陽子

G453
日本仏教の社会倫理
―正法を生きる―
島薗進

日本仏教に本来豊かに備わっていた、サッダルマ（正法）を世に現す生き方の系譜を再発見し、新しい日本仏教史像を提示する。

G454
万民の法
ジョン・ロールズ
中山竜一訳

「公正としての正義」の構想を世界に広げ、平和と正義に満ちた国際社会はいかにして実現可能かを追究したロールズ最晩年の主著。

G455
原子・原子核・原子力
―わたしが講義で伝えたかったこと―
山本義隆

原子・原子核について基礎から学び、原子力への理解を深めるための物理入門。予備校での講演に基づきやさしく解説。

G456
ヴァイマル憲法とヒトラー
―戦後民主主義からファシズムへ―
池田浩士

史上最も「民主的」なヴァイマル憲法下で、ヒトラーが合法的に政権を獲得し得たのはなぜなのか。書き下ろしの「後章」を付す。

G457
現代《いま》を生きる日本史
須田努
清水克行

縄文時代から現代までを、ユニークな題材と最新研究を踏まえた平明な叙述で鮮やかに描く。大学の教養科目の講義から生まれた斬新な日本通史。

G458
小国
—歴史にみる理念と現実—
百瀬宏

大国中心の権力政治を、小国はどのように生き抜いてきたのか。近代以降の小国の実態と変容を辿った出色の国際関係史。

G459
〈共生〉から考える
—倫理学集中講義—
川本隆史

「共生」という言葉に込められたモチーフを現代社会の様々な問題群から考える。やわらかな語り口の講義形式で、倫理学の教科書としても最適。「精選ブックガイド」を付す。

G460
〈個〉の誕生
—キリスト教教理をつくった人びと—
坂口ふみ

「かけがえのなさ」を指し示す新たな存在論が古代末から中世初期の東地中海世界の激動のうちで形成された次第を、哲学・宗教・歴史を横断して描き出す。〈解説〉山本芳久

G461
満蒙開拓団
—国策の虜囚—
加藤聖文

満洲事変を契機とする農業移民は、陸軍主導の強力な国策となり、今なお続く悲劇をもたらした。計画から終局までを辿る初の通史。

2024. 11

岩波現代文庫[学術]

G462
排除の現象学
赤坂憲雄

いじめ、ホームレス殺害、宗教集団への批判――八十年代の事件の数々から、異人が見出され生贄とされる、共同体の暴力を読み解く。時を超えて現代社会に切実に響く、傑作評論。

G463
越境する民
近代大阪の朝鮮人史
杉原達

暮しの中で朝鮮人と出会った日本人の外国人認識はどのように形成されたのか。その後の研究に大きな影響を与えた「地域からの世界史」。

G464
越境を生きる
ベネディクト・アンダーソン回想録
ベネディクト・アンダーソン
加藤剛訳

『想像の共同体』の著者が、自身の研究と人生を振り返り、学問的・文化的枠組にとらわれず自由に生き、学ぶことの大切さを説く。

G465
我々はどのような生き物なのか
―言語と政治をめぐる二講演―
ノーム・チョムスキー
福井直樹編訳
辻子美保子

政治活動家チョムスキーの土台に科学者としての人間観があることを初めて明確に示した二〇一四年来日時の講演とインタビュー。

G466
ヴァーチャル日本語 役割語の謎
金水敏

現実には存在しなくても、いかにもそれらしく感じる言葉づかい「役割語」。誰がいつ作ったのか。なぜみんなが知っているのか。何のためにあるのか。〈解説〉田中ゆかり

2024. 11

岩波現代文庫[学術]

G467

コレモ日本語アルカ？
—異人のことばが生まれるとき—

金水　敏

ピジンとして生まれた〈アルヨことば〉は役割語となり、それがまとう中国人イメージを変容させつつ生き延びてきた。〈解説〉内田慶市

G468

東北学／忘れられた東北

赤坂憲雄

驚きと喜びに満ちた野辺歩きから、「いくつもの東北」が姿を現し、日本文化像の転換を迫る。「東北学」という方法のマニフェストともなった著作の、増補決定版。

G469

増補　昭和天皇の戦争
—「昭和天皇実録」に残されたこと・消されたこと—

山田　朗

平和主義者とされる昭和天皇が全軍を統帥する大元帥であったことを「実録」を読み解きながら明らかにする。〈解説〉古川隆久

G470

帝国の構造
—中心・周辺・亜周辺—

柄谷行人

『世界史の構造』では十分に展開できなかった「帝国」の問題を、独自の「交換様式」の観点から解き明かす、柄谷国家論の集大成。佐藤優氏との対談を併載。

G471

日本軍の治安戦
—日中戦争の実相—

笠原十九司

治安戦(三光作戦)の発端・展開・変容の過程を丹念に辿り、加害の論理と被害の記憶からその実相を浮彫りにする。〈解説〉齋藤一晴

2024. 11

岩波現代文庫[学術]

G472
網野善彦対談セレクション
1 日本史を読み直す
山本幸司編

日本史像の変革に挑み、「日本」とは何かを問い続けた網野善彦。多彩な分野の第一人者たちと交わした闊達な議論の記録を、没後二〇年を機に改めてセレクト。(全二冊)

G473
網野善彦対談セレクション
2 世界史の中の日本史
山本幸司編

戦後日本の知を導いてきた諸氏と語り合った、歴史と人間をめぐる読み応えのある対談六篇。若い世代に贈られた最終講義「人類史の転換と歴史学」を併せ収める。

G474
明治の表象空間(上)
―権力と言説―
松浦寿輝

学問分類の枠を排し、言説の総体を横断的に俯瞰。近代日本の特異性と表象空間のダイナミズムを浮かび上がらせる。(全三巻)

G475
明治の表象空間(中)
―歴史とイデオロギー―
松浦寿輝

「因果」「法則」を備え、人びとのシステム論的な「知」への欲望を満たす社会進化論の跋扈。教育勅語に内在する特異な位相の意味するものとは。日本近代の核心に迫る中巻。

G476
明治の表象空間(下)
―エクリチュールと近代―
松浦寿輝

言文一致体に背を向け、漢文体に執着した透谷・一葉・露伴のエクリチュールにはいかなる近代性が孕まれているか。明治の表象空間の全貌を描き出す最終巻。〈解説〉田中 純

2024.11

岩波現代文庫[学術]

G477
シモーヌ・ヴェイユ
冨原眞弓

その三四年の生涯は「地表に蔓延する不幸」との闘いであった。比類なき誠実さと清冽な思索の全貌を描く、ヴェイユ研究の決定版。

G478
フェミニズム
竹村和子

最良のフェミニズム入門であり、男／女のカテゴリーを徹底的に問う名著を文庫化。性差の虚構性を暴き、身体から未来を展望する。〈解説〉岡野八代

G479
増補 総力戦体制と「福祉国家」
—戦時期日本の「社会改革」構想—
高岡裕之

戦後「福祉国家」とは全く異なる総力戦体制＝「福祉国家」の姿を、厚生省設立等の「戦時社会政策」の検証を通して浮び上らせる。

G480-481
経済大国興亡史 1500-1990(上・下)
チャールズ・P・キンドルバーガー
中島健二訳

繁栄を極めた大国がなぜ衰退するのか——国際経済学・比較経済史の碩学が、五〇〇年にわたる世界経済を描いた。〈解説〉岩本武和

G482
増補 平清盛　福原の夢
髙橋昌明

『平家物語』以来「悪逆無道」とされてきた清盛の、「歴史と王家への果敢な挑戦者」としての姿を浮き彫りにし、最初の武家政権「六波羅幕府」のヴィジョンを打ち出す。

2024. 11

岩波現代文庫[学術]

G483-484

焼跡からのデモクラシー(上・下)

―草の根の占領期体験―

吉見義明

戦後民主主義は与えられたものではなく、戦争を支えた民衆が過酷な体験と伝統的価値観をもとに自ら獲得したことを明らかにする。

2024.11